本书系嘉应学院杜德栎中小学教师培训专家工作室及 2018年度教育部人文社会科学研究一般项目"基于学校整体发展的乡村教师专业发展模式研究"（项目编号：18YJA880014）成果

　　本书由嘉应学院杜德栎中小学教师培训专家工作室、嘉应学院省级中小学教师发展中心资助出版

教育情怀
与乡村教师专业发展研究

主 编

杜德栎　刘义民　胡　梅

暨南大学出版社
JINAN UNIVERSITY PRESS

中国·广州

图书在版编目（CIP）数据

教育情怀与乡村教师专业发展研究 / 杜德栎，刘义民，胡梅主编. -- 广州：暨南大学出版社，2025. 6.
ISBN 978-7-5668-4100-1

Ⅰ．G415.2

中国国家版本馆 CIP 数据核字第 2024562RP7 号

教育情怀与乡村教师专业发展研究

JIAOYU QINGHUAI YU XIANGCUN JIAOSHI ZHUANYE FAZHAN YANJIU

主　编：杜德栎　刘义民　胡　梅

....

出 版 人：阳　翼
策划编辑：杜小陆　张　钊
责任编辑：张　钊
责任校对：刘舜怡　何江琳
责任印制：周一丹　郑玉婷

出版发行：暨南大学出版社（511434）
电　　话：总编室（8620）31105261
　　　　　营销部（8620）37331682　37331689
传　　真：（8620）31105289（办公室）　37331684（营销部）
网　　址：http：//www. jnupress. com
排　　版：广州良弓广告有限公司
印　　刷：广州市友盛彩印有限公司
开　　本：787mm×1092mm　1/16
印　　张：17.75
字　　数：280 千
版　　次：2025 年 6 月第 1 版
印　　次：2025 年 6 月第 1 次
定　　价：69.80 元

（暨大版图书如有印装质量问题，请与出版社总编室联系调换）

情怀立教，觉者为师（代前言）*

杜德栎

根据《嘉应学院建设首批中小学教师培训专家工作室的通知》精神，杜德栎中小学教师培训专家工作室为学校首批 5 个培训专家工作室之一，建设期为 2021 年 9 月—2023 年 12 月。本工作室以"情怀立教，觉者为师，和睦创新，共生发展，贡献社会"为理念，以师徒传承和信息化教学为主要培养形式，聚焦教师培训业务和管理，遴选了 11 名高校青年教师和基础教育、教师培训管理骨干为入室成员，以打造高水平、有特色的教师培训专家工作室为目标，共同提高，形成了一定的理论成果，产生了较好的实践效应。本工作室负责承办的 2021 年广东省"新强师工程"省级培训项目——乡村教师访名校专项培训，在省级培训项目绩效评估中被评为优秀项目；承办的 2022 年广东省粤东粤西粤北地区中小学教师全员轮训项目——"乡村中小学校长高级研修班（平远县专项）"，再次以全省绩效评估最高分获评优秀项目。以工作室成员为核心力量申报的"'德美融合，两促三建四协同'——教师教育高质量发展改革探索与实践"获得 2021年嘉应学院第六届教学成果奖特等奖，2022 年获第十届广东省高等教育教学成果奖二等奖。

三年来，本工作室以建设规划为指导，以打造在粤东北基础教育具有一定影响力的培训专家工作室为目标，开展了一系列活动。

第一，制订规划。根据《嘉应学院中小学教师培训专家工作室管理办法》中的"中小学教师培训专家工作室职责"及"中小学教师培训专家工作室主持人具体任务"，制订了《杜德栎中小学教师培训专家工作室建设

---

* 本文根据《嘉应学院杜德栎中小学教师培训专家工作室中期检查总结》改写而成。

规划（试行稿）》，明确本工作室的指导思想、总体目标、工作思路及三年工作设想等，为本工作室的三年建设奠定了基础。

第二，明确理念。本工作室核心理念是"情怀立教，觉者为师，和睦创新，共生发展，贡献社会"。以陶养教师大爱教育情怀为根基，促进教师在专业理念、专业知识、专业能力等方面的发展，这是工作室发展的基本理念；引领与激发教师内心深处对教育、文化的觉醒和自信，形成自我发展的强大内驱力，变"要我发展"为"我要发展"，培养更多名校长、名教师，这是工作室发展的基本任务；融通自我、学校和各种社会关系，营造和谐生态，促进教学创新，这是工作室发展的根本动力；建立教师发展共同体，实现共享共生、贡献社会，这是工作室发展的根本目的。

从自觉中滋养情怀，从和睦中促进创新，从力行中实现共享共生和贡献社会！

第三，提升素养。提升入室学员的综合素养既是本工作室建设的基础，也是规范日常管理的必然要求。主要体现在：遴选入室成员。根据《嘉应学院中小学教师培训专家工作室管理办法》中关于中小学教师培训专家工作室人员组成的基本要求，遴选了11人为本工作室入室成员：我校具有博士学位的沈辉香、任永泽、刘义民、杨杰、刘奕涛等5位青年教师，熟悉中小学教师培训的钟志荣教授、省级中小学教师发展中心办公室主任胡梅老师、大埔县三河镇梓里学校校长范伟增、梅县区教师发展中心信息部主任、教学名师曾令涛、蕉岭县田家炳实验中学副校长黄近芳、兴宁市大坪中心小学校长、兴宁市名校长工作室主任张志杰。

先后组织入室成员定期举行专题研讨活动和读书会：教育科研能力提升与教师专业发展（我校）；"四方协同"的乡村教师卓越发展模式研究的深化和推进问题（大埔县三河镇梓里学校）；高质量发展背景下校长成长和学校发展的新走向（兴宁市大坪中心小学）；青年教师专业发展的基本需要和培养（蕉岭县桂岭学校）；成就学校，提升教师（深圳市南山区松坪学校）；新时期乡村中学校长、教师专业发展的问题与策略（深圳市盐田区海涛小学）。及时学习和领会国家关于教师发展的文件精神，如深入研究《中共中央、国务院关于全面深化新时代教师队伍建设改革的意见》

《教育部等六部门关于加强新时代乡村教师队伍建设的意见》《教育部等八部门关于印发〈新时代基础教育强师计划〉的通知》等，把握国家与省关于中小学教师发展的政策动向。共同阅读了《给教师的一百条建议》《什么是教育》《民主主义与教育》《班主任工作漫谈》《学记》《教师专业化发展的理论和实践》等教育名著，观看了中央电视台大型文艺节目《典籍里的中国》第五集《论语》和第十一集《传习录》。

积极开展教师培训专项调研活动。三年来，我们坚持每学期到各县区教师发展中心、中小学校与教研员、校长、教师进行座谈，了解校长、教师发展的需要及存在的新问题，撰写调研报告，为制订和实施有针对性的教师培训方案提供依据。先后多次到梅州市大埔县、平远县、兴宁市、丰顺县、五华县、蕉岭县、梅县区和梅江区等县（市、区）教师发展中心，及深圳市、广州市、汕尾市、潮州市、九江市等地中小学校进行调研，明确中小学教师发展的现状和需求。

访名师名校，求为师之道。本工作室成立以来，先后组织学员到深圳市明德实验学校、南山区松坪学校、龙岗区横岗中学和梅州市兴宁市沐彬中学、蕉岭县桂岭学校等，拜访了广东省名校长工作室主持人鲁江、冯大学、孙伟琼、赖艳红、叶篡妹，福建省教学名师游爱金及广东省名教师工作室主持人廖振雄、古芹巧、林明等，让本工作室成员深入名校校园，了解发展理念、办学思路和文化建设，向名师名校长拜师学艺养德。

第四，发挥本工作室的示范引领作用。为扩大本工作室教师培训的影响，先后组织两次具有一定规模的研修活动：其一，2021年12月9—11日，在深圳市明德实验学校、南山区松坪学校举行了嘉应学院中小学教师培训专家工作室乡村校长访名校专项培训，本工作室成员和部分乡村中学校长共19人参加培训。活动内容为探索新时期提升乡村学校办学水平和育人质量，以及走特色化办学道路及引领教师专业发展提供了借鉴参考。

其二，2023年3月15—17日，在华南师范大学汕尾校区、华南师范大学附属中学汕尾校区、汕尾市实验小学，举行了嘉应学院杜德栎中小学教师培训专家工作室乡村小学校长数字素养提升培训暨示范校现场教学，本工作室成员及乡村校长共28人参加。活动的开展对培养具有数字素养的优秀乡村校长具有促进作用。

第五，各类培训深受学员好评。据统计，工作室主持人与成员先后承担了 2022 年广东省粤东粤西粤北地区中小学教师全员轮训项目——"未来教育校长能力提升示范培训（小学）"、2022 年广东省粤东粤西粤北地区中小学教师全员轮训项目——"梅州市高中语文教师新教材培训项目"等广东省各级培训项目共 16 项，培训对象涉及小学、初中、高中各学段各学科教师、学科骨干、学科组长、校长等，培训内容涉及校长办学能力提升、班主任培训、高中教师新教材培训、学校德育安全教育培训、教师校本研修能力提升培训、跨学科融合教学能力提升专项研修等，每个培训班学员的培训质量满意度均在 96% 以上，在学员中口碑较好。其中由主持人任首席专家完成的 2021 年广东省"新强师工程"省级培训项目——乡村教师访名校专项培训，在 2022 年绩效评估中被省教育厅评为优秀项目。

第六，"送教下乡"与"同课异构"活动。2022 年 12 月，在大埔县张云栽实验小学进行了小学语文、数学、英语三科"同课异构"活动，大埔县教师专业中心教研员、本工作室成员、大埔县张云栽实验小学教师等 100 多人参加了本次活动。2023 年 10 月 17、18 日，先后在丰顺县第一实验小学、汕尾市实验小学进行了小学语文、数学、英语、体育等科"同课异构"活动，汕尾市教师专业中心、丰顺县教师专业中心教研员，本工作室成员，丰顺县第一实验小学、汕尾市实验小学教师等 200 多人参加了活动。

第七，加强培训理论研究。在实施各种中小学教师培训的活动中，工作室成员努力开展有关乡村中小学教师专业发展的理论研究：2021 年，完成了广东省教育科学"十三五"规划 2018 年度教育科研重点项目"基于学校整体发展的教师专业发展模式研究"及 2018 年度教育部人文社会科学研究一般项目"基于学校整体发展的乡村教师专业发展模式研究"。据不完全统计，共发表论文 27 篇，2021 年出版了《当代中小学教学改革发展研究》《山区中小学基于云服务在线学习研究》2 部专著。工作室组织参与的"'德美融合，两促三建四协同'——教师教育高质量发展改革与实践"获第十届广东省高等教育教学成果奖二等奖。

　　三年来，本工作室在学校领导和教师教育发展中心、人事处、财务处等部门的大力支持下，取得了可喜的成绩，对推动粤东北基础教育高质量发展发挥了积极的作用。本工作室成员共承担各类培训项目14项，承担了2022年度教育部人文社会科学研究规划基金项目"教育知识的性质与教育知识的生产转型研究"、广东省哲学社会科学规划2022年度一般项目"关怀教育视域下乡村学校留守儿童校园欺凌协同治理路径研究"等各类研究课题11项；在《中国社会科学报》等报刊发表论文26篇，出版专著4部，获得省级教学成果1项；2022年获得"梅州市最美乡村教师""大埔县优秀教师"等荣誉称号与各种奖励13项，1名成员晋升为正高职称教师，3名成员晋升为副高职称教师；举行专题培训活动2项。

　　本书由本工作室成员在工作室建设期间承担的"基于学校整体发展的乡村教师发展模式研究""基于教育情怀养成的卓越教师培养模式构建和实践"等课题的研究成果（发表的论文），以及承担的2022年广东省粤东粤西粤北地区中小学教师全员轮训项目——"乡村中小学校长高级研修班（平远县专项）"等培训项目设计方案和培训学员的培训心得组成。工作室成员刘义民副教授、胡梅老师承担了全书的编辑和统稿工作。在编写本书的过程中，我们参阅、采用了许多学者的研究成果，得到了嘉应学院教育科学学院、教师教育发展中心等单位的大力支持，也得到了同行的关心与帮助。本工作室为本书的出版提供了经费资助。本书的出版还得到暨南大学出版社的大力支持。谨此表示真挚的感谢。

　　由于编者水平和能力有限，书中可能存在不足之处，敬请广大读者、同行批评指正。

2025 年 3 月 31 日

（杜德栎，嘉应学院杜德栎中小学教师培训专家工作室主持人，教授）

目　录

情怀立教，觉者为师（代前言）······················· 杜德栎（001）

理论探索篇

"四方协同"模式：推进农村中小学高质量发展的

　　探索 ··················· 罗嘉文　杜德栎　刘义民（002）

基于学校整体发展的乡村教师专业发展生态化模式

　　建构 ··························· 杜德栎　卢小陶（013）

基于学校整体发展的乡村教师专业发展模式的内涵和

　　研究价值 ··························· 杜德栎（027）

学校整体发展视野下乡村教师群体发展的问题及对策

　　——以粤东北乡村教师群体发展为例 ········· 杜德栎　王诗雅（037）

新时期中小学教师专业发展动力的现状与对策研究

　　——以广东省为例 ········· 杜德栎　卢小陶　王　艳（044）

教师教育情怀养成的价值与路径探索 ··· 杜德栎　王赢利　刘义民（059）

核心素养背景下教师专业素养研究的回顾与展望 ··········· 刘义民（069）

教学反思：小学教师提高教学艺术的基本方法 ············· 王丽洁（083）

校长成长实践篇

全方位多角度创新服务，提高校本研修培训

　　质量 ····························· 胡　梅　杜德栎（092）

对标校长专业标准，把脉乡村校长培训需要

      ………"乡村中小学校长高级研修班（平远县专项）"项目组（105）

学校本位的乡村教师专业发展模式探究和实践 …………… 张　玉（116）

"四方协同"：梓里学校乡村教师专业发展模式 …………… 范伟增（129）

陶养教育情怀　提升办学能力 ………………………… 杜德栎（138）

陶养教育情怀　提升校长素养 ………………………… 古红梅（140）

心有情怀　行有担当

      ——浅谈校长的人文管理情怀 ………………… 刘按发（144）

为撑起乡村教育而奋力前行 …………………………… 黄树增（149）

提升管理能力　振兴乡村教育 ………………………… 黎远军（154）

用激情点亮乡村教育希望　用智慧提升乡村学校质量 …… 罗德坤（160）

不忘初心　凝心聚"魂" ………………………………… 钟苑苑（165）

吸收先进理念　提升办学能力 ………………………… 曾国剑（169）

做与时俱进有情怀的校长 ……………………………… 钟蔚玲（175）

点燃智慧火花　赋能乡村教育 ………………………… 凌　强（180）

点亮乡村教育希望之灯，助力乡村教育发展 …………… 曾中文（185）

做新时代有情怀有思想的乡村中学校长 ……………… 胡伟兴（189）

每一段路都有领悟 ……………………………………… 黄文华（192）

领略名家风采　梦圆乡村教育 ………………………… 杨伟安（196）

不断砥砺前行　培养教育情怀 ………………………… 张子文（201）

"因材施教"办优质的乡村教育 ………………………… 张国春（208）

教师成长实践篇

探索农村中小学教师卓越发展体系 ………… 杜德栎　刘义民（214）

做新时代的卓越教师 …………………………………… 赖先德（217）

关于盐田区实验学校语文课堂模式的思考 …………… 罗苑东（222）

谈谈信息技术与语文学科的整合 ……………………… 林晓如（228）

试论核心素养下小学语文高效课堂的建构 ······ 陈利申（232）

学而不思则罔　思而不学则殆 ············ 张　茜（236）

谈小学教师的核心素养和自我专业提升 ······ 黄月娟（241）

美的熏陶　爱的教育 ·················· 谢梦诗（246）

引导学生学会反思的基本策略 ············ 刘晓生（251）

打铁还需自身硬　无须扬鞭自奋蹄 ········ 曾　科（256）

行思致远　耕耘成长 ·················· 钟　丹（261）

登山望海 ··························· 杨文娜（265）

让数据意识自然生长 ·················· 张　彬（269）

理论探索篇

"四方协同"模式：推进农村中小学
高质量发展的探索*

罗嘉文　杜德栎　刘义民

一、"四方协同"农村中小学高质量发展模式的形成与内涵

（一）"四方协同"农村中小学高质量发展模式形成的背景

1. 受田家炳基金会委托，承担田家炳命名系列学校的改进项目

田家炳是著名的慈善家。他一生兴学重教，爱国爱乡爱港，在全国 93 所高校捐资兴建教育书院、教学楼、师资培训中心和体育中心，另捐办专业学校 20 所、中学 166 所、小学 44 所、幼儿园 20 所，被誉为"百校之父"。[①] 在香港及内地其他省市以田家炳命名的系列学校在当地均是办学质量较高的学校，已成为基础教育的品牌，[②] 对我国基础教育发展作出了重大贡献。

田家炳在梅州市捐资兴建的中小学共有 50 多所，其中在故乡大埔县捐资兴建的学校共有 44 所（20 所中学、21 所小学、3 所幼儿园）。除了地处县城的大埔县家炳第一中学、家炳第五中学外，多数学校因地处山区而办学条件相对落后。如何振兴发展梅州市以田家炳命名的学校，是田老先生生前及田家炳基金会一直关心的问题。因此，从 2013 年起嘉应学院就受田

---

* 本文系 2018 年度教育部人文社会科学研究一般项目"基于学校整体发展的乡村教师专业发展模式研究"（项目编号：18YJA880014）和广东省教育科学"十三五"规划 2018 年度教育科研重点项目"基于学校整体发展的教师专业发展模式研究"（项目编号：2018JKZ017）阶段性成果。本文发表于《教育评论》2021 年第 10 期。

① 杜德栎：《田家炳教育思想及其价值意蕴》，《教育评论》2018 年第 7 期。

② 田家炳：《我的幸福人生》，香港：九龙荔枝角道 777 号田氏企业中心编印，非正式出版物，2014 年，第 160 页。

家炳基金会委托，承担了"振兴发展大埔县基础教育的策略研究"项目，目的是建构"文化奠基，特色发展，示范引领，多元合作"的大埔县基础教育振兴发展新模式，为探讨农村中小学如何高质量均衡发展提供借鉴。

2. 教育高质量发展的时代背景

党的十九大胜利召开，"中国特色社会主义进入新时代"，"我国经济已由高速增长阶段转向高质量发展阶段"。① 实现我国经济高质量发展的关键在人才、基础在教育，没有教育的高质量发展就难以培养出经济发展所需的人才。我们认为，教育高质量发展是在教育发展规模满足人民群众和社会发展基本需求之后，所要实现的更高水平、更高要求的教育发展状态，既包括更好的教育条件高质量发展状态，又包括更优的教育观念、教育制度、教育行为及教师素质等方面的高质量发展状态。本质是让每一个学生（或人）能够获得自由而全面发展的教育状态。② 因此，如何才能在现有状态下探索农村教育高质量发展新模式，为农村教育改革树立成功典型和提供现实参照，是我国新时代教育高质量发展重要的时代命题。

3. "四方协同"农村中小学高质量发展模式实践基础

"四方协同"农村中小学高质量发展模式是对"'四方协同'农村中小学教师卓越发展模式"的创新和实践。2015 年，嘉应学院与田家炳基金会合作承担了"广东客家区域中小学教师培训导师卓越发展高级研修班"项目，目的是促进教师专业发展，实现学校内涵式发展。针对粤东北农村教师专业发展现状，嘉应学院主动作为，联合地方政府、田家炳基金会、大埔县中小学，开始探索大学、地方政府、社会力量（基金会）、中小学合作促进中小学教师专业发展的教师教育模式，解决教师专业发展系列问题。经多年探索，形成多元主体参与、富有情怀、问题导向的"'四方协同'农村中小学教师卓越发展模式"，又称"U–G–F–S农村中小学教师卓越发展模式"。该模式以立德树人为宗旨，以协同创新理念为先导，以范式转移理论、生态理论、核心素养理论等为基础，以"四维五段课程

---

① 习近平：《习近平谈治国理政》（第三卷），北京：外文出版社，2020 年，第 23 页。
② 刘尧：《新时代教育高质量发展的背景、内涵与策略》，《河南教育（基础教育版）》2019 年第 1 期。

体系"为支撑，以"项目—课题"教师校本研修为抓手，以专业发展共同体为纽带，以"大学—地方政府—基金会—中小学"四方主体协同机制为保障，优化教师发展资源配置，协同大学、地方政府、基金会、中小学的合作关系，促进教师卓越发展。该模式在促进教师专业发展的实践中建构了嘉应学院、地方政府、田家炳基金会、相关中小学四方主体，形成"四方协同"农村中小学教师卓越发展模式运行机制（见图1），有效促进了农村中小学教师卓越发展。①

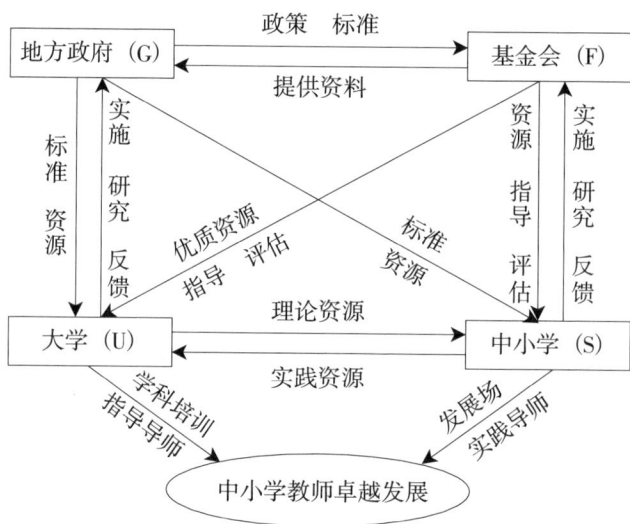

图1 "四方协同"农村中小学教师卓越发展模式运行机制

研究成果自实施以来，主要在兴宁市、大埔县、平远县、丰顺县、蕉岭县、五华县等地相关学校和甘肃省西部山区学校进行实验，成效显著。2020 年该成果被评为广东省基础教育优秀教学成果奖一等奖。

---

① 杜德栎、罗嘉文：《"四方协同"中小学教师专业发展模式与运行机制探析——兼谈社会力量在中小学教师专业发展模式变革中的作用》，《教育评论》2019 年第 4 期。

（二）"四方协同"农村中小学高质量发展模式的内涵

"四方协同"农村中小学高质量发展模式是根据粤东北山区基础教育现状，为落实乡村教育振兴形成的发挥政府、大学、基金会、中小学等相关各方资源优势，促进基础教育高质量发展的学校整体改进活动。四方在学校高质量发展中的角色功能是不同的，缺一不可。政府主要发挥制定政策、制度引导、规范办学行为等功能；大学主要发挥教育教学改革研究、教师发展培训指导等专业支援和促进的功能；基金会主要发挥资源整合和优质基础教育供给的功能；中小学是学校整体改进的主体，主要发挥自主改进的功能。其中基金会具体组织是一个不确定的变量，可以是田家炳基金会，也可以是合生珠江教育发展基金会等。而在大埔县三河镇梓里学校的发展中，四方主体是：梅州市团委及大埔县教育局等行政机构（Government，缩写为 G）、嘉应学院（University，缩写为 U）、美丽中国支教项目组（Teach of China，缩写为 T）、梓里学校（School，缩写为 S）。上述四方形成的协同模式，简称为"G–U–T–S"模式。"四方协同"模式的实质在于充分调动社会多方的办学积极性，补强农村学校办学的短板，从而促进农村学校教育质量均衡优质发展。

同时，"四方协同"的功能也是可以不断拓展的。最初的"四方协同"中小学教师专业发展，可以向"四方协同"学校各方面整体改进拓展，如学校文化、学校管理、校本课程研修和开发等。

二、"四方协同"模式在农村小规模学校的实践——梓里模式

（一）梓里学校确立为美丽中国支教项目学校

大埔县三河镇梓里学校是一所九年一贯制学校，前身梓里公学创办于1904 年，1964 年附设初中，1985 年升格为梓里学校，1992 年更名为田家炳第四中学，2014 年中小学合并成立九年一贯制的梓里学校。学校现有教师 30 多人，每个年级一个班，九个年级学生 300 多人，是一个典型的小规模农村学校。

近年来，在上级主管部门的关心下，在校长范伟增的带领下，学校办学能力不断提升,逐步开放外宿生回校晚修及寄宿制建设工作,教学质量不断提高。2016 年获评为国家免费午餐示范学校、美丽中国支教项目学校、梅州市团委志愿者工作基地;2019 年获评为梅州市"美丽中国——嘉应学院示范校";2020 年获评为亚运足球梦想学校。

(二)梓里学校形成"四方协同"办学模式

为实现向贫困地区输送优质教育资源以促进教育均衡发展的目标,探索乡村教育优质发展的模式,经过多方协商和研讨,2019 年 8 月 29 日,美丽中国支教项目组、大埔县教育局、嘉应学院、梓里学校达成"四方协同"办学协议,形成美丽中国支教项目组、大埔县教育局、嘉应学院、梓里学校四方协同模式。① 针对梓里学校发展中的实际困境,四方在该模式中充分发挥其主体作用。

美丽中国支教项目是北京立德未来助学公益基金会下设的教育非营利项目。为了实现"让所有中国孩子无论出身,都能获得同等的优质教育"的项目愿景,项目组给梓里学校每年配备优秀志愿教师 5 名(见表 1),并派驻一名具有丰富管理经验的副校长带队直接领导,从优质师资与优质学校管理方面助力学校发展。

表 1　2021 年梓里学校在校支教教师基本信息一览表

序号	姓名	性别	年龄	毕业院校	学历	支教起止时间
1	侯××	男	32	北京大学	博士研究生	2019—2021 年
2	李××	女	24	中山大学	大学本科	2019—2021 年
3	李××	女	25	重庆大学	大学本科	2020—2022 年
4	郭××	女	27	南开大学	硕士研究生	2020—2022 年
5	梁××	女	24	南方科技大学	大学本科	2020—2022 年

① 《"大埔县教育局—美丽中国支教项目组—嘉应学院教科院共建梓里学校乡村示范校"协议签署仪式在大埔县三河镇梓里学校举行》,https://www.dabu.gov.cn,2019 年 9 月 2 日。

梅州市团委及大埔县教育局等行政机构在政策上给予支持，特别是将该校评为免费午餐示范学校，让每个孩子每天中午能够免费吃上午餐，在办学经费上给予补充，解决了乡村孩子住校生活的困难；同时，定期召开"四方协同"小组专题会议，保障"四方协同"机制正常运行。

嘉应学院是教育专业研究机构，具有丰富的教育教学专业资源和专家团队，从更新教育理念、引导如何进行中小学教学改革、建立教师发展共同体等方面给予大力的专业援助。同时，嘉应学院教师在同梓里学校合作交流的过程中，又可以实现自身教育科研能力和服务能力的提升，达到"育自己"的目的，升华高尚师德和教育情怀。

梓里学校作为一个办学法人单位，在"四方协同"办学模式中发挥主体作用，提高了本校整体办学质量和水平，成立了嘉应学院专家工作室。梓里学校在协同各方办学力量和资源的基础上，出台新的办学目标、办学规划以及教师发展、学校发展改进措施等具体内容，大胆进行教育教学改革。

（三）梓里学校形成"四方协同"办学模式的成效

从 2016 年成为美丽中国支教项目学校，再到 2019 年与嘉应学院合作开展"四方协同"办学，多年来，梓里学校从昔日一个远离县城的"小而弱""小而差"的乡村薄弱学校（最差时全校 140 名学生，26 名教师），变成今天梅州市乡村示范性学校，是附近银滩镇、银江镇、茶阳镇等 6 个镇 10 所小学升初中除大埔县虎山中学（重点中学）之外的首选学校，是附近唯一生源数量连年增长的乡村学校。学校办学走上了高质量发展之路，2018 年、2019 年分别荣获大埔县教学质量优秀奖，2019 年获大埔县中考质量优秀奖，2019 年秋季期末质量评估抽查荣获全县第一名。学校社团活动丰富多彩，非洲鼓队荣获 2018 年全国少儿欢乐鼓优秀奖；合唱团多次到深圳、香港、上海、广州交流演出。全校学生的精神面貌焕然一新，每个学生给人以文明、自信、阳光的印象，表现出他们发自内心对学习的渴望、对生活的向往和自信。

教师教学改革的积极性大大提高。全校教师破除了多年来教师"内卷化"现象，表现出极大的教育改革热情和勇气。学校现在共有教学改革项目 10 项，发表了《农村义务教育发展问题与策略研究》《多方融合探索乡村教育发展新模式》等论文 24 篇。

2021 年 4 月，"中国农村教育改革和学校创新发展"校长论坛（美丽中国粤闽场）在此召开，来自福建、广东、广西的 200 多名校长和教师参加了会议，与会专家与代表对学校发生的变化和学生的发展表示极大的肯定，赞誉有加。

梓里学校"四方协同"发展模式，是对"四方协同"农村中小学教师卓越发展模式的研究成果的深化和发展，为探索中国乡村教育高质量发展提供了一个成功的实践样本。

三、"四方协同"农村中小学高质量发展模式的启示与推进

（一）"四方协同"农村中小学高质量发展模式的启示

1. 农村薄弱学校通过创新可以实现高质量发展

21 世纪以来，提高教育质量已经成为世界各国的教育改革主题。从国家层面来看，世界各国都不同程度上通过课程改革，调整人才培养目标，变革人才培养模式，提高教育质量。从地方和学校层面来看，推行国家课程，实现人才培养目标，创新人才培养模式，就是提高教育质量。对于具体的学校来说，根据国家课程标准和自身办学理念，整合国家课程、地方课程和校本课程，以学校发展为主线，充分利用和发挥相关政府、大学、社会力量等资源主体优势，建构人才培养模式、创新教学方式，实现人才培养目标，要求就是提高教育质量。

实现教育高质量发展是国家提出的基础教育教学改革目标要求。无论是薄弱学校还是优质强校，都有责任和义务想方设法实现学校教育的高质量发展。因此，围绕高质量发展，薄弱学校必须把握高质量发展的内涵、内容、模式机制，以目标内容为要求，以模式机制创新为动力，努力实现教育高质量发展。为推进乡村学校教育发展，国家在乡村学校政策理念上，强调"公平""均衡"发展；在政策目标上，强化质量效益内涵式发展，向"乡村学校政策倾斜"，实施"精准教育扶贫"政策；在管理体制

上，把乡村学校"人民教育人民办"的管理模式升格为"乡村学校政府办"，并向"学校支援""一对一扶贫"管理模式转变。这些发展措施为乡村学校高质量发展提供了保障。同时，国家推动城乡义务教育一体化、乡村教育振兴，以及地方政府、社会力量、大学研究机构、广大中小学积极参与形成的乡村学校发展协同机制，都为乡村薄弱学校的高质量发展奠定了基础。乡村学校发挥自身优势，充分利用政府、大学和社会资源创新发展模式机制，是乡村学校高质量发展的关键。

如上所述，梓里学校充分发挥自身优势，从昔日"小而差"的乡村薄弱学校到今日十里八乡群众孩子首选的"小而优"学校，说明只要我们大胆进行教育教学改革，融合多元办学资源，薄弱学校也可以办成高质量的现代优质学校。纵观中外教育史，许多山区办出了优质教育，如乌克兰的巴夫雷什中学和我国山东省聊城市杜郎口中学、安徽省六安市毛坦厂中学、贵州省兴仁市巴铃镇塘房小学等，无不是如此。

2. 校长是农村薄弱学校高质量发展的关键

著名教育家陶行知说：一个好校长就是一所好学校。① 魏书生是这样，李希贵是这样，张桂梅是这样，梓里学校的范伟增校长也是这样。他们既是优秀的学校管理者，又是一名优秀教师，始终承担着某门课程的教学工作或班主任工作，如魏书生即使后来做了盘锦市教育局局长仍一直兼任班主任。

校长是一校之魂，是学校工作的决策者、指挥者。校长的教育理念、工作态度、工作水平，直接决定着整个学校的发展方向和水平。校长的责任心、事业心直接关系到教师对教育改革的态度，关系到一所学校推进教育改革的进程和实效。要突破农村薄弱学校的壁垒，实现学校发展的新突破，走高质量发展之路，校长要在教育教学第一线直接研究和实践教育改革，更重要的是要成为全校教师思想上的灵魂，承担规划、组织、管理、指导本校教育教学改革的职责，真正成为学校教育改革的组织者、管理者、指导者、领路者。迈克尔·富兰认为："学校改进就是一种组织现象，

---

① 陶行知：《陶行知文集》，南京：江苏人民出版社，1981年，第106页。

因此作为领导者的校长是关键。"①

3. "四方协同"要产生聚变

我们知道，人类应用原子弹依靠的是核裂变技术，因为核裂变用的铀等原料地球上储量有限，还有放射性隐患，所以这个技术局限性较大。氢弹运用的技术则是核聚变技术。核聚变就是两个氢原子核在高温条件下融合为一个重原子核而释放巨大的能量出来。核聚变因反应过程，几乎不产生辐射，非常安全；同时，核聚变原料来自海水中的氘氚，十分丰富，因而备受科学界推崇。

在"梓里模式"中，大埔县教育局及梅州市团委、美丽中国支教项目组、嘉应学院、梓里学校等四方达成协同办学协议。由于各方均积极主动发挥各自优势和功能，尤其是支教教师"奉献敬业、关爱乡村孩子"的高尚教育情怀的引导，点燃了其他三方的教育活力，产生了真正的协同效应，犹如产生核聚变，释放出巨大的教育力量，从而促进梓里学校高质量发展，达到了"众人拾柴火焰高"的协同效应。

4. 优秀师资是农村薄弱学校高质量发展的直接因素

"梓里模式"之所以能够很快见效，其最直接因素就是美丽中国支教项目组向梓里学校注入了教学改革的新鲜血液。这些支教青年教师具有高学历、高情怀、能改革、乐教学的特征。如上所述，梓里学校支教教师分别是来自北京大学、南开大学、中山大学等国内一流大学的博士、硕士生，使梓里学校的教师队伍发生了根本性变化。

一是奉献精神和教育情怀浓厚。为了做到以学生为中心，以生为本，促进学生学习风气的彻底转变，支教教师牺牲周末和节假日休息时间，走进学生的家里进行家访、辅导等。

二是转变教学观念，大胆进行教学改革。支教老师侯某根据美丽中国支教项目组"让所有中国孩子无论出身，都能获得同等的优质教育"的项目愿景，大胆探索"135课堂教学模式"。"135课堂教学模式"的总体架构："1"个理念——以学生为中心；"3"个支撑——小组建设、学案导

---

① 迈克尔·富兰著，叶颖、高耀明、周小晓译：《变革的挑战——学校改进的路径与策略》，北京：北京大学出版社，2013年，第55页。

学、评价激励；"5"个环节——学、展、点、练、思。新模式改变了传统教学方法，既激发了学生学习的积极性，也大大激发了教师的教学积极性和创造性，提高了教学效率。

（二）"四方协同"农村中小学高质量发展模式的推进

基于"梓里模式"的已有经验，我们认为要推进农村学校高质量发展，必须对学校实施整体改革，破解农村学校发展的"最短板"，走"换道超车"之路。未来基础教育的高质量发展，注定是在整体式、体系化中的变革与发展。一是加大教师教育改革，培养更多卓越教师，为农村学校高质量发展提供一流师资。建议将美丽中国支教项目制度化，进一步壮大美丽中国支教项目组的支教教师队伍。倡导更多一流大学的毕业生加入支教振兴乡村教育志愿者队伍，毕业后先到农村中小学从事两年支教工作，然后正式就业。二是加强农村优秀校长队伍建设。校长是农村学校改进的关键。国家要采取多种举措，加强和完善乡村校长培养工程，培养更多乡村教育家。三是建立"农村教育高质量发展创新先行示范区"，加大多方协同办学的力度。建议选择"三区三州"（国家深度扶贫区域）的学校进行区域农村教育高质量发展试点（各省可以根据本省实际情况，确定示范区范围），政府协同师范大学、社会办学力量等在经费、教师及专业援助等方面给予支持，使其率先发展，为其他农村薄弱区域教育高质量发展提供示范经验。四是为学生提供寄宿制条件。山里孩子从家庭居住地到学校路途远，上学既耗费时间，又不安全，因此"农村学校高质量发展的出路在于办成寄宿制学校"[①]。我们可以借鉴贵州省兴仁市巴铃镇塘房小学的经验，让学生们做到"四在学校"，即吃在学校解食忧、住在学校受关爱、学在学校长知识、乐在学校感幸福。

"四方协同"农村中小学高质量发展模式在政府、大学、美丽中国支教项目组、梓里学校等各方共同努力下取得了显著成效，是农村中小学高质量发展模式的新探索和行之有效之路径。我们要在现有基础上，进一步

---

① 范伟增：《农村义务教育发展问题与策略研究——以广东省梅州市大埔县三河镇梓里学校为例》，《中小学教育》2021 年第 2 期。

优化政府、大学和美丽中国支教项目组等协同配置教育发展资源的互补机制，加强政府、大学、社会力量、中小学等多元主体间政府组织与非政府组织合作，建构乡村中小学发展的多样化协同机制，完善教师教育发展共同体，深化扩大成果效益，为农村基础教育高质量发展作出新贡献。

（罗嘉文，嘉应学院副校长；杜德栎，嘉应学院杜德栎中小学教师培训专家工作室主持人，教授；刘义民，嘉应学院文学院副教授）

基于学校整体发展的乡村教师专业发展生态化模式建构[*]

杜德栎　卢小陶

乡村教师专业发展的主阵地是乡村学校。乡村学校采取的教师专业发展模式，对于促进教师专业发展具有至关重要的作用。现实中一些学校，尤其是乡村学校，忽视自身对教师专业发展的职责，未建构有效的教师专业发展模式，没有发挥促进教师专业发展的作用，给乡村教师专业发展造成了不良影响。因而，建构科学有效的乡村教师专业发展模式是促进乡村学校高质量发展、加强乡村教师队伍建设的时代需要。本文就基于学校整体发展的乡村教师专业发展生态化模式产生的背景、内涵和实施策略进行探讨。

一、乡村教师专业发展模式研究现状

模式是解决某一问题的方法，通过总结归纳，具有一定程序，是可以复制的稳定形式或样态。教师专业发展模式是学校在一定发展理念指导下，为提高教师素质及知识技能水平而开展的专业发展活动的方式组合及其相互关系。从教师自身、学校内部、学校外部三个维度出发，学术界一般把乡村教师专业发展模式分为专业自主的教师专业发展模式、学校本位的教师专业发展模式、校外培训的教师专业发展模式和基于合作的教师专业发展模式等四种①。基于学校整体发展的乡村教师专业发展生态化模式

* 本文系 2018 年度教育部人文社会科学研究一般项目"基于学校整体发展的乡村教师专业发展模式研究"（项目编号：18YJA880014）和广东省 2021 年度教育科学规划课题（教育综合改革专项）"基于 VECC 的乡村教师专业发展策略研究"（项目编号：2021JKZG061）的阶段性成果。本文发表于《嘉应学院学报》2022 年第 4 期。

① 谭维智：《教师专业自主发展模式探析》，《教育发展研究》2008 年第 8 期。

是在吸收学校本位的教师专业发展模式和基于合作的教师专业发展模式已有研究成果基础上提出的。

用"教师专业发展模式"作为关键词在中国知网搜索，共有667篇论文，从操太圣、卢乃桂2002年在《教育发展研究》发表的《教师专业发展新范式及其在中国的萌生》① 一文开始，呈逐年增加的态势。用"农村教师专业发展模式"作为关键词进一步搜索，有13篇论文。关于以学校发展为本的教师专业发展模式研究，如：张敏霞等人的《北京农村教师专业发展模式及存在问题的调查》，旨在分析教师专业发展模式的现状调查与问题②；王俭等人的《基于学校的教师专业发展策略研究》，重在分析教师专业发展的内涵③；朱春明的《"师校相长"激励机制初探——基于教师个体发展和学校整体发展一致性激励的研究》④；张浩、祝智庭的《信息时代教师专业知能发展及评价研究》⑤，探讨教师专业发展策略和评价优化。关于教师发展模式的类型概括的论文，如：甄莹的《农村小学教师专业发展模式的实践探讨》⑥；沈蕾的《农村中小学教师专业发展模式初探》⑦等。还有介绍国外教师专业发展模式的论文，如刘宇的《美国教师专业发展的范式转换及其启示》⑧；分析学校如何加强教师专业发展管理的论文，如孟学英的《校本教师专业发展的管理策略》⑨ 等。

综上可知，目前与乡村教师专业发展模式相关的研究成果少，且倾向

---

① 操太圣、卢乃桂：《教师专业发展新范式及其在中国的萌生》，《教育发展研究》2002 年第 11 期。

② 张敏霞、王陆、刘菁等：《北京农村教师专业发展模式及存在问题的调查》，《教师教育研究》2007 年第 1 期。

③ 王俭、余秋月、洪俊彬：《基于学校的教师专业发展策略研究》，《高等师范教育研究》2002 年第 5 期。

④ 朱春明：《"师校相长"激励机制初探——基于教师个体发展和学校整体发展一致性激励的研究》，《小学教学研究》2011 年第 29 期。

⑤ 张浩、祝智庭：《信息时代教师专业知能发展及评价研究》，《扬州大学学报（高教研究版）》2005 年第 4 期。

⑥ 甄莹：《农村小学教师专业发展模式的实践探讨》，《教学与管理》2020 年第 1 期。

⑦ 沈蕾：《农村中小学教师专业发展模式初探》，《铜陵学院学报》2010 年第 3 期。

⑧ 刘宇：《美国教师专业发展的范式转换及其启示》，《比较教育研究》2003 年第 4 期。

⑨ 孟学英：《校本教师专业发展的管理策略》，《当代教育科学》2004 年第 4 期。

于宏观研究，可操作性不强，特别是如何以学校整体发展为基础建构乡村教师专业发展模式的研究则更少。此为本文研究的理论诉求。

二、乡村教师专业发展模式存在的问题

模式研究是以一种简约、抽象、结构的方式对复杂研究对象进行描述、分析，从而在整体上和本质上揭示事物存在的主要形式、特点、结构及运动规律。为了明确乡村教师专业发展模式的形式、特点及其运作机制，在理论建构和实践应用中揭示乡村教师专业发展的规律，项目组对梅州市、潮州市、揭阳市、汕头市、汕尾市、韶关市、河源市等 7 个市的1112 名乡村教师进行问卷调查，对大埔县三河镇梓里学校等 7 所学校进行访谈。经过调查和访谈，项目组发现：与城市教师专业发展模式相比，乡村教师专业发展模式存在专业发展主体地位缺失、专业发展成效不大、专业发展资源匮乏等问题。

（一）专业发展主体地位缺失

乡村教师专业发展的主体除教师个体外，还有乡村学校。就已有乡村教师专业发展模式的主体看，乡村学校和教师在教师专业发展方面均有主体地位缺失的问题。调查结果显示，69% 的教师认为，乡村学校只重视对教师的使用，轻视对教师在职的培养培训，忽视发挥学校在促进教师专业发展中组织学习的功能。表现在学校没有教师发展规划，教师专业发展目标不明确，听从上级主管部门的安排；对教师合理的专业发展支持不足，甚至以学校教师数量不足为由限制教师外出进行培训、进修等。

由于学校教师专业发展目标不明确，25.54% 的乡村教师缺乏专业发展的意识，还有个别教师承认根本没有专业发展意识。教师无理想、无自我发展目标，不愿意为学校发展承担更多教学工作，专业发展上无计划，有"当一天和尚撞一天钟"的想法，专业发展动力不足。①

---

① 杜德栎、卢小陶、王艳：《新时期中小学教师专业发展动力的现状与对策研究——以广东省为例》，《广东第二师范学院学报》2021 年第 4 期。

（二）专业发展成效不大

教师专业发展成效，即学校通过教师专业发展模式实施给教师带来的专业知识、专业能力、专业情意等方面的新变化、新提升，是教师知识生产、能力生产、品德生产的综合产出过程。其产出成果多，说明专业发展模式的成效大，反之则成效不大。乡村教师专业发展模式成效不大的表征分为三个方面：

一是教师专业发展内容有限，教学科研能力差。教师专业发展内容包括教师专业知识、专业能力、专业情意等多个方面，是教师核心素养全面发展的过程。据调查，在现有乡村教师专业发展模式中，28.65%认为教师的根本素质是具有专业知识和能力，忽视了对教师道德和教育情怀的陶养，忽视了教育教学实践创新能力培养。

据上述调查的结果，参加过县（区）级及以上课题研究，并有县（区）级及以上成果发表或获奖的教师只有30.40%，没有成果发表或获奖的教师占69.60%。参评高级职称教师的基本条件是必须要有县（区）级及以上成果发表或获奖，说明这部分教师不具备晋升高级职称教师的资格。

二是与城镇中小学教师专业发展相比，乡村学校高级教师比例小，只占调查总数的17.97%，并且没有正高职称教师，荣誉少、成果少。

三是综合素质不高。一些教师还不会使用教育资源公共服务平台或计算机网络设备进行学习，信息技术能力和自我学习能力有待提高。

（三）专业发展资源匮乏

任何一种教师专业发展模式的实施必须有必要的人力、物力、财力等资源支持，否则教师专业发展就是空中楼阁。广东省从2004年开始实施《广东省教育现代化建设纲要（2004—2020年)》，并取得了丰硕成果，粤东北有些市县已先后获"广东省推进教育现代化先进市"称号，① 为教师

---

① 《广东省人民政府印发〈广东省教育现代化建设纲要实施意见（2004—2010年)〉的通知》（粤府〔2005〕67号），《广东省人民政府公报》2005年第24期。

专业发展奠定了基础。但调查结果显示，27.16%的教师认为，乡村学校教育信息资源仍不能全覆盖，图书资料、电脑等办公设备仍然较差；44.42%的教师认为"教师间缺乏合作、交流的氛围"。

专业发展缺乏专家引领，是教师专业发展的主要障碍之一。名校共振效应是指：由于名校本身在教学研究、社会影响等方面的地位与价值，名校的教师在自我发展中可以获得比其他学校更多的社会资源。如名校教师由于知识水平比较高，在教学中可以获得更多荣誉，在晋升职称中可以获得教育行政部门的倾斜，发表学术论文更能获得期刊杂志社认可等。名校共振效应是教师专业发展的重要资源。调查结果显示，24.1%的乡村学校是当地小规模薄弱学校，因此教师在专业发展方面既缺乏名师、名校长等专业引领指导作用，又缺乏名校无形资产的社会支持和影响，教师专业发展困难。

乡村教师专业发展理念滞后、发展机制功能弱化、教育资源不均衡、专业发展时间不足等是造成乡村教师专业发展模式存在问题的原因。针对乡村教师专业发展模式中存在的弊端及其产生原因，建构科学有效的乡村教师专业发展模式成为本文研究的实践诉求。

三、基于学校整体发展的乡村教师专业发展生态化模式内涵

综上所述，要建构有效的乡村教师专业发展模式必须充分利用各学科研究成果，进行多学科交叉研究；必须转变发展理念，以学校整体发展为起点，树立教师发展生态观，建立乡村教师专业发展生态化模式。项目组在学校多年实践的基础上，提出了"二三三四"乡村教师专业发展生态化模式。

"二三三四"乡村教师专业发展生态化模式，简称"2334"模式。该模式是扎根山区中小学教师发展的实际，以范式转移理论、生态化理论、协同发展理论为指导，以教师和学校为发展双主体，以教师专业发展全面质量管理为手段，促进乡村学校和教师高质量发展的学校整体改进样态。其中，"二"指该模式有教师和学校两个发展主体，学校具有主导作用；第一个"三"指教师专业发展内容包括教师专业情意、专业知识、专业能

力三个维度；第二个"三"指教师专业发展呈现为教师个体发展、学科教师群体发展、学校整体教师发展三个发展层次；"四"指每个层次的教师专业发展管理过程包括计划、执行、评估、反馈四个环节，这是一个不断循环、呈阶梯式螺旋上升的过程。

（一）"两个主体"：发挥学校和教师专业发展的主动性

"两个主体"指推动乡村教师专业发展有教师和学校两个发展主体，只有学校和教师充分发挥各自的主体作用，乡村教师专业发展才能产生正效应。

教师专业发展的主阵地和实践场所是乡村学校。教师专业发展，是教师在学校教学活动中，自身专业素养不断成长和完善的系统过程。在形成时间上包括师范教育前、师范教育期间、师范教育后三个阶段，每个阶段教师专业发展的目标、内容及效果是不同的。其中教师有 65.13% 的专业能力是其从师范学校毕业后在就职学校的教学实践中逐渐掌握的。这是因为，诸如教师处理教学内容的能力、运用教学方法与手段的能力、教学组织管理能力、语言表达能力、教学科研能力、与学生交往和管理班级的能力等专业能力，属于教师实践技能和智慧，这种能力无法从师范院校的课堂中获得，只能在教师从事教育教学活动实践（或情景）中得到锻炼和提高。[1] 正如罗杰斯所讲："任何可以教给别人的东西相对来说都是不重要的，并且它对行为有很少或甚至没有明显的影响。唯一能影响行为的学习是自我发现和自我调整的学习……这种知识是无法直接传授给他人的。"[2] 因而，将学校作为教师专业发展的主阵地，使学校发展和教师发展融合，是基于学校整体发展的乡村教师专业发展生态化模式建构的客观基础和理论前提，这是教师教育改革的必然趋势。学校应该在学校发展愿景和教师发展规划、教师专业发展内容、教师发展管理机制、学校文化等方面，为教师专业发展创造条件，营造出"师校共生"的良好氛围。

---

① 王邦佐、陆文龙主编：《中学优秀教师的成长与高师教改之探索》，北京：人民教育出版社，1994 年，第 9 页。

② Rogers, C. R., *Freedom to Learn*, Columbus：Merrill, 1969, p.78.

（二）"三个维度"：明确教师专业发展内容

"三个维度"指乡村教师专业发展内容包括教师专业情意、专业知识、专业能力。随着教育技术手段的不断发展变化，教育信息化和智能化给乡村教育和教师专业发展带来了更高的要求。"今天的教学，不再单纯是一项学术性工作，也不再是一个经验性积累活动，而是日益演变为一种集经验、学术、艺术和技术之大成的综合性高深专业技能，显出其职业之专业性与复杂性。"[①] 在此背景下，建构乡村教师专业发展生态化模式，在教师专业发展内容上要以"教师专业发展标准"为指导，以培养教师核心素养为宗旨，积极应对教育信息化对教师专业发展带来的挑战，从重专业知识能力成长转向专业知识与精神成长并重。专业知识能力成长是教师发展的核心内容，也是教师工作职业化的标志，精神成长是专业成长的根基和动力。乡村教师专业发展生态化模式在坚持培养教师专业知识、职业能力的基础上，将精神成长作为教师发展的首要任务，重视教师职业道德与教育情怀的养成，做到以德立身、以德立教、以德育人。

（三）"三个层次"：提高教师专业发展水平

"三个层次"指教师专业发展呈现为教师个体发展、学科教师群体发展、学校整体教师发展。教师个体发展即教师个人作为履行教育教学职责的专业人员，在专业思想、专业知识、专业能力等方面不断发展和完善的过程，这是教师不断提升、不断成熟、不断创新的过程。一般分为初入职教师、合格教师、骨干教师、学科教师、教学名师等不同阶段。学校应该根据教师专业成长所在的阶段，制订"因师"发展计划，采取有针对性的措施，促进教师专业发展。

学科教师群体发展是指乡村教师以相同或相近学科专业背景为基础，以专业对话和同伴互助为途径，促进团队教师专业能力和地位不断发展的过程，旨在建构教师发展的专业组织。毋庸置疑，每个教师的专业发展总

---

① 赵国栋主编：《微课、翻转课堂与慕课实操教程》，北京：北京大学出版社，2015 年，第 5 页。

是在一定学科背景下进行的专业发展，呈现出鲜明的学科特点。研究表明，专业对话和同伴互助是促进教师发展的有效途径。以学校发展为背景的教师专业发展在充分激励教师个体发展的基础上，要想使教师进一步发展，就必须打破每个教师自我封闭式发展的束缚，充分利用学校学科教师同行的专业优势，开展专业对话和交流，相互学习、相互进步。乡村学科教师群体发展是以团队发展为基本组织形式，如教研组、学科组、乡村名教师、名班主任联盟等。它是判断乡村教师专业发展水平的重要指标。由于许多乡村小规模学校教师人数较少，一名教师可能承担多个学科的教学工作，如全科教师，这时学校可以考虑以乡镇中心小学或组成校际学科发展联盟来实现学科教师群体发展的目标。

学校整体教师发展是指为了推动学校整体发展、实现立德树人的根本目标，在一定时空范围内组织全体教师主动参加教育教学实践与研究、共同提高专业素质、形成专业团队的过程，其实质是教师基于专业发展的命运共同体。学校整体教师发展是以学科教师群体发展为基础进行的，只有学校中各个教师群体，如各教研组、学科组、教学管理组等专业团队得到充分发展，才能进一步带动每个教师的个体发展。这是相辅相成的。

（四）"四个环节"：完善教师专业发展的管理机制

"四个环节"指每个层次教师专业发展的全面质量管理过程包括计划、执行、评估、反馈，即 PDEA 循环。要提高乡村教师专业发展的绩效，必须进行科学的全面质量管理。PDEA 循环是对"戴明环"（PDCA）的改造，它是现代绩效管理的有效方法。[①]

计划（plan）是指学校根据发展愿景和目标所制订的本校教师发展规划。包括教师专业发展的理念、实施途径与措施等的规划。执行（do）就是根据计划开展的各种教师专业发展活动，以进行校本行动研究为核心，让教师进行教学反思、开展课例研究，请专家指导（实现专业引领）、与同伴开展专业对话（建立发展共同体）等。评估即检验（evaluation）环

---

① Schroeder, P., "Using the PDCA cycle", *Nursing Quality Connection*, Vol. 2, No. 1, 1992, pp. 1 – 8.

节，就是根据一定标准对教师专业发展实施成效的判断和价值衡量。它是根据学校制定的教师专业发展标准，对执行教师专业活动效果进行的测量和检验。反馈即行动（action），也就是对评估结果进一步处理，并将切实可行的东西加以创新和应用，失败的教训加以总结，未解决的问题放到下一个 PDEA 循环里。以上四个环节不是运行一个周期就结束，而是周而复始循环进行，一个循环完了，解决一些问题，未解决的问题进入下一个循环，实现阶梯式螺旋上升。乡村教师专业发展生态化模式的"四个环节"是"戴明环"质量管理思想在乡村教师专业发展中的运用，其本质就是用质量管理的思想对教师专业发展实施过程加强管理，提高教师专业发展的成效。

"二三三四"乡村教师专业发展生态化模式具有以学校发展为本的校本化、注重教师专业发展可持续性的生态化、师校共同发展的共生性，以及协同教师发展各因素形成合力的整体性等特征。限于篇幅，这里不再赘述。

四、基于学校整体发展的乡村教师专业发展生态化模式的实施策略

为确保乡村教师专业发展生态化模式的有效实施，提高教师专业发展成效，学校必须立足校本实践，为教师专业发展提供全面的有效保障。

（一）转变学校发展观念，承担乡村教师专业发展职责

学校是教师教育活动的实践场域。明确学校的角色担当和作用，增强学校在引领教师专业发展中的主体地位，对于乡村教师专业发展具有重要作用。因此，学校必须转变发展观念、厘清角色定位、形成价值共识、提高主体能力、夯实"两个主体"地位。

第一，转变乡村教师专业发展的学校认知观，明确学校引领教师专业发展的主体角色。如上所述，学校是教师专业发展的主阵地，是教师专业发展最重要的周期、最长的场域，教师有三分之二的专业能力和素养是在任教学校形成的，学校理应成为教师专业发展的主体。同时，学校要精准把握政策要求，明确自身在教师专业发展中的职责，形成学校负有教师专

业发展主体责任的认知共识。①

第二，转变乡村教师专业发展的学校价值观，形成学校引领乡村教师专业发展的价值共识。一方面，乡村学校要达成"学生、教师"双中心的教育共识，把师生发展作为乡村学校发展的重要目标，把教师发展、课堂教学、学生活动作为互融互通的中心工作来推进。另一方面，学校要达成教师专业发展的意义共识，重视教师专业发展，具有"把乡村教师队伍建设摆在优先发展的战略地位"的共识②，通过成立教师发展管理部门，加强教师专业发展的日常管理工作，发挥学校主阵地的作用。

第三，转变乡村教师专业发展的学校能力观，增强学校引领教师专业发展的主体能力。一是增强乡村学校教师专业发展自主能力。乡村学校要善于从日常教学和前沿理念中发现问题，自觉围绕问题进行研训互动，探索形成乡村教师专业发展的乡土模式。二是以校本研修为重点，增强学校教师专业发展创新能力。学校要根据教师发展需要和乡村学校教师专业的独特资源，创造性地开展以校为本的教师专业发展研训活动，使研训成为教师专业成长的内在需要。

（二）制订学校教师专业发展规划，明确乡村教师发展目标

乡村教师专业发展是一个历时周期长又复杂的系统工程，它贯穿乡村教师整个职业生涯。以实现教师专业发展的"三个层次"为目标，基于教师职业生涯不同阶段的不同需求，将教师专业素养和发展目标紧密联系，建构全程多维的教师专业发展目标体系，引领教师找准专业发展路线图和时间点。

第一，根据学校章程，制订因校育师的发展规划。要考虑学校发展的理念和目标，本校教师实际情况及乡村学校的地域条件，制订切实可行的规划。它既是指导教师专业发展的文件，也是我们进行教师专业评估的基

① 张文超、陈时见：《学校本位教师专业发展的时代意蕴与推进路径》，《当代教育科学》2020年第1期。
② 《教育部等六部门关于加强新时代乡村教师队伍建设的意见》（教师〔2020〕5号），中华人民共和国中央人民政府官方网站，http://www.gov.cn，2020年7月31日。

本依据。

第二，面向全体教师，规划教师专业发展阶段目标。以个体教师专业发展阶段为依据，规划个体教师发展目标，让教师明确自己所处阶段的发展目标，实现终身发展。教师按照专业技能发展水平可以分为合格型教师、熟练型教师、学科型教师、专家型教师（教学名师）、荣誉退休教师等不同发展阶段，每个阶段具有相对的年限和不同的目标追求。同时，以学科组为基础，做好学科教师群体发展规划，推动教师发展共同体。

第三，立足全面发展，突出教师专业发展核心领域。乡村教师专业发展具有阶段性，不同阶段教师专业发展和关注的重点不同。如合格型教师发展的重点是掌握学科教学能力，重在"站稳讲台"；熟练型教师发展的重点是自主发展能力，旨在"站好讲台"；学科型教师发展的重点是扩大教师的专业影响力，进而"站远讲台"；专家型教师（教学名师）旨在陶养教育情怀，培养践行师德能力，让教师感受职业幸福、获得心灵升华，从而"站美讲台"[①]。教师专业发展目标体现在发展内容上，要充分考虑教师发展阶段重点问题的差异性需求。

（三）突出学校发展目标导向，优化乡村教师专业发展的课程体系

坚持乡村学校整体发展的目标导向，要基于不同阶段教师的目标追求，优化乡村教师专业发展的课程体系，丰富乡村教师专业发展内容的四个维度。

第一，分层分类优化课程结构与内容，满足不同乡村教师群体的差异化需求。依据学校教师专业发展目标，开发适合不同发展阶段教师专业发展的课程内容。创建乡村教师专业发展"四维五段"课程体系。"四维"是指教师专业发展的四个维度：教育知识与理论、教育实践与技能、教育科研与创新、教师道德与心理健康；"五段"是指乡村教师发展的五个阶段：新手教师、合格教师、熟手教师、学科教师、专家教师。同时为不同

---

① 王姣莉、黄嘉莉：《近年我国台湾中小学教师专业发展动向分析》，《当代教师教育》2020年第 3 期。

阶段教师专业发展提供具体的内容和标准，实现"因师"发展。①

第二，协同完善内外课程实施，促进校内校外研修活动一体化。为促进乡村教师专业发展，现在每学期均有各种各样的校外教师培训项目，需要教师参加学习。如何有机整合校外教师培训（含国家、省、市、县各级校外培训）、学校自主的专项培训和教师校本研修内容之间的关系，既不增加教师研修的负担，又能够做到相得益彰、有序实施。该模式尝试了分层分类实施校本培训的策略。

（四）建立学校发展综合平台，优化乡村教师发展实践场域

第一，实施行动研究，丰富教师专业发展方式。行动研究是教师校本研修的基本途径，是教师在教学环境下对自己的教学活动进行研究，以提高教学水平。其基本原则：问题即课题，行动即研究，反思即学习，效果即成果。我们开展教师专业发展"五个一活动"，即每周教师完成一篇教学反思，每月精读一本专业著作，每学期完成一节教学案例，每学期完成一篇论文，每人都有一个微课题研究。活动从引导教师观察日常教学、发现教学问题开始，促进教师开展教学反思、选定教学研究微课题、提高教学论文撰写能力等。

第二，建立专业微信平台，加强学科教师群体建设。农村教学资源有限，为了充分利用教育信息技术促进教师专业发展，项目将农村中小学教师与师范院校、教学研究机构联系起来，通过微信建立专业发展团队，如梅州教育科研群、梅州微课与个性化发展、乡村校长群等。

第三，搭建学校交流展示平台，完善教师专业发展研修制度。教师之间的专业交流和对话能够激发专业灵感，强化教师的成就动机和获得感，是乡村教师专业发展的有效途径之一。为此，运用该模式的学校，不仅十分注重在校内层面开展教师读书沙龙、主题教研、教学技能比赛等展示活动，而且在校外层面组建校际教师专业联盟，定期开展教学交流，举行"同课异构""一课多构"等活动，以此完善"读书、教研、比赛、展示"

---

① 杜德栎、刘义民：《探索农村中小学教师卓越发展体系》，《中国社会科学报》，2019 年 4 月 24 日。

四位一体的教师研修制度，为教师专业成长提供更多的交流展示机会。

第四，协同教师专业发展资源，形成促进教师发展主体多元化。为解决乡村教师发展资源不足的问题，乡村教师发展生态化模式积极协同政府、大学、中小学和社会各方力量，补充教师专业发展的各种需要，优化教师专业发展的生态，如一些学校建构了"四方协同"农村教师卓越发展模式。①

（五）加强学校教师专业发展管理，建立乡村教师专业发展评估机制

加强学校教师专业发展管理是提高乡村教师专业发展成效和落实"四个环节"的关键。项目实验学校的主要做法分为三个方面：

第一，建构学校教师专业发展的管理机制。成立学校教师专业发展领导小组，全面统筹教师专业发展工作。以校长负责制为前提，展开各级分层管理、部门分工协作的保障体系；明确教师专业发展目标与发展计划，对教师发展工作实施指导、检查、评估等。各教研组实行组长或名教师、名班主任责任制，以学校会议的方式制订各级、各类、各学科教师专业发展规划，形成配套执行方案，并以交流、讨论的方式不断完善与修订方案。

第二，以"四个环节"为核心，实施教师专业发展的质量管理。要提高教师专业发展工作绩效，必须进行全面质量管理。针对乡村学校教师专业发展重计划和培训、轻检查评估和反馈的现象，克服教师专业发展流于走形式的弊端，项目实验学校加强了教师专业发展的计划、执行、评估、反馈等质量管理的四个环节管理工作，为乡村教师专业发展提供了保障。

第三，建立教师专业发展的立体评价，激发教师专业发展动力。教师专业发展的评估是乡村教师专业发展的薄弱环节。为了弥补乡村教师专业发展的这块"短板"，提高实效性，我们以乡村学校需求为导向改进教师专业发展评价方式，使评价主体多元化、评价指标分层化、评价结果公开化。教师专业发展成效受多种因素影响，学校的不同部门与团体均可成为

---

① 杜德栎、罗嘉文：《"四方协同"中小学教师专业发展模式与运行机制探析——兼谈社会力量在中小学教师专业发展模式变革中的作用》，《教育评论》2019年第4期。

评价主体。在实际进行评价时，我们根据德育处、教务处等各管理部门的不同职责，与教研组、少先队（团委）、年级组协同，分别评价教师师德践行能力、学科教学能力、综合育人能力、教师自主发展能力等。考虑到教师专业发展阶段性差异的特点，我们制定了分层的教师专业发展评价关键指标。

（杜德栎，嘉应学院杜德栎中小学教师培训专家工作室主持人，教授；卢小陶，嘉应学院外国语学院学生辅导员）

基于学校整体发展的乡村教师专业发展模式的内涵和研究价值*

杜德栎

一、乡村和乡村教师的界定

乡村是一个地域概念，一般是指主要从事农业、人口分布较城镇分散的地方。乡村有别于城镇，其地理环境相对隔绝，是以农作物为生活资料、农耕为生活方式的居民集聚地。在城镇化进程的推进下，尤其是实施乡村振兴以来，我国的乡村发生了很大的变化，乡村人口向城镇转移，生产方式与生活方式也不断地由农村型转化为城市型。在此背景下，我国乡村发展实际上产生了三种类别：一是位于经济欠发达地区仍然以从事农业生产为主的农村；二是位于城市或城镇边缘的城郊农村；三是经济发达的社会主义新农村。第一种类型是"尚未现代化的乡村"，这种类型的乡村乡土气息浓厚，还没有脱离传统的乡土文化和乡土生活方式；第二种类型是"处在现代化边缘上的乡村"，该类型的乡村处于转型期，没有完全摆脱传统的乡村生活方式，同时受城市价值取向的驱动，被动或主动地接受着城市文化；第三种类型是"已经现代化的乡村"，这一类型的乡村虽然还给自身冠以"村"的名义，但是实际上生活方式已经完全城市化。然而，在这种新农村中依然可以感受到传统的乡土文化气息。无论是何种类型的乡村，传统乡土文化的基因一直根植在这些乡村的生存空间，只是或多或少罢了。乡土文化是乡村的精神象征。因此，对于乡村的界定不在于

* 本文系 2018 年度教育部人文社会科学研究一般项目"基于学校整体发展的乡村教师专业发展模式研究"（项目编号：18YJA880014）阶段性成果。本文发表于《中文科技期刊数据库（全文版）教育科学》2022 年第 12 期。

户籍制度，而在于这些地方是否具有体现乡村特色的"乡土文化"。探究乡村问题或乡村教师发展，离不开这些体现我国乡村发展的特殊性的乡土语境。

什么是乡村教师？虽然尚未形成严格的定义，但是人们大多将乡村教师理解为在乡村学校从教的教育工作者，即以农村九年义务教育阶段适龄学生为主要教育对象，以教书育人为使命和责任，为农村教育事业发展服务的教育工作者。其范围"包括全国乡中心区、村庄学校教师"。① 近年许多省、自治区为了加强乡村教师建设，促进义务教育优质均衡发展，纷纷给山区和农村边远地区教师发放生活补助，有学者以此为依据，认为乡村教师是指在乡村学校从教，并享受"山区和农村边远地区教师生活补助"的中小学、幼儿园教师。② 他们在接受了城市教育后又回到乡村成为农村学生的引路人。根据乡村教师所在乡村的经济发展水平的不同，可以将乡村教师划分为以下几类。第一种是在"尚未现代化的乡村"的教师，其核心在于面临着欠缺现代化的危机；第二种是"处在现代化边缘上的乡村"的教师，他们的发展面临转型的危机；第三种是"已经现代化的乡村"的教师，他们的发展面临着过度现代化的危机。另一种划分就是根据乡村学校到以县（区）政府为中心的区域的距离，如许多县分为一类镇、二类镇……直到五类镇，并以此作为确定乡村教师生活补贴的标准。当然，根据乡村学校规模大小，又可以分为乡村小规模学校教师和普通乡村学校教师等。不同类型乡村教师，其专业发展的目标、要求、资源和文化氛围不同，直接影响教师专业发展成效。

二、乡村教师专业发展

乡村教师是乡村教育的"第一资源"和"活的灵魂"，是乡村学生睁眼看外部世界的"第一面镜子"。要实现乡村振兴，培养造就高素质专业

---

① 《国务院办公厅关于印发〈乡村教师支持计划（2015—2020 年）〉的通知》（国办发〔2015〕43 号），中华人民共和国中央人民政府官方网站，http：//www. gov. cn，2015 年 6 月 1 日。
② 杜德栎：《新时期乡村教师专业发展模式分析——以粤东北乡村教师为例》，《教育评论》2022 年第 10 期。

化创新型中小学教师队伍，就必须把乡村教师建设放在重要的战略地位，狠抓乡村教师专业发展。由于乡村教师是一个不同于城市教师的特殊群体，对乡村教师专业发展就不能单纯按照城市教师专业发展的标准来要求，要根据他们所在学校的地理位置和经济条件，建构针对不同类型乡村学校中的乡村教师发展需求的专业发展理念。具体来讲，对于那些正面临欠缺现代化危机的经济欠发达地区的乡村教师，应该建构"以提供现代化资源支持和增加乡村教师现代化培训为目的"的教师专业发展理念；对于那些正面临转型危机的城郊农村的乡村教师，应该建构既能够使他们坚守乡土文化又能够提升现代化素质的教师专业发展理念；而对于那些正面临过度现代化危机的社会主义新农村学校的乡村教师，则应该建构帮助他们科学利用现代化资源并回归乡土文化的教师专业发展理念。①

概括上述三种类型的乡村教师专业发展理念，其本质包括乡土性、现代性、校本性三个方面的内容。乡土性，即坚守乡土文化、厚植乡土教育情怀，因为乡村学校位于乡土文化中，而乡村教师应该成为乡土文化和地方性知识的代言人；现代性，即获得各种政治、经济、文化以及科技的信息资源支持，优化乡村教育生态，因为乡村学校是我国现代化发展的重要组成部分，它们需要在现代化社会中生存、发展，而乡村教师更需要利用各种现代化资源来提升自身的教学质量，为现代化建设服务；校本性，即乡村学校是教师专业发展主阵地和实践场所，教师发展必须依靠所在学校的整体发展为基础，来规划自我专业发展目标和方向。综上所述，乡村教师专业发展是指以乡村学校整体发展为本，以教师与学校和谐共生为基础，以满足不同类型乡村教师的专业发展需求为目的，采取相应措施帮助教师既能够坚守乡土文化、具有浓厚的乡土教育情怀，又能够提升自身运用现代化信息资源的素质，进而提升不同类型乡村学校中的乡村教师的专业技能，促进教师自主、自由、幸福发展。该定义强调乡村教师专业发展要突出教师个体发展、乡村学校整体发展和在地乡土发展的统一，优化乡村教师专业发展生态，实现"天、地、人"合一。

---

① 刘文霞：《农村教师专业发展的内涵、特征及定位》，《决策与信息》2017年第6期。

三、基于学校整体发展的乡村教师专业发展模式的内涵

学校整体发展是指以提高育人质量为根本，凝聚学校教师队伍及其赖以存在的学校环境、学校制度和管理、学校文化、课程和教学建设等多因素，整体、统一、和谐的发展。教师专业发展模式是在一定教育理论或培训思想的指导下，通过相关理论的演绎或对教师专业成长经验的概括和总结所形成的一种指向特定发展目标的比较稳定的基本教师发展模型或程序。基于学校整体发展的乡村教师专业发展模式指：以乡村教师所在学校和教师发展规律为基础，以提高育人质量为宗旨，以范式转移理论、成人教育理论、质量管理理论为指导，以陶养乡村教育情怀为核心，以促进教师个体的专业情意、专业知识、专业技能等方面持续发展，建构"师校地共生"为目标的比较稳定的教师专业发展新范式。

首先，乡村学校是教师专业发展的主体和场所，乡村教师专业发展模式必须进行范式转移。

乡村教师专业发展要扎根乡村学校实际，在乡村学校教育实践活动中进行培养，也可称为校本化、学校本位。校本化教师专业发展模式或学校本位教师专业发展模式，是一种相对于传统的主要依靠政府主导的学院或培训机构和专家，对教师进行单一培训的教师专业发展模式而言的替代和超越。

"学校本位"理念源于西方。在美英两国，这一概念体系的产生和发展是与教师的职前培养息息相关的。自二十世纪七八十年代以来，在美英两国加大基础教育改革时代要求和学校重建运动的推动下，一些学者提出了将教师培养的机制从政府主导的学院式的教师培养模式转移到"学校本位"的教师教育模式，建立大学和中小学合作培养教师。在此教育变革过程中，形成了英国的"伙伴学校"、美国的"教师专业发展学校"等"学校本位"教师教育的典范。由此可知西方背景下的"学校本位"与其说是一种概念或一种专业发展的方式，不如说是一种教师教育的整体转向、一

种制度化的实践或思潮，是教师教育的新范式。①

该范式强调：一是树立学校本位的乡村教师专业发展理念，突出乡村教师专业发展只有在学校教学的真实情景中进行才高效。因此，乡村学校必须承担起教师专业发展的主体担当，根据学校的发展目标制订学校教师专业发展规划，把教师专业发展作为学校发展的重点工作来抓，建立乡村教师专业发展的长效机制。二是乡村学校要根据自我发展的需要，确定教师专业发展的目标、内容、途径，开展教师专业活动的评价等，丰富教师的专业活动，使乡村教师专业发展活动落实在学校的日常活动中。三是乡村学校作为教育服务提供的最基本单位，应该为教师专业发展提供各种社会资源，并为这些资源的使用效率和绩效负责。强调学校要根据自己所在的社区乡土文化资源，开发教师的地方性知识，陶养教师乡土教育情怀。

其次，促进乡村教师专业高效发展是研究乡村教师专业发展模式的本质追求。

基于学校整体发展的乡村教师专业发展模式究其根本，在于根据乡村教师专业发展和学校发展的需要，建立一种学校本位教师专业发展模式，替代和超越传统的对教师进行单一培训的标准化的"城市取向"（高学历、高报酬、高水平）的教师专业发展模式，突出把能否促进乡村教师专业高效发展作为衡量建构模式是否科学的关键。

一是以提高教师专业发展质量为核心。每一个教师要成为新时代高素质专业化创新型中小学教师，必须坚持专业学习，从一个新手教师成长为合格教师、骨干教师、学科教师直到专家型教师。不同发展阶段教师的发展任务和目标不同，教师要针对自我发展阶段合理解决专业发展中碰到的各种问题。

二是注重模式的有效性。乡村教师是留在乡村学校为乡村孩子播撒文明种子的特殊群体，"城市取向"的教师专业发展模式不适合乡村教师专业发展。我们必须针对乡村学校和乡村教师专业发展的现实（在地的经济发展水平和条件），开展乡土化的教师专业发展活动。

---

① 崔允漷、柯政：《学校本位教师专业发展》，上海：华东师范大学出版社，2013 年，第 69 - 71 页。

三是乡村教师是自我专业发展的主体。强调乡村教师要以提高师德修养为根本，厚植乡土教育情怀，树立为振兴乡村教育争当时代标兵的信念，积极主动加强自我专业发展，增强专业发展动力，创造乡村专业发展模式，而不是被动效仿城市教师专业的方式和方法。

最后，乡村教师专业发展模式是教师专业发展的有规律活动，需要我们加大理论研究。

模式研究以一种简约、抽象、结构的方式对复杂研究对象进行描述、分析，从而在整体上和本质上揭示事物存在的主要形式、特点、结构及运动规律。乡村教师专业发展模式研究旨在明确新时期乡村教师专业发展模式的形式、特点、运行机制及其效益，在理论建构和实践应用中揭示乡村教师专业发展的规律，把握乡村教师专业发展活动稳定的程序和规则，破解乡村教师专业发展成效不高的瓶颈，为乡村教师专业发展提供理论指导。调查发现乡村教师专业发展模式研究存在专业理念滞后、模式单一且研究成果较少等不足。理论研究薄弱的现状，影响了乡村教师的可持续健康发展。为此，我们必须要加强理论研究，揭示乡村教师专业发展模式的本质和特征，为乡村教师专业发展提供理论依据和智力支撑。国家和教育行政部门，要加大对乡村教师专业发展模式研究的支持力度，培养专业研究人才，孕育优秀研究成果，以此优化乡村教师专业发展生态，促进乡村学校高质量发展。

四、基于学校整体发展的乡村教师专业发展模式的研究价值

新时期，研究基于学校整体发展的乡村教师专业发展模式，是顺应世界教师教育范式转型的客观需要，也是落实《教育部等六部门关于加强新时代乡村教师队伍建设的意见》精神和培养高质量创新型乡村教师队伍的需要，对于创新乡村教师专业发展模式和促进乡村教师高质量发展，具有理论价值和实践价值。

（一）理论价值

第一，基于学校整体发展的乡村教师专业发展模式研究是教师发展论

新的研究领域。

学术界有关中小学教师专业发展的研究很多，但针对乡村教师专业发展的探究并不多。本项目将以乡村教师专业发展模式为核心进行系统研究，并产生一系列新的观点。如认为乡村教师专业发展是指以乡村学校整体发展为本，以教师与学校和谐共生为基础，以满足不同类型乡村教师的专业发展需求为目的，通过采取相应的措施以帮助他们既能够坚守乡土文化、具有浓厚的乡土教育情怀，又能够提升自身运用现代化信息资源的素质，进而提升不同类型乡村学校中的乡村教师的专业技能，促进教师自主、自由、幸福发展，突出教师个体发展、乡村学校整体发展和所在地乡土文化发展的三者统一。乡村教师发展要基于乡村学校，为了乡村学校，在乡村学校中进行，其本质在于建立一种学校本位乡村教师专业发展模式，替代和超越传统的对教师进行单一培训的标准化的"城市取向"的教师专业发展模式，是教师教育的新范式。关于乡村教师专业发展模式的特征，本项目研究认为乡村教师专业发展具有与城市教师专业发展不相同的特征，如具有以乡村学校发展为本的校本化，彰显乡村教师专业发展可持续性的生态化，突出乡村教师专业发展质量管理的有效化，体现乡村教师专业发展过程的学习化，强调乡村教师专业发展资源的乡土化等。本项目研究还认为"二三三四"乡村教师专业发展生态化模式及"四方协同"农村中小学教师卓越发展模式，是基于学校整体发展的乡村教师专业发展的有效模式。① 这些观点与认识是对教师发展论的创新，有助于以教师发展社会生态系统内在的运动规律为依据进行深化研究，为教师发展论研究提供新的视角。

第二，基于学校整体发展的乡村教师专业发展模式研究凸显教师发展论研究的人学价值，有助于产生原创性研究成果。

人学是关于人的存在、本质及其产生、发展变化规律的新兴科学。它是通过反思人自身，采取思维边界的方法来反求诸己，进而重新认识内外的一种综合学问。以人为本是人学的基本观点，是一种综合的、具有立体

---

① 陈永明：《教师教育研究》，上海：华东师范大学出版社，2003年，第288页。

思维理念的发展观。从理性的角度来关照社会秩序的方法是人学研究的新视角。人学最主要的特征就是从"现实的人"出发，直接关注当代人类的真实的存在状态和生存状态，关注人的现实需要，关注现实问题的解决途径，关注人的全面发展和生命质量意识。乡村教师是活生生的人。一方面，人学研究的基本观点、方法和理念能够指导我们解决乡村教师专业发展的实际问题，即在坚持以人为本的前提下，解决乡村教师专业发展所面临的各种问题，催生原创性成果，如基于学校整体发展的乡村教师专业发展模式具有校本化、乡土化、生态化、多元化等特征；乡村教师专业发展模式建构应该坚持以师为本的原则，根据乡村学校发展和乡土文化发展的客观需要，实现"师—校—地共生"。另一方面，我们关于乡村教师专业发展及其人生发展的成果也可以丰富人学研究。

第三，本研究的发现和成果对于教育社会学、人才学、管理学、文化人类学也将具有积极意义。

对乡村教师发展的本质特征、影响因素及规律的揭示和系统探索，是教育社会学、人才学、管理学、文化人类学在乡村教师专业发展中的具体应用，其成果将拓宽和丰富这些学科的研究范畴，完善理论体系。

（二）实践价值

首先，开展基于学校整体发展的乡村教师专业发展模式研究，有利于贯彻落实教育强国精神，为建立乡村教师专业发展的新机制、办人民满意的乡村教育提供支撑。

我国乡村教师占中小学教师总数的三分之一，他们的素养能力是我国基础教育高质量发展的基础。建立有效的乡村教师专业发展模式，有利于提高乡村教师的素质和社会地位，促进乡村教师发展，对于落实好《教育部等六部门关于加强新时代乡村教师队伍建设的意见》和《国务院办公厅关于印发〈乡村教师支持计划（2015—2020 年）〉的通知》有关改革要求，加快推进乡村教育现代化进程，补强乡村教师发展的薄弱环节，深化教育领域的综合改革，办人民满意的乡村教育，具有积极作用；有利于落实党的十九大精神、实施《关于全面深化新时代教师队伍建设改革的意见》《新时代基础教育强师计划》，加强新时代乡村教师队伍建设，为努力造就一支热爱乡村、数量充足、素质优良、充满活力的乡村教师队伍服务。

其次，探讨乡村教师专业发展模式的特征、规律、途径、方法，有利于破解乡村教师专业发展的现实困境，为乡村学校整体发展提供强有力的师资保障。

据教育部统计，我国乡村学校现有 290 多万名在岗教师。从 20 世纪 90 年代至今，国家十分重视乡村教师发展，推出了国培计划、省培计划等多种形式的培训。我国乡村教师专业发展先后经历了补偿性培训、探索性继续教育、普及性继续教育和校本培训几个发展阶段。[①] 从发展模式上，可分为"他控型"和"自控型"两种。教师专业的自主培训属于"自控型"，是在"他控型"的基础上发展起来的。"他控型"属于教师专业发展的宏观模式，一般是由政府主导的（教育行政部门）自上而下的培训；"自控型"属于教师个体自主进行的专业发展，是微观层面模式。这两种模式各自具有不同的特征和作用，由于没有真正调动学校在教师专业发展中的主体性，剥离了教师生存场域对其发展的直接影响，造成培训缺乏针对性、培训资源浪费、教师发展出现内卷、模式成效不高等问题。因此，需要在以上两种模式的基础上创新模式，即实施学校本位的教师专业发展模式。其本质就是教师在学校情境背景下，真正进入"教师实践共同体"这个社会情境中，不断形成团队文化的过程。其基本方式就是学校要不断深化教师校本研修。基于学校整体发展模式是对"他控型"和"自控型"的突破，不仅能指导乡村教师有效开展自我专业发展活动，而且将极大促进乡村学校整体发展，实现"师—校—地共生"，是我国乡村教师专业发展模式的范式转型和必然选择，对新时代加强乡村教师队伍建设和学校现代化将产生深远影响。

再次，深入剖析新时代我国乡村教师专业发展的现实困难和策略，可以为国家教育行政部门完善"乡村强师工程"政策和实行义务教育教师

---

① 杜德栎、卢小陶：《基于学校整体发展的乡村教师专业发展生态化模式建构》，《嘉应学院学报》2022 年第 4 期。

"县管校聘"提供参考。

如何优化义务教育教师资源配置，推动义务教育优质均衡发展，是实现教育强国的基本要求。该项目将聚焦新时代乡村教师发展的现实问题，建构具有中国特色社会主义乡村教师专业发展的新模式。项目组在实验学校多年实践基础上，提出了"二三三四"乡村教师专业发展生态化模式及"四方协同"农村中小学教师卓越发展模式，就是学校本位乡村教师专业发展模式的有益探索。同时，提出创新师范生教育实践和教师专业发展机制模式，将乡村教师专业发展与免费师范生职前培养有机结合，建立乡村教师培育培养一体化机制。

最后，本研究的发现和成果，对于激发人的潜能和创造性，建立适应乡村一流人才的社会生态机制和制定政策，实施乡村振兴，也具有参考价值。

（杜德栎，嘉应学院杜德栎中小学教师培训专家工作室主持人，教授）

学校整体发展视野下乡村教师群体发展的问题及对策*
——以粤东北乡村教师群体发展为例

杜德栎　　王诗雅

一、乡村教师群体发展存在的问题

采用自制"中小学教师专业发展模式现状调查问卷"进行网上调查和实际访谈。通过对粤东北梅州市、潮州市、揭阳市、汕头市、汕尾市、韶关市、河源市等7个市的1112名乡村教师进行问卷调查，以及对大埔县三河镇梓里学校等6所学校进行访谈，发现目前基于学校整体发展的乡村教师群体发展存在以下问题。

(一) 教师群体发展的观念淡薄

调查结果显示，71.78%的教师认为学校教师群体发展的观念淡薄，教师的个人孤立、技术心态的倾向比较突出，不利于教师群体的发展。表现在学校缺乏教师群体发展的具体计划、实施措施和评价等。

(二) 教师群体发展文化的缺失

调查结果显示：首先，43.45%的教师合作积极性不高，更喜欢独立完成教学任务，不喜欢自己被干预。其次，教师间的合作交流停留在表面，缺乏合作精神。教师群体活动应当是发自内心的、自愿的、有深度的，但现在不少教师迫于领导的压力参加教师合作活动，这样的活动只是走形

* 本文系2018年度教育部人文社会科学研究一般项目"基于学校整体发展的乡村教师专业发展模式研究"（项目编号：18YJA880014）阶段性成果。

式，没有实际的意义。有 34.15% 的教师表示把自己定位于某个教研组的"团队"当中，对自己"团队"之外的教师漠不关心。如不同学科间的"团队"，语文组的老师只关注学生的语文成绩，而数学组的老师则只关注学生的数学成绩。

(三) 教师群体整体素质不高

粤东北乡村中小学教师群体素质的现状，可以概括为低职称、低学历、科研能力低、老龄化、教学方法固化等。调查结果显示：在职称方面，只有 22.29% 的教师是高级职称，其他都是中级职称及以下；在学历方面，有 19.4% 的教师为大专及以下，还没有硕士及以上的高学历教师，与城市中小学教师至少为本科（具有硕士、博士学位的教师越来越多）的现状相比，差距很大；在科研能力方面，45.86% 的教师"未参加过县（区）级及以上课题研究，没有县（区）级及以上成果发表或获奖"，科研能力差；在年龄方面，24.84% 的教师在 50 岁以上，也就是有约四分之一的乡村教师已步入老龄化阶段；在教学方法方面，这些教师创新意识匮乏，缺乏强烈的求知欲、创造欲，缺乏独立的见解，课堂上依然是传统的以师为主的"满堂灌"。

(四) 激励教师群体发展的制度措施不健全

科学的激励措施能激发教师群体发展的动机。调查结果显示，57.3% 的教师认为缺乏具体可行的激励机制来提高教师参与教师群体活动的积极性；不少教师只是被动地进行沟通合作，而不是为了推动自身专业发展。此外，教师激励措施应面向全体教师实施，而不是针对一两个教师。如今许多激励措施主要是针对教师个体，特别是少数优秀教师，而没有考虑全体教师的发展诉求。

二、乡村教师群体发展存在问题的原因探析

(一) 教师专业发展观念滞后，忽视教师群体发展

现代乡村学校是教师专业成长的主体和实践场所。学校具有组织学习

的力量，担负着成就学生、成就教师、成就教师群体的重任。一方面，对学校是教师专业发展的主体地位缺乏自我认识，没有承担相应的职责。经调查，59.24%的教师认为，乡村学校只重视对教师的使用，倡导"蜡烛"精神、奉献精神，忽视发挥学校在促进教师专业发展中的功能。具体表现为：有的学校没有教师发展规划，教师专业发展目标不明确，缺乏必要的计划；对教师合理的专业发展支持不足，甚至以学校教师数量不足限制教师外出进行培训、进修等。另一方面，乡村学校重视教师个体发展，轻视教师群体专业发展。多数学校缺乏教师群体专业发展的计划和措施。

(二) 受"文人相轻"风气的影响，排斥教师合作

在古代封建社会，因长期受到封建阶级思想的影响，不少"文人"为了个人升官发财、出人头地而刻意去贬低其他同行，排斥相互之间的合作；另一原因是社会资源不足，会出现"教会徒弟，饿死师傅"的现象。一些教师无形中受"文人相轻"风气的影响，误认为自己是"知识的化身"和社会道德的代言人，自恃清高、孤芳自赏，缺乏教学团队意识和合作精神，喜欢关起门来教书，藏在家里做学问，不愿意与同行进行交流合作，很少涉猎本学科以外的领域。①

(三) 教师群体发展机制不健全，缺乏必要的支持

调查得知，粤东北不少县区乡村教师之间的合作具有较大的随意性，缺乏有效的合作机制和监督机制；一些学校的教师专业评价制度也存在不健全的地方，重结果而轻过程的现象较普遍。统计显示，44.74%的教师认为学校"往往以教学成绩的好坏，来代替教师专业发展"，使用数量化的硬性指标考核教师，迫使一些教师忙于论文、课题、公开课等，不愿意花更多的时间和精力投入班级管理和班级学生整体成绩的提高，更无暇顾及与其他教师之间的真诚合作。② 虽然有许多针对教师个体专业发展的评价

① 郑子琪：《新时期教师群体文化的缺失与建构》，《韶关学院学报》2008年第8期。
② 朱春明：《"师校相长"激励机制初探》，《小学教学研究（理论版）》2011年第10期。

奖励机制，如大埔县英雅学校有班主任能力大赛、教师基本教学技能大赛等活动，但关于教师群体发展的机制不健全，也没有具体可行的制度来激励教师加强沟通合作，使得教师群体成员之间缺乏真正的专业性凝聚力和教育情怀，不利于推动教师的群体发展。

（四）教师职业倦怠，阻碍群体发展

教师职业倦怠是教师不能顺利应对工作压力的一种极端反应，是教师伴随于长期高水平的压力体验下而产生的情感、态度、行为的衰竭状态。[①]表现为工作满意度低、情感的疏离和冷漠、自我提高积极性不高、不愿意参加活动等。乡村教师对待个体发展的消极态度及情感冷漠，影响了教师群体发展的整体氛围。

调查显示，67.38%的教师认为，乡村教师教学工作压力大，是造成教师群体难以发展的原因之一。调研表明，在一些乡村小规模学校，46.7%的教师带两门以上课程，48.06%的教师是班主任，到学校后一天忙于应付工作实务，很少有时间参加培训、听课、教研活动等；没有时间与其他教师进行沟通与交流，无法参与教师群体活动。

三、促进乡村教师群体发展的策略

（一）转变学校发展观念，担当乡村教师群体发展职责

学校是教师群体发展的主体和教育活动的实践场域，明确学校自身角色担当和作用，增强学校自身在引领教师群体发展中的主体地位，对于乡村教师群体发展具有重要作用。因此，学校必须转变发展观念，提高自身在组织促进教师群体发展中的主体责任。[②]

一是转变乡村教师群体发展的学校认知观，明确学校引领教师群体发展的主体角色。同时，学校要精准把握政策要求，明确自身在教师群体发

[①] 曾玲娟、伍新春：《教师职业倦怠研究综述》，《辽宁教育研究》2003 年第 11 期。
[②] 张文超、陈时见：《学校本位教师专业发展的时代意蕴与推进路径》，《当代教育科学》2022 年第 1 期。

展中的职责，形成学校负有教师群体发展主体责任的共识。二是转变乡村教师群体发展的学校价值观，形成学校引领乡村教师群体发展的价值共识。三是转变乡村教师群体发展的学校能力观，增强学校引领教师群体发展的主体能力。在此基础上，根据本校教师发展实际制订教师群体发展计划，将群体发展理念转化为行动。

（二）加强制度建设，完善乡村教师群体发展机制

建立教师群体发展的保障制度。一是设立"乡村教师立德树人教师团队"奖励和表彰制度。建议教育行政部门和学校从引导和激励乡村教师群体发展出发，为乡村教师群体发展提供制度保障。二是给年级主任和教研组组长赋权，发挥他们的专业引领作用，培养群体领军人物。尤其是学校在教师聘任中给他们"实质"的聘任权，让他们根据学生评教成绩以及学校关于年龄、职称、性别等搭配原则聘任教师。[1] 三是学校要为教师群体发展提供场地和资助，增加学习资源，充分发挥名教师、名（园）校长、名班主任、培训专家工作室的作用，多方联动，让教师群体能够更好、更高效地开展合作，鼓励教师积极参与教师群体活动。

（三）缓解教师职业倦怠，激发乡村教师群体发展动力

教师职业倦怠是由学校外部因素和教师自身内在因素综合作用形成的。要缓解教师职业倦怠，从外部因素讲：一是从学校文化环境入手，打造儒雅的校园文化，创设和谐、宽松的校园氛围和信任、友善的同事关系等。教师认可和接纳校园文化，自然而然就会对学校产生较深厚的感情，乐于从事教学工作，乐于积极参与教师群体活动，从而推动教师群体发展。学校要力争为教师"减负"，减少一些不必要的会议，以及一些流于形式的检查和活动。二是学校校长在工作中要实施民主化管理，不摆"官架子"，和教师心连心，善于和老师沟通；教师之间也应该敞开心扉，平

---

[1] 马长泽：《教师团队合作机制研究》，《中国教育学刊》2010 年第 4 期。

时见面多一点微笑、多一点关爱。① 三是乡村社区要打造尊师重教的风气，提高教师的社会地位，让教师感受到自我的职业价值和社会尊重。从内部因素讲：教师要不断助推自我精神成长，使自己逐渐成为一个具有社会担当和使命自觉的教师。

（四）建立教师学习共同体，丰富乡村教师群体发展途径

教师学习共同体是促进教师群体发展的有效途径。无论是从教师教育活动上来讲，还是从教师职业的本质属性上来分析，教师个体都具有较为明显的社会属性。② 教师个体需要通过与学校其他教师进行沟通、交流、合作来发现并改进自己在教育教学过程中的不足，从而促进自身的专业发展和群体发展。

一是培养共同愿景，将个人与群体相融合。彼得·圣吉说："建立一个团队，其实就像搭建一个三条腿的桌子：一条腿是大家的共同愿景，一条腿是个人的价值观，还有一条腿就是激励。"③ 建立乡村教师群体发展的有效途径，就是培养学校发展的共同愿景，更好地将每个教师个体与群体融合，才能真正推动教师群体的发展。校长应当学会放权，鼓励并欢迎教师献言献策，让每位教师都能参与学校管理，都能明确地感受到，在大家的共同努力下，学校正在朝着一个明确的、更好的方向发展。

二是开展校本研修。校本研修能够充分利用乡村学校自身的资源，因地制宜地发展学习共同体。应该将乡村教师学习共同体与完善教师校本研修统一，让教师在共同进行教学反思、探讨微型课题、交流教学课例、切磋教学艺术的校本活动中，形成"乡村教师立德树人团队"。

三是加强骨干教师队伍建设。骨干教师队伍是教师群体发展中的优秀代表，是乡村教师群体发展的重点。加强骨干教师队伍建设有利于提高教师队伍的整体素质。加强骨干教师队伍建设应当牢牢抓住师德教育，促进

---

① 高虹：《论中小学教师合作文化的缺失性》，《现代教育科学·普教研究》2010 年第 2 期。
② 钱旭升、靳玉乐：《教师个体专业发展与教师群体专业发展》，《教育科学》2007 年第 4 期。
③ 何华宇：《合作与共赢：团队运作模式下校长负责制的建构和重塑》，《中小学教师培训》2009 年第 7 期。

教师观念的更新；要不断提高骨干教师队伍的教育教学能力，开展骨干教师培训、公开示范课活动等。

（五）创新活动形式，营造乡村教师群体发展文化生态

教师群体活动的形式是多种多样的，如开展学科研讨会、骨干教师交流会、"同课异构"等。在粤东北中小学中，各学科会定期组织交流会，教师对该学科在实际教学中出现的实际问题进行交流并解决，同时对下周的教学活动进行合理安排。此外，有些学校也会组织全体教师开展读书分享会，教师轮流分享书籍、旅游经历以及自己的一些生活感想，加强教师之间的情感交流，让教师产生归属感。

除了线下面对面的活动，还可以组织线上的交流活动，建立乡村教师发展云联盟。由于乡村教师的日常教学工作任务繁重，花大量时间参与教师群体活动相对困难，要充分利用现代信息技术，在教师群体内部建立各类专业交流群，开展线上活动，让他们交流教学工作中碰到的各种问题，寻找解决策略；分享读书感悟，丰富精神世界。另外，可以利用腾讯会议、钉钉会议等进行视频会议，方便教师随时随地参与教师交流活动。

（杜德栎，嘉应学院杜德栎中小学教师培训专家工作室主持人，教授；王诗雅，佛山市南海区大沥镇盐步中心小学教师）

新时期中小学教师专业发展动力的
现状与对策研究
——以广东省为例*

杜德栎　卢小陶　王　艳

　　教师是教育发展的"第一资源"。党的十八大以来，国家高度重视教师队伍建设，对教师队伍建设提出新的更高要求。新时代高水平教师队伍建设，关键在于提升教师专业发展水平，核心在于激发教师强大的专业发展动力。然而，在基础教育领域，各种各样的因素导致中小学教师在日常工作中不可避免地存在"职业倦怠"，对自身专业发展水平形成极大的阻碍。因此，激发中小学教师专业发展动力，提高教师们的专业发展积极性，就显得尤为紧迫和必要。教师专业发展动力是指推动教师在专业知识、专业技能、专业情感、专业行为等方面发展与提升的力量的综合。① 教师专业发展动力是教师专业发展理论的重要组成部分，是促进教师专业发展的根本力量。爬梳已有文献可知，在理论研究方面，教师专业发展动力的研究还比较匮乏；在实证研究方面，教师专业发展动力的研究也比较少，还不够深入和全面。② 因此，本文以广东省基础教育为背景，从中小学教师专业发展动力的现状出发，着重分析中小学教师专业发展动力的影

　　* 本文系 2018 年度教育部人文社会科学研究一般项目"基于学校整体发展的乡村教师专业发展模式研究"（项目编号：18YJA880014）和广东省教育科学"十三五"规划 2018 年度教育科研重点项目"基于学校整体发展的教师专业发展模式研究"（项目编号：2018JKZ017）阶段性成果。本文发表于《广东第二师范学院学报》2021 年第 4 期。

　　① 李森、崔友兴：《论教师专业发展动力的系统构建和机制探析——基于勒温场动力理论的视角》，《教育理论与实践》2013 年第 4 期。
　　② 崔友兴、李森：《论教师专业发展动力生成机制及其实践表征》，《当代教育科学》2015 年第 1 期。

响因素，从而提出激发中小学教师专业发展的相应对策，以便为新时代广东省中小学教师队伍建设提供相应的政策参考和管理建议。

一、研究方法

（一）研究对象

本研究采用分层随机抽样，选取了广州、深圳、惠州、韶关、梅州、河源、潮州、汕头、汕尾等城市的中小学校，通过现场和网络两种方式，共发放问卷3600份，回收3579份，剔除无效问卷209份，有效回收3370份，有效回收率为93.61%。其中，在性别上，男教师1190人，女教师2180人；在年龄上，30周岁以下的604人，31~40周岁的1176人，41~50周岁的1256人，51周岁及以上的334人；在教龄上，1~3年的337人，4~10年的596人，11~20年的975人，21~30年的1098人，31年及以上的364人；在学历上，中专59人，大专522人，本科2725人，研究生64人；在教师群体方面，小学1782人，初中1060人，高中528人；在学校类别上，城区1478人，乡镇989人，农村903人。

（二）研究工具

本研究采用自编问卷进行调查。该问卷包含四个部分：第一部分是个人基本信息，包括性别、年龄、教龄、学历等。第二部分是中小学教师专业发展动力现状，如图1所示，分为两个维度：需要和诱因。需要包括两个因子：自主发展和职业信念；诱因包括两个因子：激励支持和自我调控。第三部分是中小学教师专业发展动力的影响因素，分为两个维度：内部因素和外部因素。内部因素包括生理因素和心理因素两个因子；外部因素包括学生和家长因素、社会因素、家庭因素、学校因素四个因子。第四部分是中小学教师专业发展动力支持性条件。总问卷是在前期预测问卷的基础上修改编制而成的，具有较高的信度和效度。此次调查第二部分即教师专业发展动力现状部分四个维度内部一致性信度系数在0.77~0.83，总问卷内部一致性信度系数为0.91，问卷信度较好。

```
                              ┌─── 自主发展
                    ┌─ 需要 ─┤
┌──────────────┐   │         └─── 职业信念
│ 中小学教师    │   │
│ 专业发展动力  ├───┤         ┌─── 激励支持
│ 现状         │   │         
└──────────────┘   └─ 诱因 ─┤
                              └─── 自我调控
```

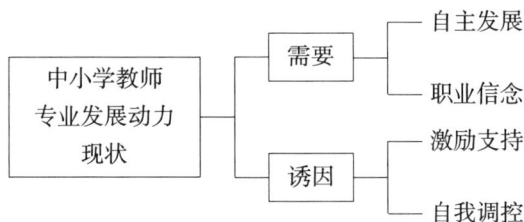

图 1 自编问卷第二部分

（三）统计方法

问卷回收后使用 EXCEL 和 SPSS 22.0 统计软件进行描述性统计、独立样本 T 检验、单因素分析、回归分析等。

二、研究结果

（一）中小学教师专业发展动力的特征

通过对中小学教师专业发展动力的各维度上得分的平均数（M）和标准差（SD）进行描述统计（采用李克特 5 点计分，均值为 3，下同）。

如表 1 所示，需要总均值得分为 3.74（$SD = 0.57$），说明内部需要对广东省中小学教师专业发展动力的作用较强。其中，在自主发展方面，得分 3.70（$SD = 0.58$）。本次调查显示，中小学教师专业发展对培训的期望依次为：专业知识占 85.69%、专业技能占 80.85%、教育理念占 80.35%、师德师风占 79.63%、信息技术占 65.68%、心理健康占 57.71%。从中可知，绝大多数中小学教师对提升自身专业知识、专业技能、教育理念具有很大的期望。与此同时，随着立德树人的使命、互联网 +、人工智能等逐渐渗透到基础教育教学中，亟须中小学教师响应号召，提升自身的职业素养，增强新兴技术的适应能力、领悟能力，加强对学生的心理和情感关怀。本次调查显示，在对自我发展满意度方面，选择"一般满意"的中小学教师占 36.44%，选择"比较不满意""非常不满意"的中小学教师占 9.34%，说明有接近一半的中小学教师对当前自身发展状态还不太满意，有进一步提升自身专业发展的追求。在职业信念方面，得分 3.79（$SD = 0.74$）。本次调查显示，72.11% 的中小学教师选择"爱学生，让学生获得更好的发展"，说明多数教师是以学生发展为本、关心学生，契合教师是新时代做中华民族"梦之队"的筑梦人的历史担当。

如表 1 所示，诱因总均值得分 3.41（$SD = 0.55$），说明外部诱因对广东省中小学教师专业发展动力支持力度不强。其中，在激励支持方面，得分 3.44（$SD = 0.73$）。本次调查显示，5.3% 的中小学教师认为自身专业发展的动力来源于"学校领导的关心、促进和示范"，说明学校领导的关心效应能够激发教师成长的动力，促进教师追求更高水平的专业发展。选择"追求更高的收入"和"追求职务职称的提升"的教师占 15.6%，说明部分教师群体依然希望通过薪酬待遇、职务或荣誉来提升自己的职业地位，巩固社会生存中安身立命的基础，获得社会的尊敬和认可。在自我调控方面，得分 3.37（$SD = 0.54$）。本次调查显示，37.45% 的中小学教师认为，"社会过高期望"在无形中赋予教师"过高"的地位，致使教师在"过高期望"压力下既要高质量完成日常教育教学活动，又要努力追求自身专业水平的提升，以达到看似合理实则遥远的目标。这种环境正考验着当前中小学教师要以坚韧的"自我调控"能力来赋予专业发展"软动力"。

表 1　中小学教师专业发展动力的特征

维度及动力	因子	$M \pm SD$	$M \pm SD$
需要	自主发展	3.70 ± 0.58	3.74 ± 0.57
	职业信念	3.79 ± 0.74	
诱因	激励支持	3.44 ± 0.73	3.41 ± 0.55
	自我调控	3.37 ± 0.54	
中小学教师专业发展动力总分			3.57 ± 0.53

（二）中小学教师专业发展动力的影响因素分析

通过探讨年龄、教龄、学历、动因状况对中小学教师专业发展动力的影响，本研究有助于从多角度认识广东省中小学教师专业发展动力水平。

表2　不同中小学教师群体专业发展动力的差异分析

基本信息	内容	$M \pm SD$	t/F	事后检验
年龄	①30 周岁以下	3.43 ± 0.49	38.87^{***}	③>④>②>①
	②31~40 周岁	3.51 ± 0.53		
	③41~50 周岁	3.68 ± 0.52		
	④51 周岁以上	3.65 ± 0.55		
教龄	①1~3 年	3.43 ± 0.48	33.35^{***}	④>⑤>③>②>①
	②4~10 年	3.45 ± 0.51		
	③11~20 年	3.53 ± 0.53		
	④21~30 年	3.69 ± 0.51		
	⑤31 年以上	3.65 ± 0.57		
学历	①中专	3.63 ± 0.56	9.05^{***}	②>①>③>④
	②大专	3.69 ± 0.52		
	③本科	3.56 ± 0.53		
	④研究生	3.37 ± 0.49		

注：* 表示 $p<0.05$；** 表示 $p<0.01$；*** 表示 $p<0.001$。下同。

1. 中小学教师专业发展动力在年龄方面的差异

为考察中小学教师年龄方面的差异，根据教师专业发展的阶段性特征，本次调查将教师的年龄划分为4个阶段：30周岁以下，31~40周岁，41~50周岁，51周岁以上。结果显示，不同年龄段的中小学教师专业发展动力存在显著差异（$F=38.87$，$p<0.001$），见表2。各年龄阶段的均值得分分别为3.43、3.51、3.68、3.65，呈逐渐上升到缓慢下降的"Λ"型发展趋势。说明新入职教师在成长初期主要是对日常教育教学活动的熟悉掌握，之后日趋追求更高水平的专业发展，达到一定的"小高峰"后，对自身专业发展的动力开始有所减弱。

2. 中小学教师专业发展动力在教龄方面的差异

为考察中小学教师教龄方面的差异，结合伯林纳（Berliner）提出的教师发展阶段理论和本次研究群体的实际情况①，本次调查将教师的教龄划分为 1~3 年、4~10 年、11~20 年、21~30 年及 31 年以上 5 个水平。结果显示，不同教龄的中小学教师专业发展动力存在显著差异（$F = 33.35$，$p < 0.001$），见表 2。各教龄阶段的均值得分分别为 3.43、3.45、3.53、3.69、3.65，从数值上看，先逐渐增大，到达一定的峰值后，缓慢下降，说明中小学教师专业发展动力随教龄增加呈"Λ"型发展趋势。

3. 中小学教师专业发展动力在学历方面的差异

为考察中小学教师学历方面的差异，本次调查将教师学历划分为中专、大专、本科以及研究生 4 个水平。结果显示，不同学历的中小学教师专业发展动力存在显著差异（$F = 9.05$，$p < 0.001$），见表 2。相对来看，中专和大专学历教师的专业发展动力较强，本科学历教师的专业发展动力次之，研究生学历教师的专业发展动力较弱。单因素方差事后检验表明，大专和中专学历的教师显著大于本科学历的教师，本科学历的教师又显著大于研究生学历的教师，说明学历较低的教师更希望弥补自己在某些方面的不足，表现出较强的专业发展动力。

4. 中小学教师专业发展动因状况方面的差异

由表 3 可知，在中小学教师专业发展动力的影响因素中，生理因素得分（$M = 3.00$）、心理因素得分（$M = 2.08$）、学生和家长因素得分（$M = 2.70$）、社会因素得分（$M = 3.32$）、家庭因素得分（$M = 2.44$）、学校因素得分（$M = 2.48$）。外部因素偏高，说明当前中小学教师对自身专业发展的外部支持环境诉求较高。这是亟待思考和深入挖掘的。此外，本次调查发现，社会因素（$M = 3.32$）得分最高，说明改善社会环境对激发中小学教师专业发展动力具有重大作用。

---

① BERLINER, D. C., *The Development of Expertise in Pedagogy*, New Orleans: American Association of College for Teacher Education, 1988.

表3　中小学教师专业发展动力的影响因素分析

维度	因子	$M \pm SD$	$M \pm SD$
内部	生理因素	3.00 ± 1.18	2.54 ± 0.90
	心理因素	2.08 ± 0.90	
外部	学生和家长因素	2.70 ± 0.88	2.74 ± 0.81
	社会因素	3.32 ± 1.08	
	家庭因素	2.44 ± 1.03	
	学校因素	2.48 ± 0.91	

以生理因素、心理因素、学生和家长因素、社会因素、家庭因素、学校因素为自变量,教师专业发展动力为因变量,进行多元回归分析,结果显示:学校因素、家庭因素、社会因素和生理因素进入回归方程,显著负向预测教师专业发展动力,其中预测力最大的是学校因素（Beta 为 - 0.31）,见表4。这表明,在众多因素中,学校因素对教师专业发展动力的影响力最大。

表4　中小学教师专业发展动力与影响因素的多元回归分析

因变量	自变量	R^2	$\triangle R^2$	Beta	t	F
教师专业发展动力	学校因素	0.21	0.21	- 0.31	- 14.76***	899.45***
	家庭因素	0.22	0.016	- 0.10	- 4.70***	68.24***
	社会因素	0.23	0.007	- 0.10	- 5.09***	32.38***
	生理因素	0.23	0.002	- 0.06	- 2.98**	8.88**

（三）中小学教师专业发展动力的支持性条件

1. 自我认知与诉求方面

其一是中小学教师专业发展动力生成中教师对自我的认知情况（见图2）。调查发现,中小学教师认为需要从以下几个维度对自身专业素养进行提升:学科专业知识（74.04%）、学科专业技能（71.67%）、课堂教学技能和艺术（68.88%）、教研理论（68.76%）、论文写作（64.18%）、科研能力（60.94%）、信息技术能力（60.2%）、教学反思（56.76%）、师生心理健康知识（54.29%）、职业道德和理想（38.05%）。因此，促进中小学教师专业发展的动力生成，不仅要继续提升教师自身专业知识、专业技能水平，加强自身对教育教学理论的学习和写作，而且要为他们提供课题研究，促进他们进行有意义的教学反思，等等。

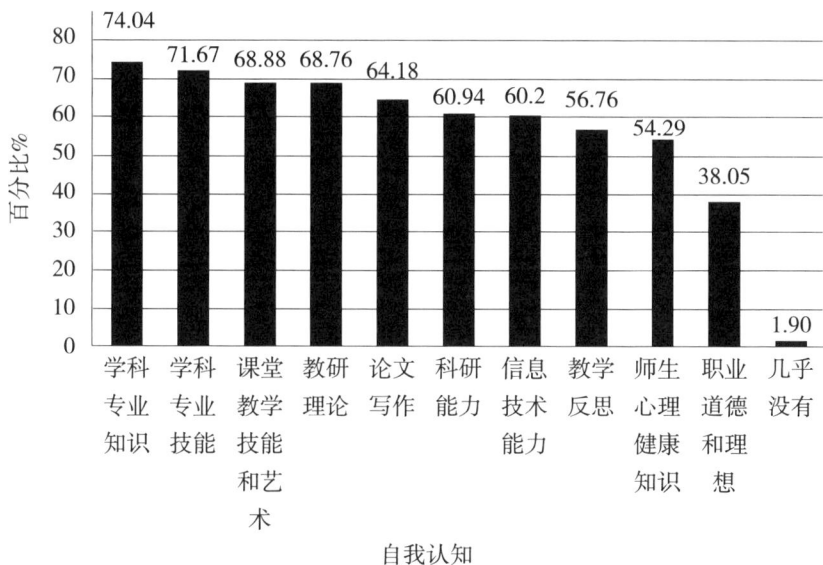

图2　教师对自我的认知情况

其二是中小学教师专业发展动力生成中教师对支持的需求情况（见图3）。调查表明，中小学教师期盼优化外部环境以提升自身专业素养的有效途径：同事间的切磋与探讨（74.21%）、到兄弟院校考察和学习（72.54%）、专家培训（68.82%）、教学反思（64.31%）、自学和个人钻研（59.41%）、定期在职进修或函授（58.69%）、读书（54.71%）、主持或参加教育科研（51.95%）、课题研究（49.45%）、参加学术会议（42.79%）、写论文与著书（35.78%）。可见，当前中小学教师专业发展动力的生成更期盼一线教学经验，比如同事间的切磋与探讨，到兄弟院校考察和学习，给教师专业发展提供各种专家培训，等等。

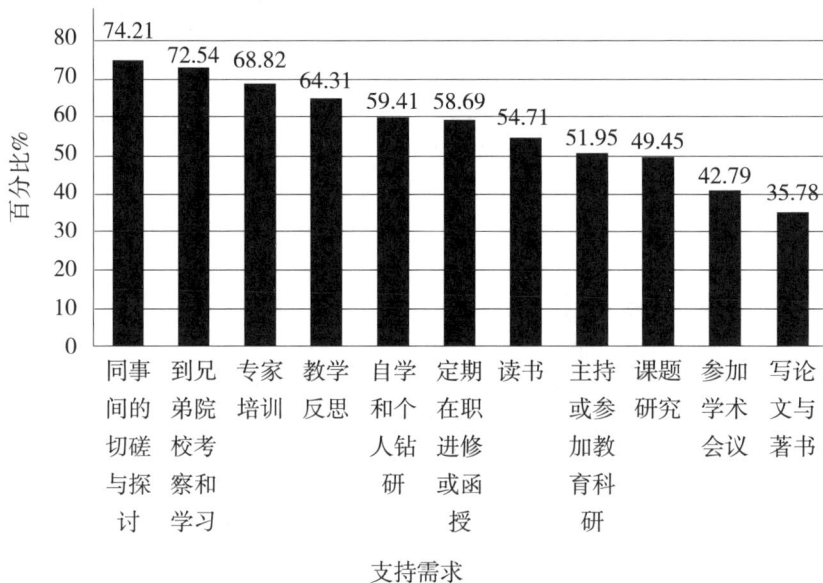

图 3　教师对支持的需求情况

2. 对学校感知与要求方面

学校是中小学教师专业发展的重要成长环境。对"您所在的学校是否重视为教师个人专业发展提供机会和创造条件？"的调查显示，中小学教师选择"很重视"和"比较重视"的占49.96%，选择"一般重视"的占35.76%，选择"比较不重视"和"很不重视"的占14.28%。可见，总体而言，学校对教师发展的重视程度仍待加强。

对"学校对教师教学工作的评价方式"的调查显示（见图4），通过教师自评、同行评价、学生评价、家长评价等多种渠道进行的占41.19%，看学生考试成绩的占34.6%，看日常工作表现的占19.97%，很少评价的仅占4.24%。这表明，当前学校对教师教学工作的评价逐渐过渡到多元化的评价方式，但也可以看出学生考试成绩的评价仍然占不低的比重。

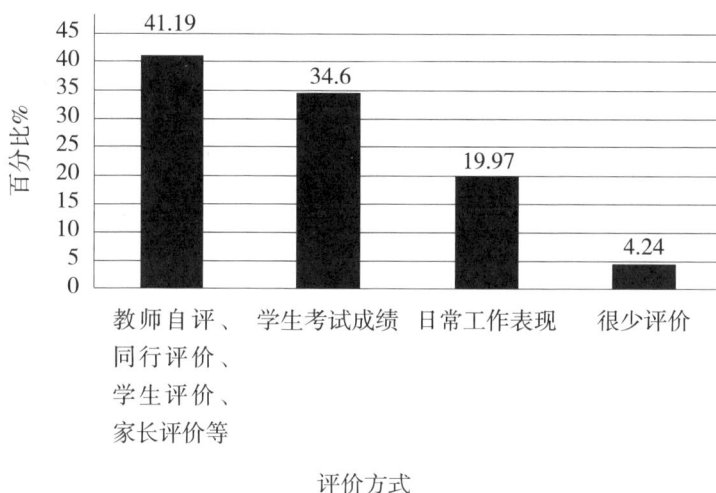

图4 学校对教师教学工作的评价方式

对"教师对学校支持的需求情况"的调查结果显示（见图5），希望学校为教师提供自主发展的空间占80.47%，营造良好的校园文化占79.64%，为教师提供培训机会占77.61%，支持教学骨干外出学习占67.94%，建立促进教师发展的规章制度占67.34%，对教师进行专业发展的实际指导占66.89%，经费上多投入占62.28%，健全适合教师专业发展的考核评价机制占62.19%。从图5可知，要促进中小学教师专业发展动力的生成，需要学校的全方位支持，尤其是为教师提供自主发展的空间，营造良好的校园文化，为教师提供培训机会等。

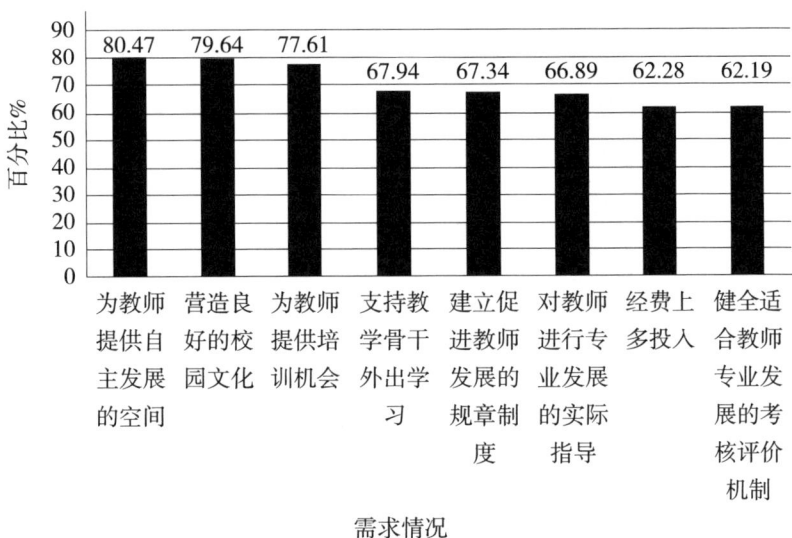

图 5　教师对学校支持的需求情况

三、结论与建议

通过对中小学教师专业发展动力的特征、影响因素以及支持性条件分析，得出如下结论，并在此基础上提出相应的建议。

（一）以总体特征为视野，提升教师专业发展动力水平

从中小学教师专业发展动力总得分来看（$M = 3.57$），当前广东省中小学教师专业发展动力一般，亟须提升。研究发现，有 2.31% 的教师选择"学校考评压力"、0.8% 的教师选择"迫于同行之间的竞争"而追求自身专业发展；也有 9.34% 的中小学教师对个人目前发展不甚满意；同时社会期望过高和教学任务繁重依然是阻碍教师专业发展动力的重要因素。据此，要进一步提升教师专业发展动力水平。

第一，要引领和支持教师对职业的认同和热爱。摸清教师对职业认同和自我认同的态度以及专业发展的水平，帮助教师树立职业的崇高感、厚重感、使命感，主动追求专业知识基础、专业技能、专业智慧和教学艺术

的提升，从而由"他控式"成长转变为"内生式"成长①，自觉探寻追求专业发展的生命价值和意义。

第二，精准对接教师成长需要。以互联网＋、人工智能等新兴技术助力教师培训及成长需求，赋能教师在专业知识、专业技能、信息技术、师德师风等方面的新提升、新发展。

第三，要重视对省内欠发达地区教师的生存境遇关怀。薪酬待遇依然是教师群体获得社会认可的重要标志，要让教师从待遇上感受到自己应有的社会地位，教师要有高尚的品德和无私奉献的精神，也需要安身立命的资本和专业发展的物质支撑。广东省中小学教师群体数量庞大，加上珠三角、粤东、粤西、粤北之间经济发展水平的严重不平衡，有必要加强对省内欠发达地区中小学教师群体的激励关怀、生存关怀、生命关怀，助力其增强专业发展的动力，助推广东省中小学教师专业发展动力水平和基础教育均衡发展再上台阶。根据对梅州、河源等地部分乡村教师的访谈，乡村教师存在工作环境较为艰苦、与城市教师的工资收入差距大等问题，可探索乡村教师发展专项资金项目，建构"乡村教师发展保障机制与政策体系"②。

第四，要优化教师队伍成长的社会环境。要主导并引领社会媒体的传播价值倾向和社会认知，既不要因个别现象而"抹黑"教师群体，也不要过度拔高而"神化"教师，倡导社会各界在尊师重教的同时，理性认识学校教育在育人方面和教师在教学活动中的应为、能为和难为，形成客观、合理、公正的社会共识，切切实实体现尊师重教的本义。

（二）以影响因素为聚焦，解决教师专业发展动力瓶颈

多元回归分析显示，学校因素、家庭因素、社会因素、生理因素对中小学教师专业发展动力产生较大的影响，其中最大的因素是学校。结合数据分析和访谈内容，学校因素表现为：学校对个人发展的支持不够，同事

---

① 余海燕：《教育信仰——教师专业发展的"内在驱动力"》，《教育现代化》2015年第1期。
② 容中逵：《农村教师发展保障机制与政策体系的系统构建》，《教育理论与实践》2014年第1期。

之间合作氛围较差，工作压力较大；家庭因素表现为：家庭烦琐事情多、无暇顾及专业，家庭经济水平较低、生活负担重；社会因素表现为：社会对教师期望过高，薪酬低、地位低；生理因素表现为：身体机能不佳，不敢改革创新。因此，可以从如下几个方面着手提高中小学教师专业发展动力。

第一，引导教师树立终身学习理念，为教师专业发展提供持续的动力。从教师步入职场开始，年龄、教龄的增加既是教师专业发展动力水平的见证，也是教师专业发展动力水平提升的"认知阻碍"。教师要以终身学习为信念，以"活到老、学到老"作为"人师"的永恒课题和终身课题，以时不我待的使命感持续追求专业发展的新境界，减弱身心自然规律的局限，使自己永葆专业水准和前进动力。此外，部分教师要破除高学历等于高专业水平的心态，在滚动的时代发展和教育对象中不断认识教学实践这本"无字书"，持续夯实自身专业知识基础，丰满专业发展之"羽翼"。

第二，以师为本，学校要为中小学教师成长提供服务。学校要营造"以师为本"的服务文化，合理安排教学任务，减轻中小学教师工作压力，努力为教师在培训、进修、职称评审、家庭与工作的平衡中提供便利，让每一位教师能静下心来思考人生和仰望远方，增强教师对自身专业发展的目标感和自我效能感。引导中小学教师营造积极健康的心理环境，发挥学校工会"爱师、护师、帮师、为师"的作用，积极为教师疏解不良情绪和压力，助力教师形成积极、乐观、向上的心态，促进教师身体、心理和人格的和谐健全发展。同时，中小学教师要时刻谨记职业使命以及时代发展的新要求，不断提升自己的综合素养，以更好的姿态和面貌去适应新时代教育教学要求和彰显教师作为中华民族"梦之队"的筑梦人的历史担当。①

第三，探索现代家庭模式，减轻中小学教师负担。本研究的样本中，女教师2180人，占64.7%。女教师普遍认为家庭烦琐事情多，无暇顾及专业发展。家庭是社会的基本细胞，家庭现代化是社会现代化的基础。因

---

① 习近平：《做党和人民满意的好老师——同北京师范大学师生代表座谈时的讲话》，《人民日报》，2014年9月10日。

此，重构家庭生态，探索现代家庭模式，让中小学教师（尤其是女教师）从传统繁重的家庭事务中走出，是破解制约新时代教师专业发展动力的关键。

第四，加大乡村中小学教师支持计划实施力度，重视对教师生存境遇的关怀。中小学教师需要有高尚的品德、无私奉献的精神，也需要安身立命的资本和专业发展的物质支撑。薪酬待遇水平是中小学教师群体获得社会认可的重要标志之一，要让教师从待遇上感受到与自己职业相对等的地位。建议在继续实施《乡村教师支持计划实施办法（2015—2020年）》的基础上，探索建构乡村教育高质量发展实验区，出台"关于欠发达地区教师发展保障机制与政策体系"或"关于统筹推进省域内城乡教师一体化改革发展的意见"等。

（三）以支持性条件为引子，激发教师专业发展动力

中小学教师专业发展动力生成受到诸多因素影响。本次调查主要从个人层面和学校层面探讨中小学教师专业发展动力的支持性环境。从个人内在方面来看，绝大部分中小学教师希望加强自身学科专业知识、学科专业技能、课堂教学技能和艺术、教研理论、论文写作等，这说明目前中小学教师在这些方面也存在薄弱点。就个人对外部支持的诉求来看，绝大多数中小学教师期盼与同事之间切磋与探讨、到兄弟院校考察和学习等。就教师对学校支持的诉求来看，绝大多数教师希望学校能够为教师提供自主发展的空间、营造良好的校园文化、为教师提供培训机会、建立促进教师发展的规章制度等。因此，要促进中小学教师动力生成，可从以下方面着手：

第一，学校场域是教师专业发展的重要支持性平台。因此，学校要营造和谐、向上的校园文化或教师合作文化，形成"合作与共享的自然合作文化"[①]；要充分尊重教师的自主性和意愿，不断优化教师发展的规章制度，积极创造教师专业自主发展空间繁荣的良好氛围，因为"教师教学过

---

① 李娟：《基于哈格里夫斯教师文化观的远程研修教师文化的探析》，《当代教育科学》2017年第5期。

程中受到太多的束缚，往往表现为消极的职业特征"①；加强与兄弟院校之间的联系与合作，整合多方力量，为教师提供多样化的学习内容和机会，协同推进教师向专家型教师迈进。

第二，教师主体自身是专业发展动力生成的重要内动力。有学者指出，教师优化教学的自觉追求理应是其专业发展的内驱力，强调教师作为主体自身对新知识、新技能的学习与提升，要从被动、迷茫向积极主动寻求专业发展转变②。即作为主体的教师对自身专业发展的主导性选择和追求，如积极参与专业知识、技能的培训或进修，主动优化课堂教学技艺，深入学习教研理论，践行教学反思，探索与参与课题研究，提高论文写作能力等，进而转化为自身的教育信念或信条，真正形成教师专业发展的内源动力。

（杜德栎，嘉应学院杜德栎中小学教师培训专家工作室主持人，教授；卢小陶，嘉应学院外国语学院学生辅导员；王艳，嘉应学院教育科学学院讲师）

---

① 姚计海：《教学自主：教师专业发展的动力》，《中国教育学刊》2009 年第 6 期。
② 尹绍清、赵科：《农村中小学教师专业发展动因的实证研究》，《楚雄师范学院学报》2016 年第 10 期。

教师教育情怀养成的价值与路径探索*

杜德栎　王赢利　刘义民

教师素质是决定教育质量的关键。教育情怀是现代教师的核心素养。只有高素质的教师才能培养出高素质的创新型人才。2012 年以来，教育部发布《中小学教师专业标准（试行）》《关于实施卓越教师培养计划的意见》《中共中央　国务院关于全面深化新时代教师队伍建设改革的意见》等文件，加大教师教育改革力度，提升教师教育质量。为了加快教师教育转型，培养高素质创新型教师，完成"嘉应学院创建国家教师教育创新实验区"的各项任务，学校开展教师教育情怀养成的探索与实践，并取得预期成果。

一、教师教育情怀养成的价值

（一）教育情怀是教师的核心素养

教师应该具有怎样的素质，才能培养出适应和引领人类步入全球化、信息化、智能化时代需要的高素质创新型人才，这是新时代教师教育发展的根本问题。我国学者认为，面对 21 世纪社会发展需要，教师核心素养的基本框架有 3 个维度：品德修为，包括师德素养、教育理念素养；知识涵养，包括专业知识、通识基础；教学能力，包括教学设计、教学实施。其中师德素养包含高尚师德规范和富有教育情怀。教育情怀是指师范生对待

* 本文系 2019 年度广东省高等教育教学改革项目"基于教育情怀养成的卓越教师培养模式构建和实践"，广东省教育科学"十三五"规划课题"基于城乡教育一体化的教师专业精准发展研究"（项目编号：2018GXJK177），2018 年度广东省高等教育教学改革项目"嘉应学院创建国家教师教育创新实验区"（粤教高函〔2018〕29 号）阶段性成果。本文系在发表于《嘉应学院学报》2021 年第 2 期的《师范生教育情怀养成路径的探索与实践》一文的基础上改写而成。

社会、教育者和自身表现出来的人文情怀，是一种高层次的生存境界，包括情感态度和包容胸怀，体现为教师对教育价值的高度认可和信仰、具有强烈的从教意愿和热爱教育的奉献精神。教育情怀是教师身上具有的一种超验的"行动意识"，它渗透在教育者教育行动过程中的意念内，是对教育者的行动产生深刻影响的精神力量。它不具有操作层面上的技术特征，是一种不可量化的素养，是教师成长为"学生锤炼品格、学习知识、创新思维、奉献祖国的引路人"的内在动力。[1]

教育情怀是未来教师的核心素养，它决定着教师发展的方向和专业发展水平的高度，在教师素养中处于中心和主导地位。富有教育情怀的教师，是师德伦理、人文精神、自我关怀三方面圆融统一的教师。教育情怀构成了教师源源不竭的精神动力和坚定虔诚的教育信仰。[2] 其一，有情怀的教师表现为具有社会担当，对社会始终表现出高尚的思想道德品质和强烈的教育伦理意识；其二，对待学生始终表现出促进其全面发展的宗旨和关心尊重的情感关照，具有"学生为本"的教育信念；其三，对待自身，爱岗敬业，严于律己，始终表现出独立的教育人格与尊严、远大的教育理想与信仰。教师只有加强教育情怀养成，才能有源源不竭的精神动力和坚定的教育信仰，成为大国良师。古今中外一切卓越教师，如孔子、孟子、陶行知、苏霍姆林斯基等，都是具有教育情怀的教师。

高质量教育需要教师教育情怀。教育家雅斯贝尔斯说："教育是人的灵魂的教育，而非理智知识和认识的堆积。"[3] 教育的本质意味着，一棵树摇动一棵树，一朵云牵引一朵云，一个灵魂唤醒一个灵魂。因此，高质量教育不是知识灌输，不是绝对服从，而是唤醒懵懂、激励上进、点燃希望。相信自己，用高尚的情怀成就教育的高度；相信学生，让他们遵循生命的本性绽放自己，成就自己，实现全面发展。有爱的教育才是真正的教育，有情怀的教育才是教育的最高境界。

① 刘炎欣、罗昱：《教育情怀的哲学思考与内蕴阐释》，《教育探索》2019 年第 1 期。
② 肖凤祥、张明雪：《教育情怀：现代教师的核心素养》，《河北师范大学学报（教育科学版）》2018 年第 5 期。
③ 雅斯贝尔斯著，邹进译：《什么是教育》，北京：生活·读书·新知三联书店，1991 年，第 4 页。

（二）教育情怀养成是新时代解决教师专业发展瓶颈问题的需要

十一届三中全会后，党的工作重心转移到经济建设上来，人才短缺成为教育迫切需要解决的重要问题，以重知识、重能力的教师专业发展的理智取向成为主导。[①] 2001年，"师范教育"体制向"教师教育"体制转型，师范生的培养规模迅速扩大，师范生的专业知识、专业技能、教育信息技术在整体上都有大幅度提高。短短20年，我国教师队伍由2003年的1168万人发展到2023年的1891.78万人。教师整体素质结构得到优化，据2017年统计，教师学历层次得到提升，有93.7%的小学教师取得专科以上学历，82.5%的初中教师取得本科以上学历。[②] 这为我国基础教育储备了大量师资人才，为教育振兴、实现中国梦奠定了基础。

然而，随着教师专业知识、专业能力的提升，教师品德修为的问题也逐渐暴露出来，成为制约教师专业发展的瓶颈。一些教师对遵守教师职业道德、忠诚于党的教育事业、贯彻党的教育方针的政治觉悟不高；有些教师职业倦怠严重，缺乏无私奉献的教育情怀，并在社会上造成不良影响。专业知识、专业能力只是教师专业素养的一部分，而发挥引领作用的则是教师的品德修为或教育理想和教育信念。因此，如何将教师从传统的理智取向发展模式，转向教师专业人生发展模式和教师事业人生发展模式，需要广大教师唤醒生命意识，转变职业理念，加强教育情怀养成，进行职业范式转型，做享受教师职业幸福的卓越教师。加强师范生教育情怀养成是振兴发展教师教育亟待解决的新课题，对于促进教师教育改革和范式转型，以及提高教师教育质量，具有重要意义。

培养教师教育情怀从根本上回答了"为谁育师"和"育什么师"的问题，也是当前教师教育改革的诉求。《中共中央 国务院关于全面深化新时代教师队伍建设改革的意见》明确了要培养"教育情怀深厚的高素质复

---

① 教育部师范教育司：《教师专业化的理论与实践》，北京：人民教育出版社，2001年，第9－12页。

② 王定华：《教师队伍建设的重大成就与努力方向》，《人民日报》，2018年11月4日。

合型教师",① 充分说明了教师教育情怀养成的重要性。

（三）教育情怀养成是师范专业认证的基本指标

高等师范院校是教师的培养基地，涵养教师教育情怀是师范教育的重要任务。教师教育把教师教育情怀培养作为达标与否的重要考核指标。师范专业认证对师范生的毕业要求是"践行师德、学会教学、学会育人、学会发展" 4 个维度，对应师德规范、教育情怀、学科素养、教学能力、班级指导、综合育人、学会反思、沟通合作 8 个二级指标。教育情怀是 8 个二级指标之一。具体内涵："具有从教意愿，认同教师工作的意义和专业性，具有积极的情感、端正的态度、正确的价值观。具有人文底蕴和科学精神，尊重学生人格，富有爱心、责任心，工作细心、耐心，做学生锤炼品格、学习知识、创新思维、奉献祖国的引路人。"② 这是在总结我国过去教师教育发展的基础上，首次明确提出对师范生教育情怀养成的具体要求和指标，成为师范生教育情怀养成的行动指南。师范生养成教育情怀不仅是教师专业发展的动力源，而且是教师专业发展的目标指示器，在 8 个二级指标中具有引领和主导作用。

二、教师教育情怀养成路径的探索

路径是人类解决问题的途径和渠道。教师教育情怀养成路径就是教师为了达到培养教育情怀养成目的，需要解决教育情怀养成问题所经由的途径或渠道。虽然教育情怀养成途径很多，但是最根本的途径是教师教育教学实践活动。这里以嘉应学院师范生教育情怀养成实践为例。

嘉应学院是一所百年师范学校，具有浓厚的师范专业特色，但由于受"重视知识，忽视师德"师范教育理智模式的影响，在师德和教育情怀养成方面存在一定问题。主要表现为：师德课程结构单薄，学科课程与活动

---

① 张烁：《全面深化教师队伍建设改革——大国良师怎样炼成》，《人民日报》，2018 年 9 月 6 日。

② 教育部教师工作司、教育部高等教育教学评估中心：《培养新时代大国良师——普通高等学校师范类专业认证工作指南（试行）》，2018 年，第 53 页。

课程之间的连接松散；师德课程评价方式单一，不利于师范生师德的转化与践行；学校隐性课程的支撑力度不够，缺乏师德形成和情怀陶养的生态环境；课程缺乏广度和深度，没有形成全面的课程支撑。为了落实立德树人根本任务，达到师范专业认证对师范生毕业的基本要求，提高教师教育质量，我们提出"以养成卓越教育情怀为幸福教师奠基"的教师教育理念，以师德教育审美化为途径，以培养"有情怀、有思想、有能力、能综合"的德行教师为目标，对教师教育进行整体改革，重构师德生态和教育情怀养成路径。依据师范生教育情怀养成过程知行统一、不断强化的一般原理，可以将师范生教育情怀养成分为认识奠基、体验育情、实践内化、省思研修创新四个阶段。据此，我们将师范生教育情怀养成路径分为显性课程奠基、隐性课程铸魂、实践课程内化、省思研修创新四个路径。

（一）显性课程奠基

即通过学校设置的显性课程（或正式课程）让师范生获得对教育情怀的初步认识，这是师范生教育情怀养成的基本路径。为了让师范生明确师德的本质、价值及养成教育情怀的途径和方法，让师范生对师德和教育情怀陶养形成理性认识，基于师范专业认证"践行师德"的要求，我们梳理建构了四类显性教育情怀课程体系。

一是优化教师教育类课程。从 2010 年起，逐渐加大教师教育课程比例，达到 20 学分以上，分为基础课程、学科教学课程、通识课程三个模块。基础课程由教育科学学院承担，主要包括教师道德与教育法规、教学艺术论、学生发展心理学、教育哲学、教师技能、当代中小学教学改革与发展等；学科教学课程由各二级学院（含外聘的中小学教师）承担，主要包括学科教学论、名师成长等；通识课程由教师教育发展中心承担，如客家文化、教育名著选读等。

二是强化课程思政。开发并强化各门课程的教育情怀培养元素，如在思想道德修养与法律基础课程中专设教育情怀专题，融通"思政课程"与"课程思政"，渗透以社会主义核心价值观、爱国主义思想为核心的教育情怀培养。

三是拓宽学科课程。通过人才培养计划的修订和课程改革等途径，让师范生及时了解学科前沿理论知识，同时了解和熟悉中小学学科课程发展的现状，更好地认识与亲近中小学教学。

四是强化区域优势课程。以教师使命和职业生涯发展为基础，结合嘉应学院地处世界客都梅州和全域苏区的区域优势，加大区域优势课程建设。开设通识课程"客家文化"，学习客家人崇文重教的精神和国家至上的家国情怀，尤其是学习田家炳、黄遵宪、丘逢甲等人高尚的教育情怀；当代中小学先进教师事迹案例课，如广东最美教师廖乐年、林冬芳的教育事迹；苏区红色情怀课，如红军的革命理想和艰苦奋斗、奉献牺牲精神等。利用大学生课外与社会实践活动渗透教育情怀培养，如开发田家炳教育情怀研学课程，实施"寻找家炳足迹，传承教育情怀"系列研学旅游活动。

（二）隐性课程铸魂

学校通过创设教师教育精神、校园文化、墙壁文化等非正式的课程，对师范生教育情怀养成形成潜在的影响，实现强化认识。这是师范生教育情怀养成的重要路径。我们以优化师德隐性课程为主要路径，强化高尚师德体验为手段，为师范生教育情怀养成铸魂。

"情以物迁，辞以情发。"教育情怀的认识强化和情感启动需要在特定的情境中进行建构。学校教师教育主要以校园文化、教师精神、教师活动体验、红色基因传承、新时代国家建设的新成就等为路径，让师范生置身其中，感受高尚的师德，厚植教育情怀。

教师教育校园文化强化。注重校园教师教育物质文化建设，在校园竖立孔子等教育家塑像，建立弘扬田家炳"中国的希望在教育"理念的田家炳博士纪念馆；在各教学楼走廊和教室的墙壁悬挂教育格言、名言警句等；设计打造百年纪念大楼师德教育文化，从历史维度让学生感受教师教育与国家、民族命运的密切关系。

教师教育精神强化。用客家人崇文重教的精神及当代教学名师的师德精神，如聘请全国"五一劳动奖章"获得者、"全国先进工作者"罗伟群和广东"最美乡村教师"林冬芳为师范生作献身教育的典型事迹报告，让师范生体会教师为国家、民族培养人才的神圣职责。同时，评选"师德标兵"，注重师德师风建设。用高尚的师德情操、人格魅力为师范生树立良好的学习榜样，发挥学校教育场景的示范陶冶作用。

教师教育文化强化。连续举办17届"师陶之旅"，让教师教育文化渗透在日常生活与从师任教素养的训练中，从实践角度让教育情怀养成生活化。

新时代祖国建设的新成就强化。针对新时代国家发展的新成就，举办各种征文和演讲活动，如"学寄语精神和回信精神，争做新时代有为青年""五四'云'筑梦，青春勇担当"等，让学生践行社会主义核心价值观，增进对中国特色社会主义的理解与认同，培养他们的国家自豪感和归属感。

（三）实践课程内化

实践课程内化是师范生教育情怀养成的第三阶段。这个阶段是师范生在认识教育情怀的基础上，通过教育教学行为将对教师职业的知情内化为教育行为。虽然教育情怀具有不可量化与不可操作的特征，但是通过建立"四相四全"融合渗透实践体系，可以建构让师范生体验践行内化教育情怀的路径，将内隐于自身的对教育的忠诚、对学生的关爱展现出来。

实施教师教育课程标准新方案。设立社会实践周，规定师范生见习、实习和实践为必修的20学分，限定师范生教育实践不少于18周，与梅州市教育局联合开展师范生"校地实习"及乡村学校顶岗实习，建立双导师制，建构与专业教学相配套、与基础教育需要相衔接、课内课外实践相融合、与幸福人生相和谐，学生全员参与、大一到大四全程覆盖，见习、练习和实习全方位渗透，日常生活全修炼的教育情怀实践养成课程平台。

开展"践行师德规范，陶养教育情怀"系列活动。通过师范生见习活动，让师范生与在校中小学生建立准师生关系，体验平等关爱的师生关系；开发关爱教育课程，走进养老院、儿童福利院，对需要关爱的老人、儿童送温暖，陶养教师关爱情怀。举办"践行师德规范，陶养教育情怀"征文活动。坚持开展"师陶之旅""感受红色文化，传承苏区精神"等主题活动。如我校荣获"当代中国马克思主义——习近平新时代中国特色社会主义思想与青年学生使命担当"主题教育大赛项目一等奖；参加省教育厅2018年"新时代　新作为——立志·修身·博学·报国"主题活动获多个奖项。开展"铭记光辉历史，传承红色基因"和"坚定文化自信，担当青春使命"的红色文化研学活动，追随伟人足迹，撰写实践感想，增强对苏区精神的理解与认同。组织师范生参加中共中央宣传部宣传舆情研究中心和"学习强国"学习平台举办的2020年度"爱国情·强国志·报国行"全国主题征文活动，学生获得三等奖。[①]

（四）省思研修创新

省思研修创新既是师范生教育情怀陶养的第四个阶段，也是教育情怀养成的基本路径之一。这个阶段是在前三个阶段教育情怀陶养的基础上，通过自省、反思、慎独等方式，重新认识教师职业的价值和意义，是教师个体对教师职业和教育活动的价值形成自己独到的认识和创新的过程，也是促使个体教育情怀在原有基础上产生质的飞跃的过程。

创新是教育情怀的最高境界，就是师范生通过对师德价值的认识、活动等反思，形成坚定的教育信念和追求，逐步变成幸福教师的过程。这也是教育情怀的升华过程。一是优化师德评价。我们将社会实践省思报告、实习反思总结作为课程考核和学分认定的依据，优化师德评价机制，让学生的自觉省思、自主探究、自我完善贯穿教育情怀培养全过程。二是倡导慎独反思。让师范生利用各班班级微信群，用微信、网络美篇等方式将参加各种活动的心得、感悟记录下来，助推师范生在教育职业活动中养成能够明辨是非、善恶、义利和作出反思的良好习惯。

三、教师教育情怀养成的实践成效与反思

经过6年多的努力，教师教育情怀养成取得了一定成效。教育情怀养成实践调动了全校教师和管理干部投身教学改革的积极性、创造性，促进

---

① 林德培：《祝贺！嘉应学院一学生作品喜获中宣部全国主题征文三等奖》，《梅州日报》，2021年4月8日。

了"以德立身，以德立教"的师德师风建设。师范生的教育理念大幅度提升，从教意愿和综合素质显著提高，许多学院近 5 年师范生毕业从教率达 85% 以上，服务于包括梅州市在内的粤东粤西粤北地区，乃至珠三角地区基础教育一线；学科教育考研学生人数逐年递增，以至于学科教育成为学生考研的首要选择。教师教育情怀养成实践得到社会广泛关注，师德师风建设成果经验在"新时代教师教育创新暨纪念田家炳先生诞辰 100 周年"学术研讨会上进行介绍，得到与会专家一致好评；华南师范大学卢晓中教授、中国开放大学刘惊铎教授、香港大学吴浩明教授来学校考察后，认为成果实施理念先进，措施得力，成效显著；广东省教育厅网站、香港田家炳基金会网站等多次报道师范生教育情怀和红色教育的开展情况。

教师教育情怀养成实践也带来诸多思考。

首先，教师教育范式需要转型。传统教师教育注重专业知识和能力培养，忽视品德修为或专业情意陶养，导致师范生从教动力不足、职业倦怠等问题。而随着新时代的到来，教师的物质生活或待遇不断改善，基本生存问题得到满足，教师对于职业和人生发展有了更高的要求，更加关注教育信念、教师职业对社会发展的贡献等问题。采取增加工资待遇等物质手段已不再能有效地激励教师积极工作，教师教育情怀逐渐成为教师工作的动力支撑。即新时代教师职业在基本解决生存问题之后，发展的动力应该是如何满足教师对更美好从教（主要是自我实现的精神方面）的要求。教师教育范式，需要从以知识和能力教育为主的理智取向，向以理想信念和教育情怀为主的生命取向升维，从灵魂深处唤醒并激发师范生的从教动力，做一个真正的具有个性的幸福人，提高教师教育质量。这是教师发展动力的时代特色。

其次，教师教育情怀目标理念课程化。课程是教育情怀目标理念落实的凭借和基础。教师教育情怀目标理念只有转化为结构化、体系化、阶段化、活动化的课程，才能便于操作实施；没有结构化、体系化、阶段化、活动化的课程，教师教育情怀目标理念的落实只是空想。

最后，教师教育情怀养成要形成协同机制。教师教育情怀作为教师的核心素养，是促进教师专业发展的各种因素共同作用的结果，是师范大学育师的最终成就，不仅需要师范院校各机构各学科之间内部的协同，而且需要校外支持师范生发展相关部门的协同助力，是一个复杂综合的育人工程。因此，围绕师范生教育情怀养成需要形成以学校为主体的校内外各部门相互协同合作的运行机制，以保障教师教育的正常、有效进行。

（杜德栎，嘉应学院杜德栎中小学教师培训专家工作室主持人，教授；王赢利，嘉应学院教学质量监控和评估中心主任，高级实验师；刘义民，嘉应学院文学院副教授）

核心素养背景下教师专业素养研究的
回顾与展望[*]

刘义民

2014 年，教育部印发《关于全面深化课程改革　落实立德树人根本任务的意见》，提出研究"各学段学生发展核心素养体系，明确学生应具备的适应终身发展和社会发展需要的必备品格和关键能力"的教育问题。2016 年，林崇德在"中国教育学会 2016 年工作会议"上作了题为"中国学生发展核心素养研究报告"的主旨发言，论述了中国学生发展核心素养的内容结构和要点体系。2017 年，教育部组织专家修订印发普通高中课程方案和语文等 14 门学科课程标准，把党的教育方针中关于学生德智体美劳全面发展的总体要求具体化、细化为学生发展核心素养，凝练学科核心素养，确定课程目标，研制编撰教材。2018 年，教育部印发《关于做好普通高中新课程新教材实施工作的指导意见》，布局新课程全员培训，启动实施新课程新教材。到 2025 年，普通高中教育教学各环节全面落实新课程新教材理念、内容、要求。这一系列政策和行动标志着我国基础教育核心素养课程教学改革进入实践阶段。教师是课程改革的实践者、执行人，他们的素养现状和水平决定着学生核心素养培养的质量和效率。在核心素养课程教学改革背景下，教师的专业素养培养已经成为推进基础教育课程教学改革实践迫切要解决的重要问题。

＊ 本文系广东省教育科学"十三五"规划课题"基于城乡教育一体化的教师专业精准发展研究"（项目编号：2018GXJK177）和 2020 年度校级高等教育教学改革项目"国际教师教育改革经验的比较与借鉴"部分成果。本文发表于《教师教育论坛》2021 年第 1 期。

一、核心素养背景下教师专业素养发展转向

从专业化角度看，教师专业发展大致经历了四个阶段：专业化前期、专业化初期、专业化发展期、专业化转型期。不同阶段其教师的专业素养内涵也不相同。

专业化前期，教师虽然重要，但是教师专业发展不被重视。在我国古代，教育一般以官吏或者以文化知识人为师；在西方，古希腊教育一般以智者为师，如柏拉图、亚里士多德等。专业化前期，教师一般在思想、文化、知识、学术方面有一定造诣。这是教师专业素养的主要内涵和要求。教师工作也只是一种兼职工作。

专业化初期，教师工作成为一种职业。近现代以来，师范院校建立，教师教育系统化、制度化。师范院校规定了通识课程、专业课程、教师教育课程，这些课程包含了教师专业素养的基本内容。这一时期，学校教育专注于大规模、批量化、同质性的工业化社会人才生产，社会对教师的专业素养要求并不高，教师的社会地位和身份也比较低，但教师教育课程体系初步形成。

专业化发展期，教师专业发展得到重视。工业革命后期，社会对教师教育的数量和质量提出了明确的要求。1955 年，世界教师专业组织会议率先提出研讨教师专业化问题，推动了教师专业组织的形成和发展。1966 年，国际劳工组织和联合国教科文组织提出《关于教师地位的建议》，首次以官方文件的形式对教师专业化作出了明确说明，"应把教育工作视为专门的职业"[1]。1986 年，美国卡内基工作小组、霍姆斯小组相继发表《国家为培养 21 世纪的教师作准备》《明天的教师》两个重要报告，确立了专业性的教师教育改革和教师职业发展目标，拉开了"提高教师素质，促进教师专业发展为核心的教育改革的序幕"[2]。

---

[1] 教育部师范教育司：《教师专业化的理论与实践》，北京：人民教育出版社，2001 年，第 3 页。

[2] 教育部师范教育司：《教师专业化的理论与实践》，北京：人民教育出版社，2001 年，第 23 页。

这一时期，教师专业发展内容是提高教师的专业地位、建立教师专业标准、重新设计教师教育课程、创建教师专业发展学校。[①] 教师专业发展受到极大的重视。同时，由于教师的专业化与其职业的适应性相关，教师专业发展正在形成和完善基于职前、职后和终身发展一体化的教师专业发展体系。教师专业素养从共时和历时两个时空不断丰富完善发展。

专业化发展转型期，教师专业发展由发展体系的完形建构向专业发展内涵广度和深度的调适转型。教师专业发展是一种基于职业对象和社会需要的嵌入式发展。如果说专业化发展期，教师的专业发展主要是满足工业化的社会人才培养需要，那么，21 世纪的教师专业发展则是突破工业化社会人才培养的规模化、批量化、同质化，向适应社会发展和创新发展的个性化、特色化、需求化转型。21 世纪是数字、信息和知识经济世纪，数字信息技术为人的潜能的挖掘和发挥搭建了平台，思想创新、文化创新、技术创新已经成为人的潜能和价值的赋体。学生能否在数字信息和知识经济社会中生存和发展，关键要看教师能否培养他们适应社会发展和个人发展需要的核心素养。为此，教师也相应地必须具备培养学生核心素养的专业核心素养。

根据《中国学生发展核心素养》的框架，学生核心素养分为文化基础、自主发展、社会参与 3 个方面，综合表现为人文底蕴、科学精神、学会学习、健康生活、责任担当、实践创新 6 大素养，具体细化为国家认同等 18 个基本要点。学生发展核心素养是教师专业素养发展的起点和归宿。同时，教育部的指导文件《关于全面深化课程改革 落实立德树人根本任务的意见》从学段、学科、环节、力量、渠道等方面统筹学生核心素养发展布局，这也必然要求教师专业素养与之相契合，适应学生学段、学科、环节教学需要。因此，基础教育核心素养课程教学改革背景下教师的专业素养，也应该由一般完形式专业素养发展向集束式专业核心素养发展转型，以适应一日千里的时代变革和学生核心素养发展的需要。

[①] 教育部师范教育司：《教师专业化的理论与实践》，北京：人民教育出版社，2001 年，第 24 页。

二、教师专业核心素养研究回顾

教师专业核心素养脱胎于教师专业素养，是核心素养时代教师专业素养的凝练和升华。由于基础教育核心素养课程教学改革刚刚开始，教师核心素养研究还处于探索阶段。这里根据研究文献梳理归类，从 5 个方面回顾教师专业核心素养研究的现状与不足。

（一）教师专业核心素养的内涵与维度

教师专业核心素养是学生发展核心素养的前提和基础，是教师教育的出发点和归宿。教师专业核心素养内涵多是从维度划分来阐释的。王潇晨和张善超根据国际研究归纳出教师专业核心素养研究的不同维度，主要有二维度说、三维度说、四维度说及融合说 4 种类型。[①]

教师核心素养内涵来源主要有两种渠道：一是文献研究，二是实证研究。文献研究方面，主要通过借鉴、概括、归纳、演绎的形式得出了教师专业核心素养的内涵。赵垣可和范蔚在借鉴 OECD 和欧盟，北京师范大学林崇德、辛涛等，华东师范大学钟启泉、崔允漷等，以及张华、余文森、李艺等对学生核心素养研究的基础上，从思想基础、具体内容、呈现方式三方面解读教师专业核心素养内涵，包括知识、能力、情感等内隐和外显内容。[②] 桑国元等根据《中国学生发展核心素养》《中小学教师专业标准（试行）》和《关于全面深化课程改革 落实立德树人根本任务的意见》等文件概括出了教师专业核心素养的基本框架，凝练成三大类型、八大素养：师德与理念素养，包括师德素养、教育理念素养；知识与能力素养，包括知识素养、教育教学能力素养；综合素养，包括人文素养、信息素养、研究素养、自主发展素养。[③] 刘丽强和谢泽源根据美、日、澳、新等国家的教师专业核心素养框架建构了我国教师专业核心素养模型，主要包

① 王潇晨、张善超：《教师核心素养的框架、内涵与特征》，《教学与管理》2020 年第 1 期。
② 赵垣可、范蔚：《深化课程改革背景下教师核心素养发展问题研究》，《河北师范大学学报（教育科学版）》2017 年第 5 期。
③ 桑国元、郑立平、李进成：《21 世纪教师的核心素养》，北京：北京师范大学出版社，2018 年，前言第 6－9 页。

括 1 个核心理念、3 个基本领域、12 个素养指标，形成 3 层结构体系。即以培养"专业化教师"为核心，涵盖教育知识、教育情怀、反思学习能力，综合表现为本体知识、条件知识、实践知识素养内容。[1]

实证研究方面，主要是通过实践建模归纳概括出了教师专业核心素养的内涵。冯伟光根据习近平总书记的论述、相关国家政策、课程标准相关要求，结合教学实践，归纳出了思政课教师的专业核心素养，主要包括政治觉悟、专业素质、创新意识、道德品格 4 个方面。[2] 其实，这不仅是思政课教师的专业核心素养，而且应该是中国特色社会主义教师的专业核心素养。王光明等通过对 358 份政策文件、教师专业标准和学术论文的文本分析，以及全国 33 个省级行政单位 2186 名教师的问卷调查和 5 位教师教育领域专家的调研，运用 NVivo 11.0 质性研究工具分析建构教师专业核心素养和能力结构体系，核心素养包括道德修养、教育精神、文化修养等内容，教师专业核心能力包括教育教学能力、学习与创新能力、沟通与合作能力等内容。[3]

教师专业核心素养内涵的探究过程体现了学者们学习借鉴、实证创新的研究逻辑。但总体而言，教师专业核心素养内涵研究借鉴国外的研究成果居多，实证创新成果则较少。因此，我国教师专业核心素养研究的中国特色、中国话语和国际竞争力视点还有待深入。

（二）教师专业核心素养发展的制约因素

教师专业核心素养发展的制约因素既是教师专业素养生成的条件，也是教师专业核心素养发展需要解决的关键问题。

赵垣可和范蔚从内外因视角整体研究了教师专业核心素养发展的制约因素，认为教师的生理、心理、知识等内部因素，家庭、学校文化和制

① 刘丽强、谢泽源：《教师核心素养的模型及培育路径研究》，《教育学术月刊》2019 年第 6 期。
② 冯伟光：《思政课教师核心素养的基本内涵及其实现》，《思想政治课教学》2020 年第 3 期。
③ 王光明、张楠、李健等：《教师核心素养和能力的结构体系及发展建议》，《中国教育学刊》2019 年第 3 期。

度、国家政策等外部因素，共同制约了教师专业素养的发展。① 王光明等从认知维度实证研究了教师专业核心素养发展的制约因素，认为教师专业核心素养和能力的发展一定程度上受制于教师的自我认知局限：教师对自身发展存在强烈的推责情绪，严重依赖外部环境推动发展，对专业发展的边界认知模糊；教师专业核心素养和能力的发展还依赖教师自身对专业核心素养和能力及其要素间层级发展的深层体悟，并贯穿于教师专业发展的整个历程。②

黄友初从知识维度研究了教师专业核心素养发展的制约因素，认为始于 2000 年的新一轮基础课程改革是以"三维目标"建构的，教师的专业知识素养也必然与之契合；而发展学生核心素养是新的课程教学理念，不同于"三维目标"课程教学理念。因此，发展学生核心素养导向的基础教育课程目标应从"三维目标"过渡到"核心素养目标"，教师的专业素养也要建构基于核心素养的教师知识结构体系，建构符合时代发展的教师知识新体系。③ 熊英从胜任能力角度研究了教师专业核心素养发展的制约因素，认为教师专业素养主要受知识体系、学习意识、实践经验、教学模式及人格特征等因素的制约。④ 王俭和谢笠认为，教师的专业核心素养与学生的核心素养是相通的，提升教师的课程理解力、课程开发力、课程实施力与研究力，使教师努力成为课程实践研究者，学生的核心素养培养才可能顺利实现。⑤

教师的专业核心素养发展制约因素研究经历了从全面研究到具体维度研究，再到实证研究的过程，体现了研究的广度和深度，有助于全面把握教师专业核心素养发展的问题与解决对策。

---

① 赵垣可、范蔚：《深化课程改革背景下教师核心素养发展问题研究》，《河北师范大学学报（教育科学版）》2017 年第 5 期。

② 王光明、张楠、李健等：《教师核心素养和能力的结构体系及发展建议》，《中国教育学刊》2019 年第 3 期。

③ 黄友初：《核心素养视域下教师知识的解构与建构》，《上海师范大学学报（哲学社会科学版）》2019 年第 2 期。

④ 熊英：《发展学生核心素养背景下的中学教师胜任力影响因素分析》，《教育理论与实践》2019 年第 11 期。

⑤ 王俭、谢笠：《指向师生核心素养的教师课程能力提升》，《教师教育研究》2018 年第 5 期。

（三）发展学生核心素养的教学实践

教学实践是教师专业核心素养的展现和提升手段。基础教育发展学生核心素养的教学问题实质上就是教师专业核心素养发展的根本问题。从教学实践看，教师的专业核心素养还存在严重问题。

1. 发展学生核心素养的概念认知问题

基础教育核心素养概念内涵的理解和把握是学生核心素养培养的前提。研究发现，教师对基础教育发展学生核心素养的概念认知不深刻、不充分、不到位。

李新丽等对地理学科教师的教学调研发现，教师对学生的核心素养内涵概念缺乏全面深刻的理解。[①] 刘广军和刘伟对数学教师的教学调研发现，数学老师关心的是学生的考试成绩和升学率，对数学核心素养概念的认知度较低，数学核心素养在教学中不能落到实处。[②] 蒋金珍和刘亚对生物学科教师的教学调研发现，教师对发展学科核心素养的概念认知程度较低，发展学生核心素养中的社会责任目标基本上难以落实。[③] 欧阳芬等对语文教师的教学调研发现，中学语文教师在社会参与方面表现良好，在文化基础和自主发展方面却表现欠佳；初、高中语文教师普遍不能够关注学界的本学科前沿问题研究和国际视野下的先进教育理念研究。[④] 王运贵对学段和教师年龄的维度调研发现，中小学教师培养学生六大核心素养的总体情况良好，但不同维度的核心素养培养重视不均衡，核心素养的阶段性差异不明显，并且教师对核心素养的教学认知随着教师年龄的增长和教学年级

---

① 李新丽、姚萌、刘敏：《基于地理核心素养的高中地理教师专业发展现状调查——以山西省为例》，《地理教学》2019 年第 15 期。

② 刘广军、刘伟：《高中数学教师对数学核心素养培养的认知度调查》，《数学通报》2019 年第 9 期。

③ 蒋金珍、刘亚：《基于核心素养的单元教学设计的认知与实践现状调查分析——以上海市中学生物学教师为例》，《生物学教学》2020 年第 5 期。

④ 欧阳芬、徐浩、殷可嘉等：《基于学生核心素养的中学语文教师素养构成和表现》，《教育学术月刊》2019 年第 2 期。

的升高而逐渐减弱。①

2. 发展学生核心素养的教学设计、实施和评价问题

教学设计是教师发展学生核心素养的预期准备，教学实施是发展学生核心素养的实践过程，教学评价是发展学生核心素养目标达成与否的判断和检测标准。但调查研究发现，教师发展学生核心素养的现状也不尽如人意。

（1）教学设计。单元教学设计是通过教学内容整合培养学生核心素养的一种重要的教学方式。蒋金珍和刘亚调研发现，教师对单元教学设计的认知肤浅，对单元教学设计的特点和内涵的理解不深刻，也不清楚大单元、任务、活动的关系和区别，60%的教师经常不或很少进行单元教学设计。这说明教师对单元教学设计的理解还不到位，进行单元教学还存在困难和问题。生物学科配套的《中学生命科学单元教学设计指南》是教师教学设计的重要助手，但对教师的学习和使用情况调研发现，80%的学校组织教师学习了教学设计指南，但50%以上的教师并不进行单元教学设计。②教师不重视单元教学设计，教学设计辅助资料形同虚设。

（2）教学实施。调研发现，教师发展学生核心素养的教学方法和获取教学资源的途径、培养学生综合思维的教学方式等都比较单一，教师不注重培养学生的区域观念，对学生实践能力的培养也不够重视。③部分教师注重以学生为主或以问题为主的教学策略，但对以任务群教学为主的课程内容整合力度不足，导致学生的核心素养培养缺乏深度和广度。④

（3）教学评价。郑伟和卢文祥研究发现，培养学生核心素养的教师课堂评价语言空泛，缺乏针对性；评价语意不明，缺乏导向性；评价语言固

———————

① 王运贵：《山东省中小学教师培养学生核心素养教学表现的现状研究》，《当代教育科学》2018年第6期。

② 蒋金珍、刘亚：《基于核心素养的单元教学设计的认知与实践现状调查分析——以上海市中学生物学教师为例》，《生物学教学》2020年第5期。

③ 李新丽、姚萌、刘敏：《基于地理核心素养的高中地理教师专业发展现状调查——以山西省为例》，《地理教学》2019年第15期。

④ 蒋金珍、刘亚：《基于核心素养的单元教学设计的认知与实践现状调查分析——以上海市中学生物学教师为例》，《生物学教学》2020年第5期。

化单一，缺乏多样性；评价语言使用不当，缺乏对学生的情感关注等。[①]
蒋金珍和刘亚研究发现，虽然教师积极培养学生的核心素养，但是有近一半的教师没有对核心素养教学的结果进行评价或了解。[②] 评价不在于证明，而在于改进，教师教学评价的理解和使用不足，无疑制约了发展学生核心素养的深度。

（四）教师专业核心素养培养的研究

教师专业核心素养培养是核心素养时代教师专业发展的新理念、新问题。文献梳理发现，教师专业核心素养培养还没有达成共识，形成逻辑。

1. 课程体系

李星云认为，教师教育存在课程理论化、课程设置随意、实践课程不完善等问题，主张借鉴英美等发达国家的经验，制定统一的教师教育标准，加强课程衔接，建构反思性、合作性、实践性的课程体系。[③] 赵垣可、范蔚认为，应围绕教师专业素养开发学校课程体系，把核心素养培养贯彻于教师教育一体化建设中，建构教师学习共同体，培养教师群体的核心素养。[④] 由此可见，课程体系建构对于培养教师专业核心素养有重要作用。

2. 培养模式

曾文茜和罗生全认为，国际社会对中小学教师核心素养的价值取向认知基本趋同，但由于社会经济、文化特征、教育发展水平及价值对象不同，形成了各自不同的教师专业核心素养发展模式，主要有以共同标准为指导的素养发展模式、以问题解决为思路的素养建构模式、以关键技能培养为重点的素养训练模式、以价值革新为主导的素养演绎模式等，而我国

---

① 郑伟、卢文祥：《核心素养视域下生物学教师课堂评价语探析》，《生物学教学》2020年第5期。

② 蒋金珍、刘亚：《基于核心素养的单元教学设计的认知与实践现状调查分析——以上海市中学生物学教师为例》，《生物学教学》2020年第5期。

③ 李星云：《基于数学核心素养的小学数学教师课程体系建构》，《教育理论与实践》2016年第11期。

④ 赵垣可、范蔚：《深化课程改革背景下教师核心素养发展问题研究》，《河北师范大学学报（教育科学版）》2017年第5期。

应该从中选择借鉴适合的培养模式。① 周颖华、陈飞认为，基于核心素养的教师培养模式应该转型，建构专业教育与公共教育结合、学校教育与社会教育相补充、素质教育与生涯教育相协调的教师专业素养发展模型。② 张贤金等认为，应建构基于"核心素养"理解的"课题研究"式教师培训模式，采取跨年度、分阶段、混合式的形式开展，以"文献阅读"作为培训环节的起点，并围绕"文献阅读"延伸出"反思教学""整理、汇编文献""当堂讨论，专家引领""在岗实践"等活动，引领参训教师"反思教学"。③ 当前，基于核心素养的教师培养模式探讨比较多，但由于各国教师教育共识存在差异，教师教育模式借鉴实践存在操作困难。

3. 培养机制

王光明等认为，教师专业核心素养具有内蕴性，专业核心能力具有外显性，二者共同作用于教师的专业成长，这需要创新机制促进教师的内部驱动与外部环境耦合，以谋求教师专业核心素养发展和能力建设之道。④ 何劲鹏就教师的责任感培养提出：建构"半军事化"的学生管理与"阳光"环境、内容、教学管理的联动机制；强化正能量，内化社会责任感；丰富教育内涵，强化社会责任，以培养教师的专业核心素养。⑤

教师核心素养培养的标准、课程、模式、机制、评价等是教师教育的重要框架模型。然而，从研究情况来看，教师教育的课程标准、评价机制、管理体系还少有研究，其他已有研究也还不足以充分自证，难以保证教师专业素养培养的质量。

---

① 曾文茜、罗生全：《国外中小学教师核心素养的价值分析》，《外国中小学教育》2017 年第 7 期。

② 周颖华、陈飞：《基于核心素养的教师培养模式：挑战与转型》，《教育理论与实践》2017 年第 14 期。

③ 张贤金、吴新建、叶燕珠等：《基于"核心素养"理解的高中化学教师培训实践》，《中小学教师培训》2017 年第 4 期。

④ 王光明、张楠、李健等：《教师核心素养和能力的结构体系及发展建议》，《中国教育学刊》2019 年第 3 期。

⑤ 何劲鹏：《卓越体育教师核心素养的内涵及实践探索》，《体育学刊》2017 年第 2 期。

三、教师专业核心素养研究的问题和展望

我国教师专业核心素养研究还处于起步阶段，尽管有了一定的研究成果，教师专业核心素养培养的目标内容、课程体系、方法模式、评价机制还没有真正形成。同时，由于发展学生核心素养的基础教育课程教学改革还在启动阶段，教师专业核心素养发展的真问题还没有暴露，教师专业核心素养的研究和发展任重道远。

第一，教师专业核心素养的内涵和维度研究还有待深化。

有研究者总结了教师专业核心素养研究的路径发现，教师专业核心素养是通过推演、借鉴、深挖、需求、指导等多种方式来研究的。[①] 任毅把教师专业核心素养划分为基础知识和能力，包括知识素养、能力素养、道德素养、心理素养。[②] 叶菊燕根据世界各国教师教育的能力取向、人本主义取向、改造主义取向提炼出我国教师的三大专业核心素养，包括有效教学的能力、处理关系的能力、促进社会改造和正义的能力。[③] 专家们大多根据自身的认知划分了教师专业核心素养的内容和维度。不可否认，这些素养也都可能是教师专业核心素养的内容和维度，但教师专业核心素养的内涵和概念研究多从维度解构，或者直接移植国外专家的研究界定。这一方面说明厘清教师的专业核心素养概念内涵确实存在一定困难，另一方面也说明教师专业核心素养的概念内涵的研究没有真正深入。教师专业核心素养概念不清、内涵不明，必然导致内容和维度的划分和研究随意。此外，核心素养维度划分也只是厘清内涵的一种策略，内涵的维度列举并不完全等同于内涵的整体义域。

同时，教师专业核心素养的核心程度也需要关注。到底哪些素养是核心，为什么是核心，核心到什么程度等，还需要深度研究；关于教师专业

① 卫倩平：《教师核心素养的研究路向分析：基于对概念和要素研究的文献梳理》，《当代教育科学》2018 年第 8 期。

② 任毅、任国荣：《新课改下地理教师应具备的核心素养》，《中学地理教学参考》2017 年第 12 期。

③ 叶菊艳：《各国教师教育取向及其核心素养主张》，《人民教育》2016 年第 23 期。

核心素养的概念和结构的研究也并非简单地推演列举，还缺少系统的解读①；教师专业核心素养与传统教师专业素养的内涵和维度又有何区别与联系，也需要研究明示，以彰显教师专业核心素养的时代价值诉求。

更为重要的是，教师专业核心素养研究实证实验文献极少，无力佐证我国教师专业核心素养的现实内容和维度。教师专业核心素养研究多是"托运研究""摇椅研究"，对区域差异显著、文化殊异的中国教育来说恐怕只是增加了烦扰而已。近百篇研究文献也只涉及语文、数学、体育、生物几个学科，四五个省市，其中仅有五六篇实证研究文献（发表于核心期刊）。这些研究一定程度上反映了教师专业核心素养的实际问题，为教师核心素养培养研究开了一个好头，但研究地域、样本量等还不足，研究结果缺乏说服力、借鉴性、推广价值和实践效度信度。

第二，教师专业核心素养研究是老问题和新问题交叉融合，需要清理，形成明确的核心素养共识。

教师专业核心素养一方面继承了传统的教师专业素养，另一方面又有内涵突破，需要厘清传承和创新的关系。主要表现在教育目标和培养模式方面。21世纪初的"三维目标"课程教学改革与21世纪20年代的"核心素养"课程教学改革的理念目标是不同的，教师专业核心素养的研究和培训需要从三维目标背景下的教师专业素养中破茧重生，形成核心素养背景下的目标理念、专业素养，避免两种素养交叉重叠纠缠。② 传统的教师教育模式没有很好地促进教师专业发展，知识学习整体结构割裂、专业教育技术取向突出、准教师培养综合素质式微，而培养教师的专业核心素养又遭遇师资培养的专业化与综合化、学科教育独立性与共通性难兼容、师范教育封闭性和开放性协调等矛盾。③ 这无疑增加了教师专业核心素养研究和培养的困难。基于教师专业核心素养的教师教育模式应该在借鉴旧有模

① 韩加强、童颜、吴曼：《地理教师核心素养：新课程改革的诉求》，《地理教学》2018年第7期。

② 黄友初：《核心素养视域下教师知识的解构与建构》，《上海师范大学学报（哲学社会科学版）》2019年第2期。

③ 王光明、张楠、李健等：《教师核心素养和能力的结构体系及发展建议》，《中国教育学刊》2019年第3期。

式的基础上扬长避短，传承创新。也就是说，教师专业核心素养培养，迫切需要在旧的教师教育目标理念、内容、模式、评价体系的基础上形成新的教师教育目标理念、内容、模式、评价体系。

第三，教师专业核心素养研究极少体现中国特色。

中国文化的根是民族精神、民族思维、民族心理，这是维系中华民族的纽带。但在相关文献中，这些中国文化特征很少得到体现。从当代文化特色来看，中国教师专业核心素养的突出特色应该是社会主义特色，但从研究现状来看，这种特色尤其体现不足。在研究文献中，只有思想政治课教师的专业核心素养突出"政治觉悟"①"理想信念""政治认同""理性精神"②"教育情怀"③"民族认同"等中国特色社会主义教师专业核心素养培养。没有中国特色的社会主义教师，就很难有中国特色的社会主义接班人。关于民族思维、民族心理的文化意识几乎全部被西方的民族思维、民族心理左右了。也就是说，研究者本身既缺乏客观立场，又缺乏自我立场。文化不同、思维不同、心理不同、精神不同，其行为方式和实践方式也不同，摈弃了客观立场和自我立场，教师专业核心素养研究只能是凭空想象。目前，我国教师队伍中出现的各种不和谐声音，学生中出现的各种不和谐现象，归根到底就是教育出现了问题，更深入地说就是我国教师专业素养的教育出现了问题。

从党和国家重视思想政治教育的角度来看，习近平在学校思想政治理论课教师座谈会上对思想政治理论课教师提出的"六个要"，是对新时代思想政治理论课教师专业核心素养的精辟概括，包括政治要强、情怀要深、思维要新、视野要广、自律要严、人格要正等。④ 这既是思想政治理论课教师的专业核心素养要求，也是中国特色的教师专业核心素养要求。教育没有国界，但教育者和受教育者是有国界的。因此，中国特色的教师

---

① 冯伟光：《思政课教师核心素养的基本内涵及其实现》，《思想政治课教学》2020 年第 3 期。

② 李春会、李亮：《中学政治教师的核心素养》，《思想政治课教学》2017 年第 7 期。

③ 肖凤祥、张明雪：《教育情怀：现代教师的核心素养》，《河北师范大学学报（教育科学版）》2018 年第 5 期。

④ 吴潜涛、张磊：《新时代思想政治理论课教师的核心素养及其培育》，《教学与研究》2019年第 7 期。

专业核心素养研究还面临着严肃的中国特色探讨。

第四，教师专业核心素养需要建模和学科视角研究。

模型构成要素和结构关系的质和量，及其参数的调整，会形成不同的教师教育目标理念、内容、模式、评价体系。传统的教师教育模式化观念忽视了教师教育的常规构成因素及其结构要素参数的调适，造成教师教育模式的研究盲目创新出奇、花样百出、华而不实，严重背离了教师教育的初衷。因此，教师专业核心素养的模型建构与实践是解决教师教育问题的重要途径。

教师专业核心素养是指向具体学科或跨学科的，其素养指向是明确具体的。因此，从学科角度或跨学科角度研究教师的专业核心素养现状和问题，不仅贴近现实，而且符合教师的专业发展和教学实践需要，必然成为教师专业核心素养发展研究的重要参照。

（刘义民，嘉应学院文学院副教授）

教学反思：小学教师提高教学艺术的基本方法

王丽洁

教学反思是教师自我促进专业发展的重要途径，是不断完善教学艺术、提升教学质量、摆脱教学困境、达成教学目标的过程。正所谓"课堂教学是一门遗憾的艺术"，小学教师展开科学且有效的反思，能够助力我们减少教学中的遗憾。唯有学会反思自身教学行为，总结教学的成败得失，对整个教学过程进行回顾、分析与理性审视，方能形成自我反思的意识及自我监控能力，持续丰富自我素养，增强自我发展能力，进而步入高雅的教学艺术殿堂。

一、教学反思是小学教师提高教学艺术的基本方法

（一）助推小学教师探索教学艺术的本质

探索教学实践合理性是教学反思的基本任务。合理性是个人或集体在其思想、行为或社会制度中展现出的特质。马克斯·韦伯（Max Weber）在对社会实践合理性进行考察时，提出了工具合理性与价值合理性。在他看来，任何一门科学（这里特指自然科学）从有效处理现实事物之间关系的功能出发，追求的是工具合理性；而作为一种信仰的思想体系、意识形态和宗教，将主观预定的价值的正当性当作目的，追求的则是价值合理性。前者涉及不同事实之间因果关系的判断，通常可归结为手段和程序的可计算性，属于一种客观的合理性；后者则涉及不同价值之间逻辑关系的判断，追求具有价值的目的，是主观的合理性。两种合理性所支配的行动存在一定差别。

众所周知，人的实践活动既受客观规律支配，又受价值法则制约。因此，马克斯·韦伯的实践合理性思想较为全面且精练，有可取之处。依据

马克斯·韦伯的实践合理性思想，我们可以将实践合理性界定为合目的性与合规律性的统一。也就是说，实践合理性是指人的行动既合乎物性（事物的本质和规律），又合乎人性（人的需要和目的），即既"合理"又"合情"。合规律性着重强调客观方面，合目的性则强调主观方面，二者是辩证统一的。

教学实践合目的性与合规律性是统一的。一般来说，合目的性以合规律性为前提。教学目的的确定和实践，必须符合教学的客观规律，违背教学规律的活动，其目的只能是"空中楼阁"。合规律性以合目的性为指导。"教学主体在教学目的指示范围内，在实现教学目的的过程中探讨并遵循规律。这意味着，教学主体是为了达成教学目的而去合规律，不是盲目地合规律。"因而，单纯的合目的性或合规律性都不是完整意义的教学实践合理性，也就是说，教学实践合理性必须把合目的性和合规律性统一起来。我们进行教学反思与研究，其本质就在于追求更合理的教学实践。因此，探索教学实践合理性就成了教学反思的基本任务。

教学艺术的本质在于追求更为合理的教学实践，推行深度教学。真正的艺术本质乃是事物本质与人的价值追求的融合，即人类实践活动合目的性与合规律性的统一。教学反思以探索教学实践合理性为基本使命，因而成为提升教学实践与艺术的有效途径。正如"人们通常假定，反思在本质上是教学与师范教育的好的和合理的方面，而且教师越能反思，在某种意义上越是好的教师"[①] 所言，小学教师通过对自身教学活动进行反思，能够发现新问题，进而激励自己改进教学。小学教师之所以要对自己的教学进行反思，正是为了进一步优化教学，这实际上是朝着艺术境界的教学实践努力迈进。

（二）促进小学教师提高教学素养

小学教师的教学素养是形成教学艺术的基础，需要教师在教学实践中不断提高。有学者对中小学优秀教师教育教学能力及其形成时间进行跟踪

---

① 张立新主编：《二十一世纪教师素质纲要》，北京：中国社会出版社，2005 年，第 196 页。

研究，发现教师对教学内容的处理能力、运用教学方法和手段的能力、教学组织和管理能力、语言表达能力、科学研究能力、教育机智、与学生交往能力等七种能力的形成，读大学前平均占 21.95%、大学期间平均占 12.74%、任职后平均占 65.31%，说明中小学优秀教师教育教学能力绝大部分是在任职后形成的。[1]

能否说教师的教育教学能力是在实践中随着教学年限的增加、经验的积累自然而然形成的？"就教学工作来说，我们已注意到，二十年的教学经验也许只是一年工作的重复；除非我们善于从经验中汲取教益，我们就不可能有什么改进。"[2] 这就是说，教师的工作能力不是自然形成的。教师如何在实践基础上得到进一步发展呢？我们认为，教学反思是教师自身发展的最有效手段。

一方面，教学反思是沟通教学理论与教学实践的桥梁。当前教学中存在着明显的教学理论与教学实践"两张皮"现象。有的教学实际工作者认为书上说的"学了但用不上"，解决不了实际问题；而有的教学理论工作者却感到教学理论对教学实践的指导作用并不太大。彼此都感到无可奈何。原因就在于"所倡导的理论"不能应用到教学实践中去。[3] 教学反思是教学理论与教学实践之间的对话，是沟通教师"所倡导的理论"与"所采用的理论"的桥梁。正如美国心理学家波斯纳（G. J. Posner）提出的教师成长公式：经验＋反思＝成长。[4]

另一方面，教学反思能提高小学教师教学研究能力，强化教师的成就感。教师的教学反思过程实际上就是教学研究过程。在这一过程中，教师的教学能力和教研能力得到了训练和发展，满足了教师的成就需要，进而增强了教师的工作意愿。常规教学的目的着眼于学生的发展，在于育人，

① 王邦佐、陆文龙主编：《中学优秀教师的成长与高师教改之探索》，北京：人民教育出版社，1994 年，第 46 页。

② 斯坦托姆著，汪深译：《怎样成为优秀教师》，李涵生等选编：《教育学文集·教师》，北京：人民教育出版社，1991 年，第 114 页。

③ 张建伟：《反思：改进教师教学行为的新思路》，《北京师范大学学报（社会科学版）》1997 年第 4 期。

④ 皮连生主编：《学与教的心理学》，上海：华东师范大学出版社，1997 年，第 27 页。

但推动教师工作的力量及教师自身发展这一间接教学目的，与学生发展这一直接教学目的相关。教学反思正是小学教师唤醒生命自觉、促进教师自身发展的重要手段，可以育己。

（三）引领小学教师提高教学艺术水平

教师在实际反思时，要深刻理解和灵活运用教学艺术的文化性、实践性和心理属性，不断提高自身教学艺术水平。

1. 教学艺术本身具有历史文化性的特征

随着历史的进步、社会的发展、新技术的发明，教师的教学艺术不可能一成不变。每一代学生的追求、体验和感悟，以及学习生活和社会生活，都在随着历史和社会的发展而发生着重大变化。因此，要发挥教学艺术的功能，有效解决学生的成长问题和学习问题，就必须反思新问题、研究新问题、解决新问题。离开教学反思，就有可能进入经验主义的误区。而教育艺术一旦被经验主义的绳索捆绑住，就会失去其活力和功能。

2. 教学艺术具有实践性的显著特征

教学实践是动态的、发展的，不可能停留在一个水平上止步不前。教学实践的发展必然提出新的理念、新的要求、新的问题。只有通过教学反思与研究，并结合实践解决这些问题，才能体现教学艺术的实践能力，才能使教学艺术在教学过程中获得教学实践。

3. 教学艺术必须遵循学生的年龄特征

在某种意义上，教学艺术是符合学生实际、满足学生成长和发展需要并且按学生发展规律教学的艺术，是因生而教的艺术。无论是学生的实际，还是学习需要，不仅具有个性特征，而且是不断变化发展的。因此，要遵循学生的发展规律，就必须反思学生在学习过程中产生的新的需要，把握学情，不断反思和解决社会、文化、政治、经济因素下产生的新问题。要运用教学艺术，使学生获得学习实效，也必须反思学生在成长和发展过程中提出的新问题、出现的新情况。比如，在信息化时代，由于信息技术的空前发展，网络文化意识和价值观对学生的学习成长发挥着重大作用。一方面，教师应该适应信息技术要求建立新的教学平台，满足学生线上"淘课"的新要求。另一方面，对于沉迷网络的学生，教师要辩证地看待，他们可能是未来的信息技术或数学领域的最佳培养对象。如何在教学中因势利导、因材施教，从积极发展方向上去反思和解决诸如此类的学习与学生问题，使教学艺术发挥应有的教育功效，是我们应该反思的关键问题。

二、教学反思促进小学教师提升教学艺术的策略

本文以小学语文课堂教学为例，分析教师如何通过反思改进教学方法，提升教学艺术。

（一）语言表达精确与字词解释准确

在语文教学中，语言的科学性和精确性至关重要。"语文课是一门逻辑性、严谨性和科学性很强的工具性课程。教师教学语言的精确性对于学生的影响尤为重要。"例如，在讲解字词概念时，教师必须用词得当、表达简洁。如果教师语言不精确，可能会导致学生对字词概念的理解出现偏差。因此，教师在教学过程中要不断反思自己的语言表达，确保字词概念的准确传授。

（二）优化教学方法，以思促教营造良好氛围

在小学语文教学中，教师可以通过反思自身教学技能，营造良好的教学氛围。例如在《静夜思》的教学中，教师可以借助多媒体工具，为学生创造一个生动的学习情境。

反思教学技能的方法。教师可以从教案设计、教学方法、课堂互动等多个方面进行反思。在教案设计方面，教师要思考教学目标是否明确、教学内容是否合理、教学步骤是否清晰。例如，在《静夜思》的教案设计中，教师可以反思自己是否准确把握了古诗的意境和情感，是否设计了合适的导入环节来吸引学生的注意力。在教学方法上，教师要考虑是否采用了多样化的教学方法，如讲解、朗读、讨论、表演等，以满足不同学生的学习需求。同时，教师要反思课堂互动是否充分，是否给予了学生足够的

表达机会。

利用多媒体营造氛围。教师可以利用视频、音频、图片等多媒体资源，展示古诗的背景、意境和情感，提升学生的学习效果。例如，在讲授《静夜思》时，教师可以播放一段关于月亮的视频，让学生感受夜晚的宁静和美丽，从而更好地理解诗人的思乡之情。同时，教师可以播放古诗的朗诵音频，让学生感受古诗的韵律之美。此外，教师可以展示一些与古诗相关的图片，如诗人李白的画像、古代的床铺等，帮助学生更好地理解古诗的内容。

（三）以思促学提升学生思维

教师还可以通过设置反思问题，提升学生的思维认知能力。以《刻舟求剑》的教学为例，教师可以引导学生反思故事中的人物行为，从而提高学生的学习能力。设置反思问题的技巧——教师在设置反思问题时，要具有启发性和拓展性。例如，在讲授《刻舟求剑》时，教师可以提出以下问题："为什么那个人在船上刻记号找不到剑呢？""如果你是那个人，你会怎么做呢？""这个故事告诉我们什么道理呢？"这些问题可以引导学生深入思考故事的内涵，培养学生的逻辑思维和批判性思维。同时，教师可以根据学生的不同水平设置不同难度的问题，以满足学生的学习需求。

（四）鼓励学生参与教学艺术提升

德国教育家第斯多惠（Diesterweg）说："教学艺术的本质不在于传授的本领，而在于激励、唤醒、鼓舞。"[1] 鼓励学生参与课堂教学是提升教学艺术的重要途径。在课堂上，教师可以通过多种方式鼓励学生参与，如表扬、奖励、小组竞赛等。例如，在科学实验中，教师可以鼓励学生大胆尝试，不要害怕失败。对于学生的积极表现，教师要及时给予肯定和鼓励，增强学生的自信心和学习动力。同时，教师可以组织学生进行小组讨论和合作学习，培养学生的团队合作精神和交流能力。通过鼓励学生参与，教

---

① 张焕庭主编：《西方资产阶级教育论著选》，北京：人民教育出版社，1979 年，第 387 页。

师可以营造积极活跃的课堂氛围，从而提升教学效果。

总之，教学艺术是社会教育发展的结晶，亦是教育文化与科学技术发展的成果。伴随着社会、教育、文化、技术的不断进步，教学艺术也要紧跟时代步伐，与时俱进。在不同的时代及文化背景之下，教学艺术形态各异。教学艺术的生命力恰恰在于持续反思与不断创新，以此解决教育实践中的新问题与新情况，始终保持其艺术的魅力与活力。对于小学教师而言，若要提升教学艺术，就必须坚持进行教学反思，熟练掌握并灵活运用教学反思的各类方法与技能。

（王丽洁，汕尾市城区东涌镇中心小学语文老师）

校长成长实践篇

全方位多角度创新服务，提高校本研修培训质量*

胡　梅　杜德栎

根据《广东省教育厅关于印发〈广东省粤东粤西粤北地区中小学教师全员轮训实施方案〉的通知》等文件精神，嘉应学院教师教育发展中心于 2022 年 10 月 23 日（星期日）至 10 月 28 日（星期五）和 2023 年 3 月 19 日（星期日）至 3 月 25 日（星期六），分阶段举办了 2022 年广东省粤东粤西粤北地区中小学教师全员轮训项目——"小学教师（学科组长）校本研修能力提升培训班"。在学校领导的直接关心下，在教师教育发展中心和嘉应学院杜德栎中小学教师培训专家工作室的紧密配合下，现已完成各项教学任务，培训工作圆满结束。在此，我们代表项目组对学员顺利完成各项学习任务表示热烈祝贺；对关心和支持培训班的梅州市各县（市、区）教师发展中心、教师教育发展中心的领导表示衷心感谢；对给予培训班大力支持的大埔县张云栽实验小学、丰顺县实验小学、梅江区龙坪小学等表示感谢；对为本次培训班付出大量辛勤劳动的首席专家杜德栎教授、教学班主任胡梅老师、生活班主任江金娜老师和 6 名项目助理表示衷心感谢。为总结经验，不断提升学科教师校本研修培训班的效果，现将 2022 年广东省粤东粤西粤北地区中小学教师全员轮训项目——"小学教师（学科组长）校本研修能力提升培训班"工作情况进行总结。

一、培训基本情况

（一）培训目标

根据《广东省教育厅关于印发〈广东省粤东粤西粤北地区中小学教师

---

* 本文系 2022 年广东省粤东粤西粤北地区中小学教师全员轮训项目——"小学教师（学科组长）校本研修能力提升培训班"工作总结，该项目 2022 年被评为广东省中小学教师培训优秀项目。

全员轮训实施方案）的通知》（粤教师函〔2022〕7号）、《广东省教育厅关于加强"十三五"广东省中小学教师培训工作的意见》（粤教继函〔2017〕27号）、《广东省教育厅关于做好2020年"强师工程"中小学幼儿园（含特殊教育）骨干教师、校（园）长省级培训研修工作的通知》等文件精神，本项目的总体目标是更新小学教师（学科组长）校本研修的理念，提高小学教师（学科组长）校本研修的专业化水平，即组织实施校本研修的各项能力，如培训组织策划、培训教学组织与管理能力等。

具体目标：

第一，引导和启发校本研修者的前沿思考并提升其实践创新能力，更新研修者的培训理念，提升研修者的专业素养。

第二，把握校本研修的前沿政策、前沿理论及前沿实践，掌握教师职后培训理论，提高实施校本研修项目的各项能力，如项目实施方案的设计能力、项目实施的管理能力等。

第三，为校本研修搭建项目实施、培训专业发展的学习交流平台，积极开发并应用各类资源，探究校本研修培训的新模式。

第四，了解国内外校本研修的最新理论与实践创新成果，掌握教师教育改革发展的最新动态和研究成果，加强教师队伍管理、促进教师专业发展。

第五，提高领导课程教学能力，更新知识结构和能力结构，掌握现代教育技术，提高综合教育能力。

第六，建构"一校一案""一科一策""一师一题"的校本研修新模式。

（二）培训对象

2022年广东省粤东粤西粤北地区中小学教师全员轮训项目——"小学教师（学科组长）校本研修能力提升培训班"的培训对象是梅州市大埔县、蕉岭县、平远县、丰顺县、五华县、兴宁市、梅江区、梅县区等8个县（市、区）的小学教师（学科组长），共计60人。具体数据见表1。

表1　培训对象

学科	人数	占总人数比例/%	男/女人数	平均年龄/岁
语文	20	33.33	4/16	37.75
数学	18	30.00	7/11	38
英语	16	26.67	0/16	38.38
音乐	2	3.33	1/1	38.5
美术	2	3.33	1/1	36
科学	1	1.67	1/0	34
道德与法治	1	1.67	1/0	36

本期培训班学员平均年龄小于40岁，他们充满活力，富有昂扬进取的斗志和改革创新的精神，在种种不利条件下依然能以乐观的态度、饱满的热情全身心投入学习。

（三）培训时间

培训分两个阶段进行，每个阶段6天。第一阶段，2022年10月23日（星期日）至10月28日（星期五）；第二阶段，2023年3月19日（星期日）至3月25日（星期六）。项目集中面授12天（96学时）；网络研修每人60学时，在两个阶段集中面授之间进行。

（四）培训内容

第一，基于校本研修的集中面授。由参训学员进行自我诊断，对本校的校本研修进行全面系统的分析，对已有优势及存在的问题进行系统的梳理。成立专家组进行校本研修需求调研分析，系统深入地根据调研结果分析问题、设计方案，并通过召开专家论证会，基于解决校本研修方面实际问题进行有针对性和实效性的培训方案设计。

第二，基于任务驱动的培训管理。由参训学员、专家团队集体参与项目的管理，根据对参训学员访谈和调研的结果，进行合理的安排，根据项目的要求，分阶段布置适宜、适量的学习任务，并限时限地、保质保量完成。

第三，基于深度学习的理论研修。组织集中培训，引导和启发参训学员的前沿思考，提升参训学员的理论修养和实践创新能力；了解国内外校本研修最新理论与实践创新成果，掌握教师教育改革发展的最新动态和研究成果，加强教师队伍管理、促进教师专业发展；提高领导课程教学能力，更新知识结构和能力结构，掌握现代教育技术，提高综合教育能力。

第四，基于反思总结的过程实践。建构"一校一案""一科一策""一师一题"的校本研修新模式。

具体培训内容以"更新小学教师（学科组长）校本研修理念，提升小学教师（学科组长）校本研修者的专业化水平"为主线，分"教育理念更新""专业素养课程拓展""综合素养和创新实践能力提升""观摩实践内化"四个模块设计，具体内容见表2：

表2 "内容—模块—目标"一览表

模块	培训目标	培训内容
模块一：教育理念更新	促进小学校本研修者了解中小学校本研修专业发展的前沿政策、理论及前沿实践，更新研修者的教育理念，提升培训者的专业素养	中小学校本研修政策：改革趋势与模式创新
		新时期校本研修发展和教师发展的新走向
		义务教育新课程标准的育人新理念
		基于核心素养的课程教学改革
模块二：专业素养课程拓展	研修者对小学校本研修的重新认识与思考、关注组织实施校本研修的各项能力，如组织策划、培训教学组织与管理能力、特色建设	小学校本研修项目设计、实施与管理
		小学校本研修的基本途径和方略
		校本研修课程领导力与课改新谋略
		小学校本研修与教师专业发展
		校本研修与校本课程开发

（续上表）

模块	培训目标	培训内容
模块三：综合素养和创新实践能力提升	提升小学校本研修者的综合素养，开拓小学校本研修的思路与实施校本研修项目的创新实践能力，如项目选题、实施方案设计、管理能力、语言表达能力等	小学校本研修与教学改革
		党史学习教育专题
		基于学校整体发展的校本研修
		基于核心素养的 STEAM 课程开发与实施
		校本研修与教育论文写作
		教学团队和校本研修共同体建设的实践与创新
		信息化环境下的校本研修管理创新
模块四：观摩实践内化	通过参观、体验、实践、借鉴，真正做到对研修者实施校本研修能力的改变、提升	校本研修特色学校参观考察、交流
		校本研修特色学校管理经验分享
		现场教学实践、研讨座谈
		返岗研修

模块三和模块四重在提升研修者自我研修的能力和组织本校校本研修的水平。为提升培训效果，增强学员对所学内容的理解，深化体验内化，本期培训于 2022 年 10 月 27 日组织了校本研修论坛"校本研修项目的设计和实践"，2023 年 3 月 22 日赴大埔县张云栽实验小学开展了"同课异构"的教学实践活动，3 月 24 日组织了"校本研修项目的设计和实践"成果展示活动，从理论到实践再到理论，促使学员从理论内化、实践创造到理论提升，真正做到学以致用、以用促学、学用提升。

（五）培训形式

坚持理论与实践相结合的原则，综合运用浸入式、体验式、案例研讨式等多种培训方法，采取专家引领、团队学习、观摩学习、文化熏陶、创新提升五位一体的混合式研修方式，整体分为理论学习、观摩学习、网络研修、自修顿悟等四个阶段实施，简称小学校本研修能力"一核四块五位四段"混合研修模式。将专家专题讲座、示范学校案例研讨、实践观摩、网络互动交流、学习总结汇报等多种方式相结合，提高参训学员的主体性和参与度，确保培训的整体实效。

1. 专题讲座

围绕更新小学学科组长校本研修理念，提升小学教师校本研修的专业化水平，分为"教育理念更新""专业素养课程拓展""综合素养和创新实践能力提升""观摩实践内化"等四个模块，开展专题讲座，增强参训学员职业道德素养，拓宽参训学员的知识视野，帮助参训学员建构专业发展的理论框架，全面提高参训学员的校本研修能力和专业素质。

2. 专题研讨与学习反思

通过自主研修、分组调研、专家指导、撰写调研报告、论坛交流发言等形式，针对研修者所在学校校本研修中的热点、重点、难点问题，进行综合分析并达成解决问题的基本共识。

研讨形式：以学科为单位分组，在指导教师的指导下，学员围绕研讨专题，自主学习，调查研究，撰写报告，相互交流。

以"校本研修项目的设计和实践"为主题，设计以下问题开展研讨：

（1）小学校本研修的现状、问题和困惑；

（2）校本研修项目的选题、实施和反思；

（3）基于学校整体发展的校本研修实践；

（4）基于信息化视域的中小学校本研修；

（5）校本研修项目和教师专业发展；

（6）校本研修项目和中小学教育教学改革；

（7）"双减"背景下校本研修项目的新变化。

研讨要求：在认真调研的基础上，结合专家讲座及个人校本研修实际，任选一专题进行研讨，撰写交流论文或调研报告，每组推荐一人在研讨交流大会上发言。由指导教师、学员共同评价考核（优秀、合格、不合格），成绩列为培训考核主要依据。

3. 综合实践、教育观摩

教育观摩：到省内发达地区校本研修特色小学进行参观、学习观摩。

了解不同区域小学校本研修实施的特色，借鉴经验，形成"一校一案""一科一策""一师一题"的校本研修新模式。

4. 网络互动交流

开设班级微信群，一方面及时把授课教师的课件上传，以利于学员及时复习、整理、内化；另一方面为学员们交流心得体会或者分享成果提供动态互动平台。每组负责每天课后的心得体会分享。第一天由第一组负责，第二天由第二组负责，以此类推。

5. 学习总结汇报

参训学员撰写学习总结，以小组为单位进行成果展示（PPT）、总结汇报等活动。

"千培万培不如校培，千修万修不如自修。"为激发学员自我修炼的内在动力，培训班从学科教学方法，教育教学研究，小学校本研修项目设计、实施与管理，校本研修与教师专业发展，校本课程，党史学习教育等不同层面出发，精心设计了"核心素养导向下中小学学科教学方法的变革""教育教学研究方法——'写作：思考的表达'之选题心法、方法和技法""基于深度学习的教学改革""校本研修与小学教师专业发展""新时期校本研修发展和教师发展的新走向""中国共产党为什么能"等 16 个专题讲座。同时，培训班举办了班级团建、党史学习教育、现场教学实践、校本研修论坛、总结汇报等活动共计 5 次：①2022 年 10 月 24 日上午，教学班主任主持了"'百年同窗，相聚珍贵'共建教师发展共同体"班会活动，合唱《歌唱祖国》，激发学员的生活热情，增强学员的职业使命感和爱国情怀；小组合作设计团队名称、Logo、口号，阐述设计理念，凝聚集体的智慧和力量，促使学员之间相互认识，为建立和谐研修氛围创造条件。②2022 年 10 月 27 日，班长和学习委员组织、主持召开了"校本研修项目的设计和实践"论坛。③2023 年 3 月 21 日下午，班主任带队赴大埔县枫朗镇参观大埔县中共南方工作委员会旧址，进行了党史学习教育活动，通过回顾革命先辈艰苦斗争的英雄事迹，激发校长们的家国情怀。④2023 年 3 月 22 日上午，赴大埔县张云栽实验小学组织了现场教学实践活动"同课异构"，特邀大埔县教师发展中心教研部的专家主持并点评。

⑤2023年3月24日下午，举行了"学习成果总结汇报会"，由各学科组长作为代表汇报学习的收获与启示，总结巩固学习效果，检验培训的实效性。至此，培训教学任务全部按计划完成。

为提升培训效果，提高培训质量，此次培训举行了两个仪式：2022年10月24日上午的开班仪式和2023年3月24日下午的结业仪式。嘉应学院教师教育发展中心的领导高度重视，亲临现场参加仪式。这两个仪式极大地激发了学员们学习的积极性和主动性，为培训班的顺利开展、完成给予了强有力的精神支持。

二、培训特色

回顾组织和实施培训的全过程及学员对培训的评价，我们认为2022年广东省粤东粤西粤北地区中小学教师全员轮训项目——"小学教师（学科组长）校本研修能力提升培训班"具有以下四个方面的特色。

（一）领导重视、精心筹备

1. 领导关心有力度

"小学教师（学科组长）校本研修能力提升培训班"旨在提升校本研修者的理论修养和实践创新能力，更新研修者的培训理念，提高研修者的专业素养；为校本研修者搭建项目实施、专业发展的学习交流平台，积极开发并应用各类资源，探究校本研修培训的新模式。各县（市、区）教师发展中心（大埔县、平远县、五华县、梅县区、梅江区等）和嘉应学院教师教育发展中心高度重视项目的申报、调研和组织实施等，积极配合项目组，协调相关小学和选派小学各学科教师代表参与项目组的调研活动，就方案的制订和课程的设置提出了许多可行性建议。教师教育发展中心领导亲自审核项目的实施方案，就课程设置、经费使用、组织实施等问题提出具体的指导意见，要求项目组及早做好准备工作，精心筹备各项工作。培训期间，教师教育发展中心领导亲自参加开班仪式等活动，并及时了解和解决培训工作中出现的各种问题，给培训班圆满完成工作提供了强大的精神动力。

2. 准备充分有长度

从 2022 年 3 月起，项目组开始组织申报 2022 年广东省粤东粤西粤北地区中小学教师全员轮训项目——"小学教师（学科组长）校本研修能力提升培训班"，前后经历了近一年之久。项目反复论证确定培训目标、培训理念、培训内容、专家选择及培训方式等，前后数十次修订方案，到 2023 年 3 月底，第二阶段培训前还在对原培训方案进行修改完善。

3. 方案策略有高度

在前期调研基础上，基于小学各学科教师的教学实践和"两个标准"对教师专业发展的需求，培训内容包括：一是强调"两个结合"，即理论与实践相结合，校本研修与个人反思相结合；二是强调"一主三重"，即以参训学员的原有经验建构为主线，以对话、研讨和案例分析为重点；三是强调"三重视"，即重视借鉴国内外校本研修成功经验、重视发挥省内校本研修示范学校的作用、重视大学与基础教育的接轨。

本次培训的目标：提高领导课程教学能力，更新知识结构和能力结构，掌握现代教育技术，提高综合教育能力，促进粤东北区域基础教育高质量发展。

（二）创新培训，高效教学

1. 专家报告有深度

培训班的所有报告专家均是既有教学实践经验又有系统理论的专家。如：福建省名师工作室领衔名师游爱金，正高级教师，福建省柘荣县第三小学教师，福建省特级教师，福建省学科带头人，福建省高层次人才，福建省杰出人民教师，全国五一劳动奖章获得者；广东省韶关市浈江区教师发展中心副主任、小学数学教研员邓莹源，小学数学高级教师，特级教师，韶关市小学数学教学研究会副会长，广东省名教师工作室主持人，广东省首届县区教研基地即浈江区教研基地负责人，核心刊物《小学教学》杂志封面人物；韶关学院教师发展中心廖圣河教授，硕士生导师，兼任全国课程论学术委员会理事、全国教学论专业委员会理事、全国小学语文教学法研究中心常务理事兼学术委员会委员等；湖南师范大学文学院语文课程与教学论学科带头人张良田教授，全国教育硕士优秀指导教师，教育部"国培计划"专家库专家、"国培计划"全国明星讲师，湖南师范大学十佳师德标兵、全国基础教育教学成果奖评审委员、教师教育精品课程评审委员，中国高等教育学会语文教育专业委员会副会长，湖南省中学语文教学研究会理事长；项目首席专家、嘉应学院杜德栎中小学教师培训专家工作室主持人杜德栎教授等。正所谓："一个人能走多远，要看他与谁同行；一个人能有多大的成就，要看有谁指点；一个人能有多么优秀，要看他身边有些什么样的朋友。"

专家们的报告，帮助学员了解国内外校本研修最新理论与实践创新成果，掌握教师教育改革发展的最新动态和研究成果，促进教师专业发展；促使学员更新知识结构和能力结构，掌握现代教育技术，提高综合教育能力。

2. 方法多样有宽度

为提升培训效果，在学员已有教育教学经验的基础上，充分发挥学员自我反思与积极主动探索的学风，不断提高教师校本研修能力，本次培训方法在传统主题教授法的基础上，结合现场体验式教学、学员课堂点评、研讨活动及培训总结反思，先后安排了班级团建、党史学习教育、现场教学实践（"同课异构"）、小组校本研修论坛、总结汇报等活动共计5次。每次专题教学活动后均由学员本人对专家报告、培训内容及活动进行点评，既形成了课堂自主管理的良好氛围，又加强了对所学内容的巩固。

3. 课堂互动有密度

每一次专家报告或学术研讨，学员总会向专家提出许多问题，热烈地进行互动。这种及时、高质量、深刻的课堂活动，既激发了学员参与学习的积极性，也使许多平时工作中没有明确的问题找到了答案，大大提升了培训效果。

4. 现场教学有亮度

在现场进行校本研修能力提升教学实践活动，是本次培训活动的亮点之一。在大埔县张云栽实验小学，学员们实地参观了校园文化走廊、环保主题园、红色大埔主题园等校园建设，观摩了学校大课间的开展情况，听取了吴海芳校长的专题讲座"加强校本研修，促进能力提升"，观摩了周汉辉、谢绿英、赖梅兴、陈小群、江媚等 5 位学员和张云栽实验小学同学科教师进行的"同课异构"教学活动，特邀大埔县教师发展中心教研部相关学科教研员现场听课、评课。

本次教学实践活动效果是显著的，给予学员的触动与影响是深远的。用学员的话说："10 位老师的精彩课堂，虽然教法各异，但是达到的效果是一样的。'同课异构'不只是对比，更是交流互补。在落实'教—学—评'一体化的大背景下，'同课异构'不仅能让教师拥有更多自我钻研的空间，而且能激活教研组集体的创造力，形成自己独特的风格。"学员的概括如下："研而不教则空，教而不研则浅。一枝独秀不是春，百花齐放春满园。授课教师'异'出精彩，听课教师'同'样收获。春风起，吹皱一池春水。这一次的'同课异构'活动，恰如一缕春风，拂过学员们的心田，点燃了学员探寻的思维之火。只有教研不止步，教学才能阔步前行。相信学员将博采众长，笃思躬行，深耕课堂，共同追求教学的诗和远方。"

（三）服务至上，形成品牌

1. 食宿舒适有硬度

本次培训安排在两家酒店，为学员提供了一个安全舒适的食宿环境，尤其是培训的第一阶段是疫情时期，采取封闭式管理，有效保证了学员的身体健康。

2. 服务细致有温度

建有班级微信群，及时发布在线信息，通知培训中的各项事务，尽力为每个学员的学习服务；培训的第一阶段，为学员发放口罩、消毒用品等物资，坚持每天给学员测量体温，做好疫情防控和健康监测工作，严格落实签到制度；配有教学班主任、生活班主任，6 个项目助理，全程参加培训活动。

3. 处理应急有速度

因疫情影响，第一阶段的外地专家不能前来梅州授课，如张恩德、张良田、钟建林等专家，项目组积极和专家联系、沟通，做好线上授课的各项工作，保障培训的实效性。第一阶段因疫情不能组织现场教学，项目组积极采取措施，提前调整课程，保证培训工作有序有效开展，从而顺利完成既定培训方案的各项培训任务。因学校教学工作变化，项目组临时调整第二阶段的现场教学实践活动课程安排，联系酒店、授课专家、汽车公司等，充分考虑学员的学习心理，确保活动的实效性。

（四）助力成长，喜结硕果

1. 学员勤学有风度

表现在学员学习热情高，成效显著。本期培训时间较长，但学员克服培训学习与工作教学在时间安排上的冲突，均积极参加，参训率达100%，出勤率达100%，听课认真，表现出极高的热情；能按时完成各项培训学习任务，每次报告后学员会主动点评专家的报告、记录学习感悟，及时完成了培训学习美篇11篇，组织开展了1次研修论坛活动和1次总结汇报活动，产生了邱慧仪、江媚、陈小群、赖雪薇、罗彩凤、李湾湾、周汉辉、谢绿英、李学军、黄秋香、叶玲玲、周玉霞等12名优秀学员。

2. 团结亲和有浓度

培训学员之间、师生之间，特别是与培训管理者之间形成了亲切和谐的培训氛围，达到了既严肃讲纪律又和谐轻松的目的。

3. 扎实培训有效度

培训的目的在于拓宽知识视野，提升办学能力，解决学员在实践中遇到的实际问题，点燃学员进一步思考学习、发展成长的动机。本次培训实现了上述目标，点燃了学员为教育事业而终身学习的激情。

三、总结

（一）存在的不足

第一阶段受疫情影响，个别专家没能和学员进行线下活动，活动的亲近感不足；集中封闭式酒店学习，没能进行现场教学，培训形式的多样性和实效性有限，尤其是丰顺县的10名学员，一直封闭在房间里学习，身体和心理都经受了一定的考验。

（二）需要继续完成任务

第一，每个学员要及时完成一篇高质量的学习收获与心得，1500 字以上。建议每个学员返回单位后，要向学科组老师们作一次"小学教师（学科组长）校本研修能力提升培训班"的学习收获与心得汇报，向领导和同事分享参加培训的收获，说明自己对于本校校本研修的设想与规划等。

第二，加强交流，继续提升。培训班集中学习结束了，但进行校本研修和专业发展的修炼并没有结束。今后，大家要以此为起点，进一步加强交流，共同提高。要将本次研修活动拓展延续下去，达到"千培万培不如校培，千修万修不如自修"。教师教学能力提升的真正途径在于校本培训，根在个人的自我感悟和修炼。

"生有涯，学无涯"，希望学员在培训结束以后能够不忘初心、坚持学习、锐意改革、努力创新，成为像"全国教书育人楷模"窦桂梅（全国著名特级教师，教授、博士生导师，清华附小党总支书记、校长，清华大学教育研究院基础教育研究所副所长）一样的名师名家。她多年来深耕一线，研究实践的语文主题教学，获得首届基础教育国家级教学成果一等奖；带领学校教师提出基于学生核心素养发展的"1＋X"课程的"成志教育"思想及实践成果，在全国产生广泛影响，获得第四届全国教育改革创新杰出校长奖。希望大家在学习结束后能加强交流，常来常往，互帮互助，共同进步，为梅州基础教育高质量发展发光发热。

（胡梅，嘉应学院省级中小学教师发展中心办公室主任，讲师；杜德栎，嘉应学院杜德栎中小学教师培训专家工作室主持人，教授）

对标校长专业标准，把脉乡村校长培训需要

"乡村中小学校长高级研修班（平远县专项）"项目组

为了要做好2022年广东省粤东粤西粤北地区中小学教师全员轮训项目——"乡村中小学校长高级研修班（平远县专项）"，项目组在2022年11月中下旬在梅州市通过线下访问、线上问卷调查的方式开展了"乡村中小学校长高级研修班（平远县专项）"训前调研。

一、问卷设计及实施

项目组根据《义务教育学校管理标准》《义务教育学校校长专业标准》对乡村校长办学治校及校长专业成长的具体要求，从校长工作与专业发展中需要解决的实际困难，校长办学治校的现代教育与学校管理理念，校长应该承担的基本专业职责和应具备的专业素养（包括规划学校发展、营造育人文化、领导课程教学、引领教师成长、优化内部管理、调适外部环境等），校长办学治校中面临的实际问题，有效的培训方式及对培训内容的建议等方面，设计了"'乡村中小学校长高级研修班（平远县专项）'需求状况调查问卷"。调查问卷共有24道选择题，以及2道主观性题目——"您对校长高级研修培训的内容和方式有何想法和建议？要成为有教育情怀的乡村中小学校长面临的主要问题是什么？"

2022年11月，项目组先后进行现场访谈及线上问卷调查。现场访谈先后调研了平远县教师专业发展中心和石正中心小学两所学校的校长和副校长，线上问卷调查采用"'乡村中小学校长高级研修班（平远县专项）'需求状况调查问卷"，共有来自平远县的50名校长参与。

二、基本情况

（一）调查对象基本信息（见表1）

表 1　调查对象基本信息

基本信息	内容	人数/人	占比/%
性别	男	45	90
	女	5	10
原始学历	高中/职高/中师	24	48
	大专	22	44
	本科	4	8
	研究生	0	0
教龄	0～5 年	0	0
	6～9 年	0	0
	10～15 年	1	2
	16～25 年	18	36
	25 年以上	31	62
职称	初级教师	0	0
	二级教师	0	0
	一级教师	1	2
	副高级教师	49	98
	正高级教师	0	0
担任校长的时间	3 年以下	10	20
	3～5 年	9	18
	6～10 年	17	34
	10 年以上	14	28

（续上表）

基本信息	内容	人数/人	占比/%
现在工作的学校	县城学校	12	24
	乡村学校	38	76
担任校长的原因	主动要求	1	2
	学校安排，自觉接受	49	98
目前担任教学工作的学科	语文	5	10
	数学	6	12
	英语	1	2
	科学	1	2
	道德与法治	14	28
	体育与健康	4	8
	历史	2	4
	地理	2	4
	物理	3	6
	化学	1	2
	信息技术	6	12
	综合实践活动	1	2
	艺术	0	0
	劳动	2	4
	生物学	2	4
每周授课时数	4 节及以下	29	58
	8 节	19	38
	12 节	2	4
	16 节及以上	0	0

（续上表）

基本信息	内容	人数/人	占比/%
获得的最高荣誉/奖项	国家级	0	0
	省级	8	16
	市县级	42	84
	校级	0	0
	从未获得过	0	0

（二）校长的培训需要

1. 乡村校长最需要的知识和能力

把握"乡村校长最需要的知识和能力"是培训需要解决的基本问题和任务。为此我们设计了"您目前在校长工作中最需要的知识和能力""您对本次校长培训有什么期待"。调研结果见表 2 和表 3：

表 2　您目前在校长工作中最需要的知识和能力

选项（单选）	小计/人	比例/%
A. 教育政策法规方面知识	1	2
B. 学校管理理论水平	6	12
C. 提高科学研究能力	1	2
D. 获得教育改革新理念	7	14
E. 交流办学思想和经验，提高治校能力和领导力	16	32
F. 提升校长的综合素养，开拓办学思路	19	38
本题有效填写人数	50	100

表 3　您对本次校长培训有什么期待

选项（多选）	小计/人	比例/%
A. 获得适用的管理理念和新知识	30	60
B. 理顺管理工作中的一些模糊概念	24	48
C. 获得管理的技巧和方法	37	74
D. 解决学校管理中的实际问题，促进学校高质量发展	42	84
E. 交流办学经验，提高治校能力和领导力	27	54
本题有效填写人数	50	100

2. 乡村校长办学治校中需要面临的实际问题

明确"乡村校长办学治校中需要面临的实际问题"是强化培训针对性和效果要解决的基本问题之一。为此我们设计了"您认为在目前学校管理工作中存在的最主要问题是什么""您认为校级突发事件中哪些最难处理"等问题。调研结果见表 4 和表 5：

表 4　您认为在目前学校管理工作中存在的最主要问题是什么

选项（多选）	小计/人	比例/%
A. 规划学校发展，如学校特色建设和高质量发展班主任队伍建设	41	82
B. 营造育人文化，如加强学校德育体系建设、学校文化建设	23	46
C. 领导课程教学，如教学改革与提高教学质量	21	42
D. 引领教师成长，如教师队伍建设与管理	36	72
E. 优化内部管理，如形成学校班子的凝聚力，经费统筹与财务管理	31	62

（续上表）

选项（多选）	小计/人	比例/%
F. 调适外部环境，如协同社会资源支持学校发展	17	34
G. 学生教育与管理	28	56
H. "双减"工作	23	46
I. 其他	1	2
本题有效填写人数	50	100

表5   您认为校级突发事件中哪些最难处理

选项（多选）	小计/人	比例/%
A. 与家长、社会沟通障碍	26	52
B. 学生的攻击性行为的处理	11	22
C. 学生心理问题	38	76
D. 学生与不良青年交往的处理	19	38
E. 迷恋网络	28	56
F. 离家出走	9	18
G. 早恋	4	8
H. 厌学、逃学	12	24
I. 学生安全问题	33	66
本题有效填写人数	50	100

3. 培训时间、方式和授课教师

为提升培训效果，兼顾校长承担学校管理日常工作，分别设计了"您认为参加培训的最佳时间是什么时候""您认为最有效的培训方式是什么""您最喜欢的授课教师是哪位"等问题。调研结果见表6、表7和表8：

表6 您认为参加培训的最佳时间是什么时候

选项（单选）	小计/人	比例/%
A. 工作日	25	50
B. 双休日	4	8
C. 寒暑假	20	40
D. 其他时间（请填写）	1	2
本题有效填写人数	50	100

表7 您认为最有效的培训方式是什么

选项（单选）	小计/人	比例/%
A. 脱产集中培训	13	26
B. 网络培训 + 集中研修	6	12
C. 挂职锻炼	7	14
D. 阶段式理论培训 + 实践考察体验 + 研讨总结	24	48
本题有效填写人数	50	100

表8 您最喜欢的授课教师是哪位

选项（多选）	小计/人	比例/%
A. 高校教师/科研人员	14	28
B. 教育专家	25	50
C. 有扎实的教育教学理论基础和丰富的教学经验的一线教师	40	80
D. 教育行政部门领导	2	4
本题有效填写人数	50	100

4. 如何评价校长培训效果

校长培训有没有效果，是对培训的最好检验。"您认为校长培训考核评价最好的方式是什么"调研结果见表9：

表9　您认为校长培训考核评价最好的方式是什么

选项（单选）	小计/人	比例/%
A. 考试	0	0
B. 根据培训课程提交作业和改革方案	10	20
C. 心得＋培训过程表现	40	80
D. 其他	0	0
本题有效填写人数	50	100

三、培训建议与策略

基于乡村中小学校长管理工作与专业发展的需求，根据广东省粤东粤西粤北地区基础教育发展实际开设一些特色专题，并通过实践体验内化为校长的实际办学能力。

培训内容以"主题＋四大模块"进行设计。

一个主题：提升乡村中小学副校长（培训对象为该县中小学副校长）任职能力，促进乡村教育高质量发展，做有教育情怀的乡村名校长。

四大模块：①教育理念更新。主要目标是促进校长教学模式与方式创新、提升校长办学理念与思维，重在引导校长树立正确的校长理念和职业观念。②专业课程拓展。主要目标是引发校长重新认识与思考办学、关注领导力与学校特色建设，重在拓展校长的知识面。③综合素养提升。主要目标是提升校长的综合素养、开拓校长的办学思路。④观摩实践内化。主要目标是通过参观实践学校，真正做到本校的改变、提升。具体内容见表10：

表10 "乡村中小学校长高级研修班（平远县专项）"四大模块

模块	培训目标	培训内容
模块一：教育理念更新	促进校长教学模式与方式创新、提升校长办学理念与思维，重在引导校长树立正确的校长理念和职业观念	基础教育改革与发展的思考
		教育思想引领课堂教学
		新时代学校德育的新视野
		基于核心素养的课程教学改革
模块二：专业课程拓展	引发校长重新认识与思考办学、关注领导力与学校特色建设，重在拓展校长的知识面	校长的角色定位与办学理念
		校长专业化与领导力提升
		特色学校与学校品牌建设
		学习"两个标准"，提升校长课程教学领导力
		依法治校与依法治教
模块三：综合素养提升	提升校长的综合素养，开拓校长的办学思路	校长成长和学校发展的新走向
		基于学校文化的课程规划
		教育信息化发展对未来社会的影响
		美国学校管理的理念与策略
模块四：观摩实践内化	通过参观实践学校，真正做到本校的改变、提升	特色学校参观考察、交流
		特色学校办学、管理经验分享
		现场教学座谈
		返岗研修

　　坚持理论与实践相结合的原则，采取浸入式、体验式、案例研讨式等任务驱动型培训模式，以专家专题讲座、示范学校案例研讨、实践观摩、网络互动交流、学习总结汇报等多种方式相结合，提高参训副校长的主体性和参与度，确保培训的整体实效。

　　1. 专题讲座

　　围绕提升乡村中小学副校长任职能力，促进乡村教育高质量发展，做有情怀的乡村名校长，以及教育理念更新、专业课程拓展、综合素养提升、观摩实践内化四个模块，开设专题讲座，提升参训副校长的职业道德素养，拓宽参训副校长的知识视野，帮助参训副校长建构专业发展的理论框架，全面提高参训副校长的办学能力、教育治理水平和专业素质。

2. 专题研讨与学习反思

通过自主研修、分组调研、专家指导、撰写调研报告、论坛交流发言等形式，针对乡村学校管理工作中的热点、重点、难点问题，进行综合分析并达成解决问题的基本共识。

研讨形式：以小组为单位，在指导教师的指导下，学员围绕研讨专题，自主学习，调查研究，撰写报告，相互交流。

以"做有教育情怀的乡村名校长"为主题，设计以下问题开展研讨：

（1）乡村薄弱学校的界定诊断及对策研究。

（2）乡村学校办学特色、办学思想、办学理念。

（3）未成年人思想道德教育。

（4）乡村学校活动课程化。

（5）学校绩效管理与教师绩效考核。

（6）乡村师资队伍建设。

（7）乡村教育改革和学校创新发展。

研讨要求：在认真调研的基础上，结合专家讲座及本单位实际，任选一专题进行研讨，撰写交流论文或调研报告，每组推荐一人在研讨交流大会上发言。由指导教师、学员共同评价考核（优秀、合格、不合格），成绩作为培训考核主要依据。

3. 综合实践、教育考察

教育考察：到省内发达地区特色学校进行参观、学习考察。了解不同区域中小学规范化管理的经验和特色，达到借鉴经验、形成自身教育管理风格的目的。

4. 网络互动交流

开设班级微信群，一方面及时把授课教师的课件上传，以利于学员及时复习、整理、内化；另一方面为学员们交流心得体会或者分享成果提供动态互动平台。每组轮流负责每天课后的心得体会分享。第一天由第一组负责，第二天由第二组负责，以此类推。

5. 学习总结汇报

参训副校长撰写学习总结，以小组为单位进行成果展示（PPT）、总结汇报等活动。

["乡村中小学校长高级研修班（平远县专项）" 项目组]

学校本位的乡村教师专业发展模式探究和实践

张　玉

一、学校概况及教师基本情况

汤坑镇第一中心小学（校本部）是一所百年老校，有着深厚的文化底蕴。学校前身是洋务运动时期著名的政治家丁日昌在同治九年（1870）创办的蓝田书院，尔后数易其名。新中国成立后，学校由县政府接管，定名为丰顺县立第一小学。此后数十年间，由于政府教育规划布局的调整，以及其他学校的并入和形势发展的需要，学校数次更名。

至 2016 年 4 月，学校低年部、高年部两校区占地面积 27850 平方米，总建筑面积 17365 平方米，现有学生 3301 人、教职员工 146 人，其中全国模范教师 1 人、全国优秀教师 1 人、广东省特级教师 2 人、副高职称教师 23 人、广东省名校长 2 人、嘉应名师 5 人。学校已成为一所功能齐全、设备先进、环境优雅、充满文化气息的美丽学校。这里拥有一支师德高尚、业务精湛、追求卓越、充满活力的教师队伍，培养了一批批纯真美好、率性从容、理想远大的优秀学子，犹如蒲公英种子飘向四面八方。

一直以来，学校坚持传承和创新，以"点亮心　传播爱"的理念引导改革，抓好学校文化建设，大力创建特色品牌，教育教学取得了累累硕果，获得多项荣誉，如：全国教育科学"十一五"规划教育部重点课题"中小学语文个性化教学实验研究"2009、2010 年度子课题实验研究先进集体、全国家长示范学校、广东省体育特色学校、广东省安全文明校园、广东省书香校园、广东省中小学校本培训示范学校、广东省第五批现代教育技术实验学校、广东省依法治校示范校、广东省少先队红旗大队、广东省"红领巾共促和谐行动"先进集体、梅州市德育示范学校、梅州市语言文字规范化示范学校、梅州市少先队红旗大队、梅州市"朝阳读书活动"先进集体……

汤坑镇第一中心小学现下辖12所小学和1所幼儿园。在统一的管理和指导下，各学校实现了教育理念的提升、教学质量的均衡，形成了校校有特色、校校创品牌的整体风貌，标志着汤坑镇第一中心小学已经走在"打造品牌，塑造特色"的新征程上，朝着"书香门第，现代学园"的办学目标扬鞭奋蹄！

二、基于学校整体发展的教师专业发展模式的探索

（一）学校教师专业发展的目标和计划

为促进教师专业发展，学校制订了《汤坑镇第一中心小学2017—2021年教师队伍建设规划方案》。

1. 总体目标

初步建设一支知识视野宽广、业务能力不断提升、职业素养良好、愿意无私奉献的教师队伍，形成"博识、善导、敬业、爱生"的师风。

2. 具体目标

第一，提高师德修养。树立"先立德后立人"的职业道德理念，修订完善《汤坑镇第一中心小学教师日常行为规范细则》，养成良好的"为人师表好习惯"；深化"德育艺术化"，培育德育骨干队伍，增强育德实效。

第二，养成良好的职业习惯。结合学校提出的"养成教育"的办学思路，出台《汤坑镇第一中心小学教师良好职业习惯若干条》，使老师在落实培养学生良好习惯的过程中能率先垂范、以身作则，达到师生共同提高的目的。

第三，胜任教学工作。大部分学科都有4或5名在县内较有影响力的品牌教师，建立第二梯队，形成一批镇级教学骨干，逐步建构第三梯队，使所有教师胜任自己的工作。

第四，提升整体学历。鞭策、督促青年教师进行高层次学历进修，3年内实现本科以上学历的教师占教师总人数的90%以上。

第五，培养领军人才，增加副高职称人数，争取3年内副高职称人数

达到 6 个。

第六，培育信息素养。继续提高教师信息技术应用水平，45 周岁以下教师能熟练掌握计算机辅助教学和从网上获取教育信息的技术。

第七，完善自培机制。继续完善学校教师培训模式，不断健全自培功能，通过多种途径促进教师专业发展。

（二）实施基于学校整体发展的教师专业发展模式的探索

教师是立教之基、兴教之本、强教之源。拥有一支高素质的教师队伍，是提高教育质量的关键所在，是推动学校强化教育改革的根本动力，也是学校可持续发展的基本保证。

学校从 2018 年 8 月加入"基于学校整体发展的乡村教师专业发展模式研究"项目后，大胆实践"二三三四"乡村教师专业发展生态化模式，转变教师专业发展观念，充分发挥学校与教师在教师专业发展中的主体地位，整体规划全校教师专业发展，开展教师校本研修，让教师在参与研究"蒲公英 STEAM 综合实践活动教程"过程中促进个人发展，加强学科团队建设，推动学校整体发展。

为全面提高教师队伍素质，促进我镇小学教育事业快速、健康、和谐发展，汤坑镇第一中心小学以科学发展观为指导，实施人才强校、科研兴校战略，积极落实《国家中长期教育改革和发展规划纲要（2010—2020年）》精神，强化"学校为教师专业成长服务的意识"，以全面提高教师队伍整体素质为中心，以"养成教育"的落实为切入点，以培养学科带头人和优秀中青年骨干教师为重点，坚持全面和重点相结合、基础性和专业性相结合、多种培养模式相结合的原则，突出时代性、创造性、实效性，鼓励教师自信、自主、自律地追求内涵发展，提升职业素养，建设学习型团队，培养魅力型教师，努力造就一支师德高尚、业务精湛、追求卓越、充满活力的专业化教师队伍。

三、基于学校整体发展背景下促进教师专业发展的措施

(一) 成立教师专业发展领导小组，注重两个主体

领导小组由校长任组长，副校长任副组长，各教学点校长及中心校教导主任、总务主任为成员。明确学校是教师专业发展的主体责任，全面统筹教师专业发展工作。以校长负责制为前提，展开各级分层管理、部门分工协作的保障体系；制订全校教师专业发展计划，承担对教师发展工作实施的指导、检查和评估等。各教研组，实行教研组长或名教师、名班主任责任制，以学校会议的方式制订各级、各类、各学科教师专业发展规划，形成配套执行方案，并以交流、讨论的方式完善方案。

(二) 师德为先，陶养教育情怀，促进三个发展

"二三三四"乡村教师专业发展生态化模式认为，教师专业发展核心内容包括教师专业情意、专业知识、专业能力三个维度。为此，我们坚持教师专业发展"师德为先、知识奠基、能力为重"的三大策略，促进教师全面发展。

1. 师德为先，陶养教育情怀

继续加强教职工的思想教育，把提高师德修养作为教师专业发展的首要任务。

第一，成立师德建设领导小组。小组要根据实际，每年确立师德教育主题，制订年度师德建设活动实施方案，做到组织落实、内容落实、考评落实、奖惩落实。

第二，提高依法治教水平。组织教师认真学习《教育法》《教师法》《中小学教师职业道德规范》《教育部关于进一步加强和改进中小学师德建设的意见》《未成年人保护法》等教育法律法规。通过学习，提高教师的思想政治理论水平和依法治教的意识，积极创建民主、平等、和谐、诚信、愉悦的师生关系。

第三，树立师德师风榜样。一是每年邀请专家、先进典型代表作师德师风专题讲座，如邀请全国优秀教师、广东省特级教师程小鸥同志作题为

"教师的成长之路及教师的师德修养"的专题报告等，在广大教师中形成崇尚先进、学习先进的风气。二是每年5月开展评选"感动校园"教师的系列活动，通过精心策划，把它作为宣传、挖掘本校教师爱岗敬业、关爱学生典型事迹的一个常规性活动，并打造成一个品牌项目。

第四，规范教师日常行为。出台并不断完善《汤坑镇第一中心小学教师日常行为规范细则》，使教师用高标准来严格要求自己的一言一行，使全体教师对"事事是教育之机，处处是教育之地，时时是教育之时"达成共识，向"学为人师、行为世范"的目标迈进。

2. 立足校本研修，丰富专业知识

第一，扎实开展教师"12345"培优活动。即每学期上一节校级以上公开课、每周写两篇教学后记、每学年做好"三个一"（参与一个课题研究、设计一篇优秀教学案例、撰写一篇优秀论文）、每学年写四篇教学案例反思、掌握五项基本功（普通话、简笔画、三笔字、说课评课、多媒体操作），切实提高教师的岗位技能。

第二，开展课堂教学研究。一个优秀教师必须能准确把握学科课程标准，吃透教材，教法灵活，上好每一节课，才能胜任教书育人的天职。我们针对部分教师不善于研究、总结的现状，充分发挥教研组的职能和骨干教师的模范带头作用，做到每周、每科都开展"一研、一课、一讨论"教研活动，定时间、定人选、定听课对象，提高教师的课堂教学水平。

组织镇教研组对学校各学科各年龄段不同类型的教师大面积听课，全面了解教师课堂教学现状，撰写现状分析及改进决策，提高教师对课堂教学重要性的认识，明确自己课堂教学存在的不足，认清努力方向。

开展"同课异构"主题教研活动。由中心小学教研组带头示范，开展"同课异构"活动，然后再由各学科落实。学校要认真组织说课评课活动，引导老师在互动中比较、在比较中反思、在反思中提高。

第三，抓好教学反思案例。一方面加强培训，同时搭建好平台，加强区域或城乡交流，并量化推动教师撰写论文或反思。教学反思是教师对教学实践的再认识、再思考，以此来总结经验教训，进一步提高教学水平。要求每位教师每学期撰写两篇反思案例，中心小学组织评比，再把优秀案例推荐到各级刊物发表。

第四，开展读书活动。学校要牢固树立"学习是教师专业化成长的成功之路"的理念，引导教师意识到"不能用昨天的知识教今天的学生为明天服务"，广泛开展以"要做教书人，先做读书人"为主题的教师读书学习活动，着力建设学习型教师队伍。

第五，抓好双向培训。采取"请进来，走出去"的方式，坚持每学期请一名专家来校讲学，对全体教师进行一次新理念、新课标、新教材、新教法培训，丰富和更新教师的教育理论知识。每年选派20～30名教师到外地参加学习培训，学校举行学习汇报课，由参加培训的每一位教师上一节优质课并汇报学习成果。同时，充分利用远程教育项目资源中的"名师讲堂""专家讲座"进行教师培训。

3. 开展各种活动，强化专业能力

强化教学技能培训是教师队伍建设的基础工作之一。通过抓好校本培训，充分挖掘校本资源，促进教师各项技能的提高，是教师走上岗位成才的有效途径。

一是举办"三字"培训班。"规范、端正、整洁"地书写汉字，是学生终身学习的基础。而要让学生掌握正确的双姿，养成良好的写字习惯，具备良好的书写技能，教师必须有扎实的写字技能，能写一手好字。因此，利用每学期开学前教师到校的时间，邀请广东省书协会员、丰顺县书协原会长罗墨标先生执教，对教师的粉笔字、钢笔字、毛笔字进行分期分批培训，集中培训后要求教师做到"三个一"，即每天一练、每周一展、每期一赛，提高教师基本功。

二是举办信息技术能力培训。开展培训，不断提高教师的信息技术与学科整合的能力。学校信息部门每个学期举办培训活动，传授新的信息技术，培养教师自觉将信息技术与学科教学整合起来的意识和能力。利用信息技术，拓展教师培训、学习的资源，使教师通过网络及时了解各类教育教学改革信息，了解最新的教学研究动态。

（三）以骨干教师和学科带头人为重点，带动群体发展

乡村教师专业发展是一个持续不断、具有阶段性的发展过程。一般包括新任教师（0~5年）、教坛新秀（6~10年）、骨干教师（11~15年）、学科带头人（16~20年）、专家型教师（20年以上）五个不同发展阶段。汤坑镇第一中心小学根据教师实际，建构了教师成长的金字塔模式，即新任教师→教坛新秀→骨干教师→学科带头人（教学名师）→专家型教师；在照顾各个阶段教师发展的前提下，不断完善学校自培机制，重点抓教坛新秀（6~10年）和学科带头人（16~20年）的专业发展，形成了多样、务实的教师培养模式。

1. 锻造青年教师队伍

青年教师是学校发展的生力军，建设一支思想过关、业务精湛、能力过硬的青年教师队伍，对学校实现可持续发展尤为重要。主要做法如下：

第一，制订《青年教师专业发展规划书》，学校领导与青年教师一起规划发展蓝图，让青年教师树立奋斗目标，指导青年教师如何实现目标。

第二，每学年召开35周岁以下的青年教师座谈会或报告会，每年主题不一样，如2018年为"理想、责任、使命"，让青年教师畅所欲言、各抒己见，在交流、碰撞中提升认识、提升师德。

第三，启动"以老带新、以新促老、师徒结对、共同提高"的青蓝工程，促进青年教师快速、健康成长。

2. 培养学科带头人

学科带头人是学校优质教育的支撑，是课改的领头羊，他们的专业发展决定着一所学校的未来。制订《学科带头人培养方案》，明确培养目标和措施。学科带头人采取民主推荐和学校考核相结合的方法产生，第一批12人，任期三年，每学年结束进行考核。培养方式主要有：理论研修与学术沙龙、课例研究与现场学术观摩、行动研究与专题汇报等。学科带头人每学年在市级以上刊物发表至少1篇论文，两年后形成自己的教学风格，三年后成为具有现代教师素质和创新精神的新型学科带头人。

（四）加强评估与反馈：完善教师专业发展的管理机制

为提高乡村教师专业发展生态化模式的成效，在反思传统模式存在问题的基础上，我们采用"四个环节"质量管理思想（计划、执行、评估和反馈，PDEA），加强对教师专业发展实施过程的质量管理。

第一，建立教师专业发展评价机制。定期对教师专业发展进行评价，采取领导评价、教师互评、学生问卷评价、家长问卷评价相结合的办法，将教师专业发展评价作为教师考核和评先奖惩、参加培训的重要依据。如建立师德评价机制，每年6月底进行师德问卷评价。

第二，完善监督反馈机制。反馈，即行动，也就是对专业发展评估结果进行进一步处理，把对教师专业发展切实可行的东西加以创新和应用，总结失败的教训，这个阶段（或年度）没有解决的问题放到下一个"四个环节"循环里。如建立一套符合学校实际的师德规范和激励、考核、监督机制后，在考核时实行师德"一票否决"制度。师德考核不合格的，绩效考核定为不合格，当年不得晋升职务，不得评先评优，并按有关规定扣除部分绩效工资。还要在开学前进行集中培训、个别约谈等，切实维护教育的良好形象，真正做到"开花结果，落地有声"。

四、实施基于学校整体发展的教师专业发展模式的成效与反思

（一）实施基于学校整体发展的教师专业发展模式的成效

丰顺县汤坑镇第一中心小学在张武珍校长的带领下，紧紧围绕实现教育"均衡、特色、品牌"的总目标，实施"点亮心 传播爱"的办学理念，努力办学生喜欢的学校，缩小了城乡、校际差距，大力地促进了区域义务教育的均衡、优质发展，得到了各级领导和广大群众的高度好评。

1. 优化队伍，提高素质

教师队伍素质是提高教学质量的基石。为了均衡各小学的师资结构，促进教师的专业发展，提高教育教学水平，张校长做了大量的工作：一是制订了《汤坑镇第一中心小学2017—2021年队伍建设规划方案》。建构了教师成长的五层金字塔模式，即新任教师→教坛新秀→骨干教师→学科带头人（教学名师）→专家型教师；合理配备各学科教师，加大图音体等专业教师的配置，加强教师队伍培训，每年送150多位教师外出培训，聘请专家走进校园，教师培训经费占公用经费5%，继续教育每人每年达到72学时以上。5年间，拔尖人才脱颖而出，共有15位教师获市级教学比赛一

等奖，11 位教师获市教育科研成果奖，30 位教师获市级以上荣誉，16 位教师在省级以上刊物发表文章，共承担省级课题 4 项、市县级课题 23 项、校级课题 32 项，建构了一支师德高尚、业务能力强、活力四射的教师队伍。二是校长、教师交流轮岗，制订了具体实施方案。从 2013 年开始，在一所学校连续任教 9 年以上的校长、教师要在县内、镇内学校安排轮岗，使 13 所小学教师队伍的年龄结构、师资水平、学科带头人的配置合理、均衡化。2020 年梅州市首届名师工作室成立，丰顺县共 4 个获批通过的工作室中，汤坑镇第一中心小学就占了 2 个，充分体现了其在县域内学校专业上的引领地位。

2. 提升质量，打造特色

教学质量是学校的生命线，是教育均衡发展的根本。汤坑镇第一中心小学重视抓课程建设来提高教学质量，严格执行国家课程教学计划，开齐课程、开足课时，保证学生每天有一小时的阳光体育锻炼时间，保证学生每天在校不超过 6 小时；积极开发校本课程 28 门，这些多元化的课程启迪着孩子，解放着孩子，也成就着孩子，更让办"学生喜欢的学校"不成为空话。同时，倡导"校校有特色，人人有特长"的办学模式，如校本部"让数学走进生活"、第二小学的情商教育、明新小学的激励教育、第三小学的足球特色，等等，开展得有声有色。

3. 辐射引领，榜样引路

为促进区域教育的均衡，汤坑镇第一中心小学不忘发挥县城学校的辐射示范引领作用，深入乡镇学校讲座、听评课。仅张武珍校长个人就为潭江中心小学、丰良中心小学、沙田中心小学、留隍中心小学等学校 630 位教师开讲座 6 次；连续 3 年为全县新教师培训（共 150 人）上课 3 次；为全县小学校长培训班（共 150 人）上课 3 次；为嘉应学院卓越班学生（共 220 人）开讲座 3 次；2016 年为广东省小学校长任职资格培训班（共 54 人）开讲座 2 次，2017 年为广东省乡村小学校长培训班开讲座 5 次，并两次成为跟岗校长；为"校长国培计划"——边远贫困地区农村校长助力工程（华南师范大学班）授课，讲座的主题分别是"享受教育的幸福""教师队伍建设""做一个有情怀的校长""校园文化建设的思考""鹰的重生——我校教师队伍建设"等。同时，他带领镇内优秀教师送教下乡、传经送宝等，带动了全县教师一起发展、成长。

4. 培育文化，树立品牌

校园文化是一所学校的本质、个性、精神面貌的集中体现，对学生的知、情、意、行有潜在的影响。《义务教育学校校长专业标准》规定："营造育人文化"是校长专业职责之一。为此，劳模创新工作室非常重视打造校园文化，在华南师范大学基础教育培训与研究院专业团队的大力支持下，对汤坑镇第一中心小学的校园文化进行了顶层设计，积极打造"蒲公英文化"，实施"点亮心　传播爱"的办学理念，努力实现"书香门第　现代校园"的办学目标，继承百年老校的优良传统，传播"永不止息的爱"，建设具有优良教育品质和可持续发展活力的最美小学。同时，积极挖掘传统文化，突出学校历史文化特色，打造"丁日昌文化园"，让学校创始人丁日昌强烈的民族情感及浓浓的爱国情怀在师生中得到继承发扬。

5. 传承特色文化，研发校本教材

2017 年始，张武珍校长带领团队在华南师范大学廖文博士的指导下，一起研究国内外的课程理论，一起走进丰顺各乡镇、探访丰顺非遗文化传承人，一同深入课堂，一同在会议室画图列表、议课程框架……将近两年的时间，经过大量的理论探索和实践调查，取得了一系列成果：一个"点亮心　传播爱"的办学理念体系，一份校园文化建设方案，一套由华南理工大学出版社公开发行的充满丰顺地域特色的《小学生 STEAM 综合实践活动教程》终于面世。张武珍校长个人专著《点亮心　传播爱：基于 STEAM 视角的小学校本课程开发与实践》也于 2018 年 8 月正式出版。2018 年和 2019 年，学校作为梅州市唯一的受邀单位，连续两年参加了教育部主办的"中国教育创新成果博览会"。2019 年 1 月，新华网关于校本教材发布会的通讯稿浏览量达 150 万人次；4 月 23 日，广东省教研院的品牌教研项目"同一课堂　走进丰顺"在本校举办，张玉执教的"美味的温泉蛋"全国共计 45 万人次观摩，得到教育部和广东省教育研究院、复旦大学等单位专家的高度肯定，创新的教育成果引得省内同行纷纷前来学习观摩，并于 2020 年 1 月获得全国未来教育创新成果奖，使本校成为全国唯

一获奖的山区学校。

丰顺县汤坑镇第一中心小学综合实践活动获得的县级以上荣誉见表1：

表1 县级以上荣誉

类别	序号	成果名称	类型	级别
学校成果	1	未来教育创新成果奖	称号	国家级
	2	"未来学校研究与实验计划"创新成果	称号	国家级
	3	广东省基础教育研究实验基地学校	称号	省级
	4	探索学校的未来化路径——管理机制的核心建设研究	课题	国家级
	5	蒲公英特色文化与课程建设研究	课题	省级
	6	《小学生STEAM综合实践活动教程》	教程	—
教师成果	7	《点亮心 传播爱：基于STEAM视角的小学校本课程开发与实践》	著作	—
	8	《以校本教研促校本课程建设的实践研究》	论文	—
	9	《小学生STEAM综合实践活动教材开发探索》	论文	—
	10	学校校本教研活动和校本课程建设的实践与研究	课题	县级
	11	"非遗之光——埔寨烧火龙"	案例	省级
	12	"古村落探秘——种王上围研学之旅"	案例	省级
	13	梅州市综合实践活动教师说课比赛二等奖	比赛	市级
	14	丰顺县中小学综合实践活动教师说课比赛一等奖	比赛	县级

6. 适应移动互联环境，改革小学课堂教学

汤坑镇第一中心小学结合自身的软硬件环境和现有的设备，充分盘活学校现有的资源，帮助教师掌握信息技术环境下智慧教学的思路和方法，从而提升利用信息技术变革和创新教学的能力。

一是模式创新，建构了移动互联环境下的小学课堂"学教并重"教学模式。努力做到既发挥教师的主导作用，又充分体现学生的主体地位；既关注教师的教，又关注学生的学，把教师和学生两方面的主动性、积极性都调动起来，其最终目标是要通过这种教学设计思想来优化学习过程，提升学习效果。

二是理念更新，助力提升课堂教学效果。在信息化课堂魅力的影响下，课堂气氛活跃、和谐，学生学习兴趣盎然，学生主动学习，而且敢于说、善于思，通过探究、讨论、合作、解决问题等去获得知识，从而享受创造的乐趣，获得成功的喜悦，达到了很好的效果。智慧课堂成就了"智慧型"学生，智慧课堂创新了教学模式，智能数据让课堂更加高效，让课堂更有活力。

三是线上教学，增添一道亮丽的色彩。2020 年初以来，受到疫情的影响，在"停课不停学"的背景下，全国各地一同开展了一次史无前例、超大规模的线上教学。本次线上教学以"广东省中小学校线上教育工作指引"为标准，按照"五育"并举、家校协同、因地制宜、线上与线下结合、统筹与个性兼顾的原则，配合本次智慧校园建设，充分发挥现代教育信息化水平优势，部署线上教育教学服务工作，搭建面向全体师生的"空中课堂"，有效解决师生因延期开学面临的教与学的问题，降低疫情对教学工作的影响。其中，我们课题组的老师们起了带头引领的作用，运用娴熟的信息技术为丰顺县的线上教学贡献了一份力。

本次线上教学主要推送的平台有：丰顺县智慧教育资源平台、丰顺电视台、丰顺发布、电信 IPTV、移动 IPTV。据统计，我们学校老师总共录播线上教学课 494 节，各个平台合计总点击量超过 319 万人次。

四是以点带面，提高教师信息技术应用能力水平。在智慧课堂探索过程中，全校老师掀起了一股"信息技术热"，整体教师的信息技术都有了长足的进步，运用信息技术的能力也显著提高，年轻教师基本上都掌握了微课的制作方法。

经过不懈的努力，汤坑镇第一中心小学促进了县域小学义务教育的均衡、优质发展，让山区小学教育实现了质的飞跃。

（二）实施基于学校整体发展的教师专业发展模式的反思

丰顺县汤坑镇第一中心小学在实施基于学校整体发展的教师专业发展

模式的过程中，经过项目组领导和全体教师的不懈努力，在促进县域小学义务教育均衡、优质发展的层面上作出了突出贡献，让山区小学教育实现了质的飞跃。近 4 年来，在丰顺县教育局的关心和支持下，汤坑镇第一中心小学教师队伍整体年龄结构偏大的情况得到了改善，平均年龄从 42 岁下降到 39 岁，但目前最为突出的问题是：骨干教师出现了暂时的"断层现象"。近年来，新建成实验小学、实验附属幼儿园和平阳小学，中心各学校的中高层管理团队作了大范围调整，大量的骨干教师、教坛新秀（比赛型青年教师）得到晋升，管理层整体趋于年轻化，为整体的教师团队注入了新的活力和生机；同时，出现了骨干和教研型人才培养的速度跟不上的情况，专业竞争力量在各级比赛中呈现小滑坡态势。高品质创新型专业化教师发展是我们教师队伍建设的当务之急和理论探究深化的方向。

今后汤坑镇第一中心小学将在教育教学研究和教师人才梯队培养中积极创新，在已有研究与实验的基础上继续深化项目后续研究，力争在教育教学人才的培养中、在教育事业的发展中作出更显著的贡献。

（张玉，丰顺县汤坑镇第一中心小学校长）

"四方协同"：梓里学校乡村教师专业发展模式

范伟增

为探讨新时期乡村教师专业卓越发展模式，促进学校整体发展和乡村教师专业发展，振兴乡村教育，2018 年 10 月，大埔县三河镇梓里学校与其他 6 所学校加入"基于学校整体发展的乡村教师专业发展模式研究"项目。经过 4 年，学校教师整体素质大大提高，教学质量稳步提升，取得预期效果。在大埔县教育局、美丽中国支教项目组、嘉应学院等多方支持下，形成了美丽中国支教项目组、大埔县教育局、嘉应学院、梓里学校"四方协同"模式。①

一、学校概况及教师基本情况

梓里学校位于大埔县三河镇梓里村，前身梓里公学创办于 1904 年，至今（2022 年）已走过了 118 个春秋，2014 年成为一所九年一贯制学校。学校占地 18 亩，教学设备设施齐全，有教学楼 3 栋，教职工宿舍楼 1 栋，综合办公楼 1 栋，标准篮球场 1 个，电脑室 1 个，图书室 1 个，仪器室 2 个，教学区、运动区、生活区分布合理。学校现有 10 个教学班，学生 435 人，专职教师 39 人，其中在编教师 29 人、支教项目组教师 10 人、高级职称 2 人、中学一级职称 27 人。梓里学校在编教师基本情况见表 1：

---

① 罗嘉文、杜德栎、刘义民：《"四方协同"模式：推进农村中小学高质量发展的探索》，《教育评论》2021 年第 10 期。

表 1　梓里学校在编教师基本情况

教师基本情况		人数
性别	男	20（小学 2，中学 18）
	女	9（小学 9，中学 0）
年龄	30~45 岁	11（小学 3，中学 8）
	45 岁以上	18（小学 10，中学 8）
教龄	0~3 年	4（小学 2，中学 2）
	4~10 年	3（小学 1，中学 2）
	10 年以上	22（小学 11，中学 11）
学历	大专	6（小学 4，中学 2）
	本科	23（小学 7，中学 16）
	研究生	0
毕业院校	华南师范大学	0
	嘉应学院	9
	梅州师范学校	0
	其他	20
职称	中级	27（小学 11，中学 16）
	高级	2（小学 1，中学 1）
	特级	0

二、学校教师专业发展的目标和措施

教师专业发展总体目标：切实加大师资队伍建设力度，造就一支师德高尚、爱生如子、谦虚谨慎、仪表端正、言谈文明、因材施教、勇于献身、精益求精、力求上进、纪律严明、全面育人的教师队伍。

具体目标：一是在市教育局的指导下开展"美丽中国——嘉应学院示范校"的工作，由美丽中国支教项目组派遣补充教师 10 人；逐步实现小学、初中学科教师分开并能够进行循环教学。二是在 2020 年加强骨干教师培训，2020 年有县级骨干教师、2021 年有市级骨干教师。

措施：一是通过"转岗培训""骨干带动"等方式，破解一贯制学校教师结构性缺编"量"的问题；二是建构"评、培、考、研"螺旋上升的专业发展机制，逐步探索出教师"学科专业化发展"的有效途径，即以"梯级名师培养工程"为抓手，对教师实施分层管理，以专业素养发展为目标，促进教师专业素质不断提高。

三、实施基于学校整体发展的教师专业发展模式的探索

基于教师缺编，老龄化严重，教育观念、方式方法落后，现代教育信息利用程度较低等现状，以嘉应学院教育科学学院关于教师专业发展的理论为指导，以美丽中国支教项目组为活血因子，梓里学校进行了一系列有效的尝试与改革。城乡教育差距之所以越来越大，就梓里学校而言，最主要的原因就是教师老龄化严重，缺少青年教师的加入，导致教育教学中无论是教育观念、方法，还是现代信息技术的应用，都是延续老教师固有的陈旧思路，从而跟不上适应国家、社会发展的教育教学潮流。因此，农村教育的发展蜕变，关键就是如何大胆破除教师旧的教育思想观念，适应新的学校管理制度，唯有"勇尝试，不卖老，活到老，学到老"观念首先深入教师心中，农村教育才能迎来生机。当然，敢于起用新教师，运用新教育理念、新学校管理办法，并不代表一刀切否认所有的"旧"，而是注重"新老"磨合，"老新"有序过渡，互学所长，只有这样才能在尝试与改革中稳步前进。

四、基于学校整体发展促进教师专业发展的措施

关于"新老"磨合、"老新"过渡，我们主要通过"四方协同"模式采取了以下措施：

第一，"老带新"——年轻教师向老教师学习教育教学基本功，如教学技巧、方法。

老教师是学校教育教学稳定的基石，在教育教学中积累了大量的经验，比如师风师德，如何应对学生和家长，如何进行班级管理，如何落实课堂教学程序、模式，如何把握考题方向等。初为人师的年轻教师拥有教育激情与斗志，但欠缺老练的教育基本功。这就需要通过"老带新"的帮

扶形式进行学习提升，这也是最为快捷的成长途径。这就要求新教师谦虚肯学、老教师循循善诱。

第二，"新帮老"——年轻教师教老教师处理日常教育教学中遇到的技术难题，帮助老教师更好地运用现代教育技术。

年轻教师拥有热情，对新鲜事物兴趣高，能轻易学会新的技术手段。新课改下的教育教学离不开日新月异的新技术手段。新的教育技术手段能有效拓展课堂教学知识面，能更好地调动学生的学习积极性，对学生的德智体美劳全面发展有很好的促进作用。近几年，梓里学校教师整体运用现代教育技术的水平有了显著的提高，为多样化教学做好技术准备。

第三，强强联手——新老教师共同探讨新的教育教学问题，开展课题研究。

新课改、新课标要求教师要成为学者型、研究型、专家型的新型教师。这一成长目标要求教师深入探讨研究日常教育教学问题，保持对新问题的敏锐嗅觉，同时要有高起点的视野和格局。想要更快成长，新老教师互学共长是一个较为轻松有效的模式。通过"老带新""新帮老"的互学互长方式，新老教师感情得到培养，学校教师团队意识得到加强，使新老教师共同研究教育教学课题成为可能。新教师灵活开阔的课题思路配合老教师丰富的教学经验，使课题研究更具有广度与深度，研究成果更经得起实践的考验，同时有效地提高了教师的教育教学理论水平，为专业化发展增加了理论积累。

第四，校内外联合教研——开展"同课异构"提升课堂教学水平。

为拓宽课堂教学视野，提升教师课堂教学水平，梓里学校与本县、外县、外市的兄弟学校结伴开展"同课异构"联合教研活动，通过教研活动，研磨课堂教学，学其所长，改进自身短板。同时，梅州市名师工作室通过送教下乡，给梓里学校教师带来精彩的课堂教学体验。通过这一系列的教学教研交流活动，既能发现梓里学校教师自身的不足，也能学到更加有效、先进的教育教学方式方法，对教师专业技能的提升有较大的促进作用。

第五，定期培训——不断吸取教育教学新养分，活到老、学到老。

嘉应学院专家通过集中培训、调研座谈等方式对梓里学校教师进行了理论培训，同时通过随堂听课为教师把脉，提出有效的改进意见。另外，教育局每年定期组织全体教师进行线上继续教育，从教育理论到教学实践，促进教师专业化成长。

教师专业发展是个系统性的成长过程，需要多方面综合提升，要不断理论联系实际，从日常教学实践中发现问题、解决问题，勤于从实践中总结，构筑属于自身的教育教学理论体系。

梓里学校组织"基于学校整体发展的教师专业发展模式研究"活动详情见表2：

表2　梓里学校组织"基于学校整体发展的教师专业发展模式研究"活动

序号	时间	主题	内容	人员
1	2019年1月4日	梓里学校乡村教育研讨会	探讨乡村学校、教师发展	市教育局、县教育局领导和教研团队，美丽中国支教项目梅州区主管
2	2019年5月5日	广州市海珠区怡乐路小学、梓里学校联合教研	送教下乡	怡乐路小学副校长吴洁辉、教师团队，梓里学校行政、教师团队
3	2019年7月9日	嘉应学院教育科学学院开展"美丽中国——嘉应学院示范校"调研	探讨示范校管理、教师成长情况	嘉应学院教育科学学院院长范远波，专家组，美丽中国支教项目梅州区主管，村委会等
4	2019年9月11日	"135"课改理论培训	"135"课堂模式学习	侯霄霖老师主讲，全体教师参加
5	2019年10月31日	大埔县教育局教研室课堂教学调研	课堂教学	大埔县教育局副局长范瑞华，教研室团队，梓里学校行政、教师团队

（续上表）

序号	时间	主题	内容	人员
6	2019 年 12 月 23 日	重点课题开题、"135"课改阶段性检查	课题开题报告、课改检查	嘉应学院教育科学学院副院长张登山，教授何尚武、钟志荣等，梓里学校行政、教师团队
7	2020 年 5 月 4 日	嘉应学院教育科学学院开展"美丽中国——嘉应学院示范校"调研	学校管理、教师成长、课程改革、校园文化调研	嘉应学院教育科学学院副院长张登山，教授何尚武、侯秋霞等，梓里学校行政、教师团队
8	2020 年 10 月 16 日	大埔县小学数学"同课异构"	"同课异构"	县教师发展中心陈德生主任，英雅学校教师团队，梓里学校行政、教师团队
9	2020 年 11 月 30 日	广州市海珠区怡乐路小学、梓里学校联合教研	送教下乡	怡乐路小学校长周燕玲、副校长吴洁辉、教师团队，梓里学校行政、教师团队
10	2020 年 12 月 13 日	梅州市余顺欢名师工作室开展集中研修暨送培送教活动	集中研修暨送培送教活动	余顺欢名师工作室成员，梓里学校行政、教师团队
11	2020 年 12 月 23 日	嘉应学院教育科学学院百名学生听课研习	百名学生听课	嘉应学院教育科学学院副院长张登山，陪同教师、学生，梓里学校行政、教师团队
12	2021 年 3 月 12 日	蕉岭县中小学区域教研联盟学校管理、教研交流	学校管理、教研交流	蕉岭县田家炳实验中学副校长黄近芳，八所中学校长、行政班子，梓里学校行政、教师团队

（续上表）

序号	时间	主题	内容	人员
13	2021 年 3 月 26 日	梅州市学艺中学杨幼平名师工作室开展集中研修暨送培送教活动	集中研修暨送培送教活动	杨幼平名师工作室成员，梓里学校行政、教师团队
14	2021 年 4 月 20 日	学校教师"三笔一话"比赛	"三笔一话"比赛	参赛教师
15	2021 年 4 月 23 日	德育管理、德育教研交流	德育管理、德育教研	广州市海珠区教育发展研究院、怡乐路小学、南燕小学、瑞宝小学团队，梓里学校行政、教师团队
16	2021 年 5 月 21 日	第二届中国农村教育改革与学校创新发展校长论坛	探讨农村教育发展创新	东北师范大学基础教育研究院、北京立德未来基金会
17	2021 年 6 月 1 日	梅州市初级中学校长乡村教育观摩	探讨农村教育发展创新	梅州市教育局、梅州市教师发展中心、北京奥鹏远程教育中心有限公司
18	2022 年 7 月 8 日	省教育厅驻揭阳龙尾镇工作队考察"四方协同"项目	考察"四方协同"项目开展情况	省教育厅，嘉应学院，美丽中国支教项目组，揭阳市揭东区教育局，大埔县教育局

五、实施基于学校整体发展的教师专业发展模式的成效与反思

(一) 实施基于学校整体发展的教师专业发展模式的成效

梓里学校在实施基于学校整体发展的教师专业发展模式的过程中，经过各方的不懈努力，取得了可喜成就：3 年来共申请立项各类研究课题 5 项，发表相关论文 8 篇；学校和教师获得县级以上荣誉和奖励共 26 项。学校已发展成为大埔第一所国家免费午餐示范学校、美丽中国支教项目学校、梅州市团委志愿者工作基地、大埔第一所寄宿制封闭管理学校、南方科技大学校友志愿者服务基地、嘉应学院实习基地，荣获 2019、2020、2021 年度大埔县教学质量优秀奖。

"'四方协同'：梓里学校乡村教师专业发展模式"得到了国内许多师范院校和乡村中小学校的肯定和赞誉。2021 年 5 月 21 日，第二届中国农村教育改革和学校创新发展校长论坛在梅州市召开，会上，东北师范大学中国农村教育发展研究院的专家对学校办学取得的成就给予肯定；2022 年 7 月 8、9 日，广东省教育厅驻龙尾镇工作队驻村第一书记王晓亮同志带领揭阳市揭东区龙尾镇多位相关领导和校长到学校考察乡村小规模学校发展及美丽中国支教项目发展情况，希望"梓里经验"能够推广出去，变成一种"梓里现象"，更希望整个社会一起努力，推动乡村教师发展，振兴乡村教育。

(二) 实施基于学校整体发展的教师专业发展模式的反思

自 2018 年 8 月"美丽中国——嘉应学院示范校"落地以来，梓里学校本着改变乡村教育的整体思路，遍地开花式尝试"四方协同"促进乡村教育改革的理念，从办学宗旨、办学定位、校园环境、学校管理制度、教师专业发展、教学科研、学生培养目标等进行了细化与尝试。丰富的联外校园活动激活了闭塞、沉闷的乡村教育，校园教育教学活动氛围、知名度得到空前提升。教师的专业素养在不断尝试新体验、新突破中得到提高，教学水平连年稳居全县前列，课题、论文等理论成果呈爆发式增长，成果总量超过近 10 年的总和。热火朝天努力后的大丰收，极大地提升了教师的

"士气"，但一片繁华背后隐藏的根结问题仍没得到根本性的解决，那就是教师团队运行仍欠缺主动性、协作性。在未来发展过程中，学校将从以下几方面努力。

第一，根据新课改、新课标要求，以及教师的具体情况，确定短、中、长三个等级教师专业发展目标，细化每一级发展目标，并形成具有可操作性的评价体系，每个发展目标教师合格率达到90%以上。充分发挥合力作用，形成教师发展、学校发展双向互促的团体意识。

第二，融合社会资源，搭建教师专业发展平台。通过一系列有针对性的联外教科研活动，突破老教师安于现状、不愿走出去的旧思路，强化年轻教师突破自己的进取精神。

第三，充分利用美丽中国支教项目组师资，完善教科研制度体系，细化教科研工作。教科研工作是学校教育教学发展的发动机、推进器，更是教师专业发展的大本营、孵化器，教科研工作开展的成效直接影响学校教育教学水平。在未来，学校将不断细化教科研工作，开展有组织、有针对性、有实效的教科研活动。

第四，不断完善学校管理体制，注重教师的人文关怀，形成尊师重教的校园文化氛围。通过完善工会制度，开展教师系列活动，让教师感受校园快乐，感受学校关心，使其有归属感，从而更加爱校、爱教。

教师专业发展事关学校的发展，也是教育发展的一个永恒的话题。在全面推进素质教育的今天，加快教师的培养和发展，实现教师发展和学校整体发展的和谐统一，已成为一个新的课题。对于梓里学校而言，无论是校园基础设施、学校管理制度，还是教师素质结构，都存在诸多不协调，唯有正视问题所在，实事求是，扬长避短，才能在新时期获得长远发展，破解乡村教育窘境，走出一条属于乡村学校的发展之路，给农村孩子、家长带去福音，为新时期中国特色社会主义新农村建设添砖加瓦。

（范伟增，大埔县三河镇梓里学校校长）

陶养教育情怀　提升办学能力

杜德栎

为了提高培训效率，实现培训目标，在这里我将 2021 年广东省粤东粤西粤北地区中小学教师全员轮训项目——"梅州市乡村中学校长办学能力提升培训班"的培训目标与实施方案相关问题向大家进行说明。

一、以调研为基础　明确培训目标

为提高培训的针对性，做方案前我们先后调研了蕉岭县田家炳实验中学、大埔县三河镇梓里学校等 6 所中学。在充分征求各校校长意见的基础上，确定培训班的目标是：基于乡村中学校长管理工作与专业发展的需求，通过以问题为导向的任务驱动式研修，陶养教育情怀，切实提升校长的教育治理能力、教育理论素养、课程整合能力、教学领导力、依法治校能力等，提升学校管理水平。

培训后，要让学员实现"四个一"：拓宽一点现代教育理念；陶养一种教育情怀；完善一套治校方案；丰富一手治校经验。

二、创新设计理念　优化培训内容

针对校长的现有情况，为了实现上述培训目标，本次培训以乡村中学校长管理工作与"两个标准"对校长专业发展的需求为前提，围绕提升乡村中学校长办学能力这一主线，主要从以下几个方面进行创新策划：

（1）以创新服务为理念，引导办学能力提升；

（2）以"四模块"设计为基础，保证办学能力提升；

（3）以陶养教育情怀为核心，滋养办学能力提升；

（4）以名师授课为契机，以榜样激励办学能力提升，也就是说授课教师均是在中学教育管理方面的知名专家；

（5）以多样化教学方式为抓手，创新启发办学能力提升。

研修班为期 12 天，其中专题报告 12 场（线上报告 2 场），现场教学 6 次，小组研讨和班团活动 3 次。现场教学，我们分别选择在梅州市和深圳市的优质学校，如梅州中学、梅州市学艺中学和华中师范大学龙岗附属中学、深圳中学龙岗区初级中学等进行。

具体内容我们的培训手册中有详细说明，这里不再赘述。

三、陶养教育情怀　提升培训效果

教育情怀是指校长对待社会、教育者和自身表现出来的人文情怀，是一种高层次的生存境界，是校长的核心素养。它体现在校长具有强烈的从教意愿和热爱教育的奉献精神。

习近平总书记在 2020 年教师节慰问信中指出：希望广大教师不忘立德树人初心，牢记为党育人、为国育才使命，积极探索新时代教育教学方法，不断提升教书育人本领，为培养德智体美劳全面发展的社会主义建设者和接班人作出更大的贡献。

毛泽东同志的老师杨昌济为了民族振兴而潜心教育以培养人才，曾撰写对联明志："自闭桃源称太古，欲栽大木柱长天。"新时代，广大校长肩负民族振兴的重任，必须学习和传承教育家杨昌济培养"大木"的教育情怀，为振兴梅州基础教育作出新贡献。只有每位校长具有了这种情怀，才是对培训效果的实践检验。

在这里我也送大家一副对联："潜心杏坛育桃李，欲栽大木耀五洲。"

祝学员们在本次培训中学有所获、学有所悟！祝各位在梅州培训学习愉快！

（杜德栎，嘉应学院杜德栎中小学教师培训专家工作室主持人，教授）

陶养教育情怀　提升校长素养

古红梅

嘉应学院教师教育发展中心于 2021 年 9 月 26 日下午至 30 日以及 10 月 8 日至 15 日举办了"梅州市乡村中学校长办学能力提升培训班"。经过 12 天的集中面授、现场观摩、交流研讨和近一个月的网络研修等模式，我们共完成了 156 个学时，其中网络研修 60 个学时。通过培训学习，笔者陶养了教育情怀，进一步提高了办学能力，提升了自己的综合素质和管理水平。

一、在专家引领中提升

研修以乡村中学校长管理工作与"两个标准"对校长专业发展的需求为前提，围绕"提升乡村中学校长办学能力"这一主线，通过以创新服务为理念来引导校长办学能力的提升；以陶养教育情怀为核心，滋养办学能力的提升；以名师授课为契机，榜样激励办学能力的提升；以多样化教育方式为抓手，创新启发办学能力的提升。这次培训我们听了专题报告 12 场（线上报告 2 场）、现场教学 6 次、小组研讨和班团活动 3 次，多样的培训形式让我们收获很大。我们听了高质量的专题报告，比如：9 月 27 日上午开班仪式后，中国当代教育名家任勇题为"校长成长和学校发展的新走向"的专题报告，让我们感知到他从一个普通数学教师成为教育家的奋斗历程；广东第二师范学院闫德明教授作了"建设学校特色，提升学校品牌"的专题报告；广东省国寿教育研究院院长车雪梅分享了关于学校特色建设的实际案例；嘉应学院教育科学学院沈辉香副教授作了"新时代学校德育工作：正义与关怀"的专题讲座；《教育评论》杂志执行主编钟建林作了"校长的教育科研使命与作为"的专题报告；嘉应学院刘义民副教授

作了"学习'两个标准',提升校长课程教学领导力"的专题报告。课程
教学领导力是优秀校长的核心素养。提升校长的课程教学领导力,是本次
校长办学能力提升培训班的主要任务之一。为此,培训班首席专家杜德栎
教授给我们作了"基于核心素养的学校课程教学改革"的专题报告。报告
系统地为我们梳理了核心素养教育改革的背景、核心素养实施策略、学校
实施核心素养课程改革与教学改革的成功个案等内容。在拓宽校长对核心
素养教育全面和深刻认识的基础上,提升大家落实核心素养的驾驭能力,
洞明世界各国基础教育改革与发展的趋势,学习借鉴优秀校长办学的成功
经验,是提升校长办学能力的专业素养之一。南京师范大学教育科学学院
张蓉教授作了"美国学校管理的理念与策略"的专题报告。具有"营造育
人文化"的能力是现代校长的六大专业能力之一,提升校长围绕学校文化
特色开展课程规划,彰显办学特色,是本次校长办学能力提升培训班的教
学任务之一。为此,广州大学谢翌教授给我们作了"基于学校文化的课程
规划"的专题报告。报告以认识学校文化建设特色为基础,重点引导大家
如何在学校文化建设的基础上开展校本课程开发,将学校文化的理念和价
值具体化。如何提升校长的管理能力,在当前教育体制改革下校长应关注
什么,如何应对核心素养和"双减"等教育热点问题,是提升校长办学能
力的基本任务。为此,在基础教育一线有丰富的实践经验的温荣华老师为
我们作了"深化教育体制改革背景下乡村中学校长提升教育管理能力的思
考"的专题报告。温荣华老师系梅州市梅县区教师发展中心主任,中学物
理高级教师。另外,华南师范大学葛新斌教授作了"我国减负政策的背景
及其执行探讨"的专题报告;嘉应学院陈瑜林副教授作了"人工智能赋能
教育——智能教育的现状与趋势"的专题报告。这些专家们高质量的专题
报告,观点深刻,理论前沿,可操作性和信息量大,为我们提供了宝贵的
精神食粮,给我们创办特色学校提供了有效的策略和启示。

二、在实践指导中提升

培训班通过安排现场教学,促使我们将所学理论知识及时消化巩固、
顿悟升华。现场教学,顾名思义,就是根据提升校长办学能力这一培训目

标，组织学员到学校现场和社会生活现场进行教学的一种形式。现场教学既可以使大家获得直接经验，深化对理论知识的理解，又可以增强教学的趣味性，使教学生动丰富，同时能让大家在轻松愉快的环境下学习，陶养教育情怀。由于我们每位学员均具有丰富的中学教育教学管理经验，为提升我们的办学能力，现场教学根据中学教育管理的实际需要，分别组织了中学德育管理与教育管理创新、教学管理、依法治校、特色学校与校园文化建设、学校现代化、红色教育6个现场教学专题学习。比如：梅州中学钟声辉校长谈了关于依法办学的一些思考；丰顺县汤坑中学谢锐校长为大家现场作了"锐意进取　打造汤中新蓝图——关于学校创新管理的几点思考"的专题报告，重点介绍了汤坑中学近年来如何以德育课程改革为契机，创建信心德育宣讲团，加大学校管理创新，提升山区中学办学品质的具体探索和实施过程，谈了关于学校创新管理的几点思考；梅州市学艺中学副校长杨幼平作了"内涵式发展，创建品牌学校"的专题报告；潮州市湘桥区意溪中学李训淡校长为我们作了关于创建武术特色学校的品牌意识的专题报告；潮州市湘桥区城西中学林国平校长给我们作了关于如何建立品牌和如何建立特色学校的专题报告。名校长现场的报告，促使我们将所学的理论知识及时消化巩固、融化升华，并获得学习的直接体验，深化了对理论知识的理解，让我们在轻松愉快的环境下学习，陶养教育情怀。名校长的办学绝招和实践经验为我们开拓了办学思路，为我们解决实际困惑带来了启迪。

三、在研讨交流中提升

这次培训组织了两期关于新时代乡村办学的问题及对策的研讨会。第一期由蕉岭县田家炳实验中学、大埔县三河镇梓里学校、梅县区三乡中学、大埔县大麻镇英雅家炳学校这四所学校交流汇报；第二期由蕉岭县蕉岭中学、大埔县家炳第二中学、大埔县洲瑞镇实验学校这三所学校汇报他们创办高质量乡村中学的探索与实践，分享他们创办高质量乡村中学的宝贵经验。校长们的发言深化了对新时期乡村中学办学的探讨。这些学校的做法点燃了我们深入探索乡村中学高质量办学的智慧火花。这次培训让我感触很深的几句话，如"千培万培不如校培，千修万修不如自修""校长领导学校，首先是教育思想上的领导，其次才是行政上的领导"。思想决定高度，学识决定厚度，校长思想学识的深度决定校长办学行为的高度和长度。校长的思想学识依靠"学思研行著"，其中研究让我们以全新的眼光审视教育问题，以独特的视角透视教育现象，以理性的探索践行教育工作。一个成功的校长就必须担当教育科研的使命，引领教师从教育的此岸走向彼岸，齐心协力、奋发有为。态度决定高度，细节决定成功！我们应当真心真力真情于教育教学工作，优化学校管理，提高学校治理能力，实现教书育人、管理育人、服务育人的目的，为办人民满意的教育作出自己的贡献！

四、在党史教育中提升

这次培训开展了红色文化教育以传承红色基因。比如：我们参观了大埔县中共南方工作委员会旧址及三河坝战役纪念园，进行了党史学习教育专题现场教学。我们也聆听了党史学习教育专题报告，比如嘉应学院政法学院黄小谨副教授作了党史教育的专题讲座——"红色简史和长征精神"，详细讲述了红军简史、长征精神、红色教育这三个方面的内容，让我们更加感悟到了学史明理、学史增信、学史崇德、学史力行，让我们在党史教育中不断提升自己的办学能力。

通过这次校长办学能力提升培训班的学习，笔者提升了自己的教育教学理论素养、教育教学管理能力、课程整合能力、教育教学领导力、学校的管理水平。今后笔者将永葆"闯"的精神、"创"的劲头、"干"的作风，怀着一颗教育初心，牢记教育使命，砥砺前行，为办人民满意的教育贡献自己的力量！

（古红梅，蕉岭县镇平中学副校长）

心有情怀　行有担当

——浅谈校长的人文管理情怀

刘按发

陶行知说："校长是一个学校的灵魂。"校长及校长所引领的教师群体赋予了学校灵魂。一位优秀的校长必须是综合素质高的教育者和管理者。人格高尚是校长的立身之本；文化品位是校长的优质话语资本；思想情怀是校长走向教育家的必备品质；拥有智慧是校长破解难题的内在密码。

学校管理有七大要素：人、财、物、事、时间、空间、信息。在这七大要素中，人是最核心的。谈人的管理得先从校长谈起，因为校长是学校的主要管理者，对外代表学校，对内是全面负责，在学校处于中心地位。一方面，校长要有良好的人格修养，这种道德的力量，对人有一种感染力。一般说来，校长应该具备以下人格修养：一是实事求是。社会中有些人可能有中间地带的思维习惯，但学校不能有，校长要是非分明，不夸大、不缩小，想问题、办事情从实际出发。二是平易近人。学校无领导，校长不是"官"，是管理者。校长也是教职工中的一员，因为岗位不同，职责各有差别而已。校长要接地气，不摆架子，能倾听意见和建议。另一方面，校长要有履职尽责的能力。校长作为第一责任人，必须有办学主见和管理能力。校长要履行好学校管理的四大基本职能：规划与决策、组织与指挥、控制与协调、用人与激励。校长作为学校的掌舵者、领路人，如果能撒播更多"家人"的博爱，倾注更多"家人"的情怀，把学校作为一个大"家"来经营管理，那么学校的发展必将引入新的引擎。

作为在乡镇学校担任多年管理工作的校长，笔者结合自己在学校的管理实践及对理论的学习、思考，谈几点拙见。

有人说："当教师需要温暖的时候，校长就应该是一盆燃烧的火；当教师需要呵护的时候，校长就应该是一堵挡风的墙；当教师需要理解的时候，校长还应该是一座连心的桥；当教师消沉迷惘的时候，校长更应该是一盏引路的灯。"言语之中，流露出教师们对"理想校长"的要求和对校长人文情怀的渴望。

一、服务教师，是人文管理的基础

"学校就是为社会服务，领导就是为教师服务，教师就是为学生服务。"同时，教育是一种经营，只有用心经营，才能实现教育"用心灵沟通心灵，用灵魂交融灵魂，用人格对话人格，用生命影响生命"，这就更需要教育有强烈的服务意识。在学校管理中，笔者体会最深的是：作为校长，必须强化服务意识，坚持以人为本，把服务管理理念渗透到工作的各个环节，最大限度地提升教师幸福指数，充分调动教师工作的积极性，使教育资源得到最优配置，进而获得最佳的管理效益。

从一定意义上讲，需求是教师工作的动力之源，教师的工作动力首先受其需求引导。教师繁重的教学工作具有难以言表的长期性、复杂性与艰巨性。笔者时刻提醒自己去努力关注每一位教师的生活与工作需要，及时了解他们在工作中遇到的实际困难并予以解决，努力创设良好的工作环境，满足教师在评优、晋级和生活等方面的正当需求，以解除他们的后顾之忧，激发他们的工作动力，让教师的物质需求和精神需求最大限度地得到合理满足，使我校教师时刻充满工作的热情与活力。

二、依靠教师，是人文管理的核心

学校管理的核心是对教师的管理。笔者认为，教师是学校真正的主人，依靠教师是学校管理的基础。学校的进步与发展凝聚着教师的汗水与智慧，让教师的每一分付出都能得到回报，才能真正体现教师的主人翁地位。学校应是一方心灵净土、一处精神特区。我们通过完善一系列评价机制，竭力打造公平校园、和谐校园。教师付出了劳动，就能收获尊重，收获感动。制度面前人人平等，制度高于一切，高于人情，高于权力。没有人为因素，没有暗箱操作，没有远近亲疏，教师们的拼搏与奋斗变得自然与纯净。无须谨小慎微，不用阿谀奉承，只要肯努力，只要肯付出，教师就会受到尊重，就会得到赏识，没有"费力不讨好"，不会"无用武之地"。在工作过程中，教师忙碌并快乐着。通过大力提倡、培植，形成学校的群体精神和群体意识，创建良好的校风。学校通过"最美青实 我有行动"[①] 这一教师誓言的引导，鼓励教师热爱学校、热爱学生，把学校的荣誉和自己的命运紧紧地连在一起。

三、尊重教师，是人文管理的关键

"为政之要，惟在得人。""感人心者，莫先乎情。"作为一名校长，我必须在日常管理中建立一个美好的情感平台，将心比心，多一些情感投入，多一些理解尊重，少一些行使权力。教师的劳动异常辛苦，笔者让自己静心欣赏教师的劳动，由衷地赞美教师的劳动成果。笔者对自己"约法三章"：记清每一位教师的名字并能真正了解他们；见到教师"笑脸相迎"并能及时表扬鼓励他们；教师有了困难必须第一时间伸出援手。笔者要求自己必须把 50 多个教师的名字"对号入座"，并能了解每位教师的性格、业务以及家庭存在的困难等各方面的情况；见到教师喊出他的名字并主动和他打招呼；还会根据教师身上的"闪光点"及最近一段时间的工作表现对教师予以表扬、鼓励、指导，让每一位教师由衷地感到受器重、被赏识；教师有了困难，自己必须第一时间把学校的温暖送给他们，让他们真切地感受到学校就是他们的避风港湾，校长只是这个大家庭中普通的一员。尊重教师是重视教育的必然要求，是社会文明进步的重要标志，是尊重劳动、尊重知识、尊重人才、尊重创造的具体体现。把尊重教师这一工作做好了，校长和教师的距离自然就拉近了。

四、成就教师是人文管理的升华

空想社会主义思想家罗伯特·欧文（Robert Owen）说过："人类的一切努力的目的在于获得幸福。"著名女作家穆尼尔·纳素夫（Munir

---

① 青溪镇实验学校，简称"青实"。

Nassef）说："真正的幸福只有当你真实地认识到人生的价值时，才能体会到。"正如他们所说，人生的最高追求是获得幸福，而幸福的源泉在于个人价值与成就的实现。

美国著名心理学家马斯洛（Maslow）提出的"需求层次"理论把人的需求分为五类：基本生理需求、安全、爱与归属、自尊、自我实现。同时，他认为人的需求是变化的，某一层次的需求得到满足，后一层次的需求强度即会提高。按照这一理论，人的高层次的需求如果得不到满足，那么人只能停留在低层次需求上。具有较高文化素养的教师更追求"人的自我实现"，激活和满足教师成就感就是满足教师自尊和自我价值实现的需要。给教师"发放"的最大"福利"就是给他们提供一个有效的成功平台，或者说给他们搭建一架攀上成功之巅的爬梯，给教师提供一切专业发展、展示才能的机会，为教师创造提升自己、成就自己的巨大空间。

学校"请进来，走出去"，不定期邀请教育局教研室以及县城其他学校的名教师到校传授先进理念和教学经验，组织教师外出学习"探秘取经"，让教师在学习中快速成长；集体备课、集体教研，教育教学"传、帮、带"，资源与智慧共同分享，让教师在合作中得以提升；让年轻的教师迅速成长，有些毕业三四年的教师很快就成为学校的业务骨干，有些老师带毕业班的成绩非常出色，有些老师担任中层干部，成为学校的中流砥柱。

成就每一位教师，不让教师的才能遭到冷落。笔者让自己善于发现每一位教师的"闪光点"，让每一位教师都能实现自己的价值。没有人为操作，没有厚此薄彼，公平公正珍惜教师的每一份辛劳，捍卫教师的每一份成果，让多作贡献的教师"扬眉吐气"。"心有多大，舞台就有多大"，老师的才能有多大，学校就给老师搭建多大的舞台，让他们尽情去挥洒自己的才情，成就自己的事业。"海阔凭鱼跃，天高任鸟飞。"笔者欣喜地看着教师们"各施绝技""各显其能"，体味着教师们的"绝美演出"所带来的一次又一次的惊喜。

总之，学校的人文管理注重的是管理的科学性、艺术性、文化性，重视管理中人的能动作用和人的自我完善，形成管理全方位的人本体现，以充分调动师生潜在的积极性、能动性、创造性，以完善自我，实现学校的管理目标。服务教师、依靠教师、尊重教师、成就教师，学校对教师的人文关怀落到了实处。"付出什么，得到什么；付出多少，得到多少"，学校也是如此，付出了对老师的尊重、理解与关爱，换来了学校的蓬勃生机、盎然春意。心有情怀、行有担当，作为一校之长，让学校的教师管理工作充满人文关怀，是一种使命，更是一种幸福……

（刘按发，大埔县青溪镇实验学校校长）

为撑起乡村教育而奋力前行

黄树增

国庆节前后，笔者很幸运地参加了2021年广东省粤东粤西粤北地区中小学教师全员轮训项目——"梅州市乡村中学校长办学能力提升培训班"。通过聆听专家讲座和参观示范学校，笔者对如何做好一名校长又有了新的认识。

一、坚定理想信念，研究教育理论

苏霍姆林斯基说："校长领导学校，首先是教育思想上的领导，其次才是行政上的领导。"作为一个校长，首先必须要有自己的办学思想。这既是校长职业化成长的要求，也是校长专业化程度的标尺，是校长能否成为好校长的关键。

我们认真学习了杜德栎教授题为"基于核心素养的学校课程与教学改革"的报告，明确校长成长必备的核心素养，如必须有立德树人的教育方向，信念坚定，有教育家的情怀等。

作为校长，要根据实际情况与社会教育发展现状确定学校发展方向和发展目标，端正办学的指导思想，坚持素质教育的办学方向。这就要求校长把主要精力放到研究教育观点、教育思想、教育理论、教育规律上来，放到教育教学改革上来，放到教育管理上来。管理是个永恒的主题。有人把管理比作下棋，校长就是一名棋手，学校中各种资源就是棋盘上的棋子。下棋有下棋的规律，学校管理也有其规律。校长必须遵循规律，统筹规划，全面安排，有进有退，有取有舍，全面完成育人任务。

二、要加强学习，传播优秀文化

习近平总书记指出："我们的干部要上进，我们的党要上进，我们的国家要上进，我们的民族要上进，就必须大兴学习之风，坚持学习、学习、再学习，坚持实践、实践、再实践。"①

我们到潮州市湘桥区意溪中学学习时，李训淡校长作了题为"校长的角色定位与办学理念"的专题报告。他讲到，一个面向世界、面向未来、面向现代化的校长，一个想干事、会干事、能干成事的校长，必须有教育情怀和责任担当。从如何建构核心管理团队，如何提高团队的管理素养、管理能力，怎样做好学校规划、建构育人文化、引领教师成长、应急与处理危机、创新思维引领发展，再到如何整合利用外部资源为学校发展注入更多的能量，他用生动的实例阐述了意溪中学如何坚守教育本源，守正出新，于纷繁间建立秩序，在行动中构筑模型的经验做法。我们通过走出去学习，再次认识潮州文化，如中国传统舞狮活动等，更有利于传播优秀文化，不断推进思想观念、体制机制、方式方法、工作载体的改革创新，切实解决工作中的新矛盾、新问题。

三、落实以人为本，强化服务意识

习近平总书记强调："各级党组织书记要管好干部、带好班子，也要管好党员、带好队伍，掌握抓党员队伍建设的方法要求。"②

不管是梅州中学，还是学艺中学，学校管理处处体现人文关怀，落实以人为本的办学理念。我们的教育教学要依靠全体教职工，学校要尊重教师的人格，尊重教师在学校中的地位，尊重教师的创新精神，尊重教师的辛勤劳动，维护教师的合法权益。教师与学校的发展同呼吸、共命运。为教师创造良好的工作环境、学习环境和舒心的人际环境，努力维持和提高教师的物质待遇，从物质、精神、情感、心理各方面激发广大教师的工作积极性和创造性，学校肯定办得好。

我们要强化服务意识，体现服务精神，把"服务"二字落实到位。校长应该把教师队伍的建设放在学校基本建设的首位，真正让教职工成为学

---

① 习近平：《论党的自我革命》，北京：党建读物出版社、中国方正出版社、中央文献出版社，2023 年，第 37 页。

② 习近平：《习近平谈治国理政》（第二卷），北京：外文出版社，2017 年，第 173 页。

校的主人。要真正把教师确立在"人"的位置上，并以"人"为中心实现领导和管理。校长要创造使教职工心情舒畅、平安乐业的氛围。

校长要关注教职工的根本利益，关心教职工的生活，尽力为教职工办实事，要时刻把教职工的需要作为自己的第一需要。要想搞好教师队伍建设，必须确立民主思想，其中一个重要因素就是关心教师、爱护教师、培养教师，知人善任，以达到工作上帮助、生活上体贴、心灵上沟通。

对青年教师，要多提供学习、提高、展示的机会，让他们有成就感；对于中老年教师，要多尊重他们的想法，多倾听他们的建议，肯定他们为学校发展作出的贡献。树立"以教师为本"的管理理念，还应该切实把为教师服务、关注教师身心健康作为一项常规工作来抓，日常交流谈心，经常组织开展有益于身心健康的活动，了解教师的家庭疾苦，竭尽全力时刻想到维护教师的合法权益。要多为他们排忧解难，为他们创造一个安全和谐舒畅的工作环境，只有这样才能真正体现尊重的意义和内涵。

四、要落实常规，提高学校办学水平

教学工作是学校工作的重心，教学管理是学校管理的核心。狠抓教师的教学常规管理有助于学生取得更好的成绩，提高教学质量。

首先，学校必须有一个明确的、可行的、易操作、较科学、健全的教学常规管理制度。教学常规管理制度要切实结合学校自身实际，考虑地域差异所造成的观念融合问题和多数教师的认同问题。只有这样，才能建立执行常规工作的基础，化解执行过程中的阻力，形成发展的合力。

其次，常规制度建设也需要与时俱进，不能墨守成规，更不能一成不变。要根据学校自身的实际工作需要和发展状况不断更新，修订常规制度中与学校发展不相适应的内容。

最后，应该注重常规管理制度的跟进。有了常规，不执行、不落实，常规则形同虚设；有了常规，不指导、不反思，常规则是纸上谈兵。只有常抓不懈，才能促进常规的有效落实。

有了教学常规管理制度及跟进，而没有高素养的教师队伍作为支撑，也无法发挥教学常规工作的执行效度。

因此，还应重视高素质教师队伍建设。

教学常规管理的核心是教师，教师的素养则决定了教学常规管理的执行效度。教师素养的培养和提高靠的是专业发展。要促进教师的专业发展，就要打造一支骨干教师队伍来引领教学常规管理；还要从强化常规能力培养、制订个人发展计划等方面加强对青年教师队伍的培养，夯实教学常规工作执行的基础。另外，还应积极开展教学科研，不断提高教师队伍的专业素养。科学的评价机制可以让教学常规管理在有章可循的前提下逐步走上科学化、规范化的轨道。

五、打造校园文化，提升校园文化建设品位

打造校园文化，一直是我校努力践行的奋斗愿景。物质环境有校容校貌、校园布局、建筑物装饰、校园绿化等。它包括花草文化、名人文化、橱窗文化、课桌文化、教室文化等。精神环境有校训、校歌、校徽、校旗、校服、校规、校纪和各种丰富多彩的课外活动等。在校园文化建设中，注入人本观念，以教师的发展为根本，无疑是一所学校发展与成功的关键。

其一，努力建构团结协作、关系和谐的学校精神文化。从根本上说，学校的发展业绩首先来自教师个人的劳动和成果。因此，学校精神文化的形成，基础是尊重教师个人的需求和成就。然而，学校作为一个团队组织，如果仅凭教师的单打独斗，这个组织的"松散"将会给学校带来负面影响。因此，要树立共同的发展目标并鼓励全校教师"协同合作"，形成向心力、凝聚力，合力推动学校的发展。

其二，创设倡导教师不断学习与反思的校园文化。包括三个方面：教师成为不断学习和反思的实践者；教师之间相互学习借鉴，促进自我反思，形成双赢的教学与研究共同体；学校领导不断学习并反思学校的和谐发展，关注教师的职业生存与专业发展。为此，我校教师已将反思作为工作生活的一部分。我们要求教师每个学期读一本教育名著，撰写一篇教学论文，鼓励教师个人或与同事合作收集教育教学实践的资料，倡导教师撰写教育日记、教育故事、案例分析等，提高自己的反思意识和能力。学校努力引领教师将反思贯穿于教师教育教学的全过程，通过教学前、教学中、教学后的自我修正和策略调整，塑造一种理性回归、不断提升的心态文化。学校积极打造校园文化，凝练了校园文化建设的方向，提升了校园文化建设的品位。学校在打造校园文化时注入"人本"理念，丰富了校园文化建设的内容和方法，从而提升了学校的管理质量，促进了学校的和谐发展。

经过学习与培训，笔者收获大、感悟深。校长对于学校的发展，起着指引方向、凝聚人心、汇聚人力的巨大作用。在风起云涌的新时代，如何丰富自己的教育思想，提升自己的教育理念，提高自己的管理水平，是一名合格校长、优秀校长应潜心思考的内容。

（黄树增，大埔县家炳第二中学校长）

提升管理能力　振兴乡村教育

黎远军

　　笔者有幸参加了 2021 年广东省粤东粤西粤北地区中小学教师全员轮训项目——"梅州市乡村中学校长办学能力提升培训班"。2021 年 9 月 27 日，嘉应学院教育科学学院张登山副院长，嘉应学院教师教育发展中心执行主任林爱芳、副主任田守凯，项目首席专家杜德栎教授，出席了开班仪式并作了重要讲话。他们动员培训班学员要认清形势，珍惜难得的学习机会，专心学习，努力提升办学能力，助推乡村教育高质量发展，勉励学员争做有教育情怀的名校长。开班仪式上，班主任沈辉香副教授和胡梅老师明确提出了严格的培训要求，并鼓励学员开展小组学习竞赛、团队合作，力求学有所得，56 位学员侧耳倾听，全神贯注，掌声不断。动员报告很煽情，令学员信心倍增，精神振奋，很受鼓舞，深感肩负重任，表示要转换好角色，做优秀学员；学好本领，争做一名师生喜欢、家长满意、社会认可的好校长。开班仪式后，厦门市教育局原副局长、中国当代教育名家任勇作了"校长成长和学校发展的新走向"专题报告。报告主题鲜明，富有时代特色，大道至简，深入浅出，为校长的成长和学校的发展指明了一个新方向。

　　此次培训班为期 12 天，我们聆听了 6 位专家讲座，考察了 6 所名校，由这 6 所乡村学校校长分享成功经验，分 6 个学习小组交流，到 2 个红色教育基地学习。参加培训令我耳目一新，深受启发，收获很大，充分理解了校长应具备的理论素养和能力素质，也充分理解了"教育的发展关键看学校，学校的发展看校长"这句话。校长要善于学习，有独特的办学理念，学校才有生机和活力。应该说，这次培训学习让我开阔了眼界，拓宽了思维，明确了使命，有了很深的体会。

一、校长是学校工作的多面手

校长既是学校的领导者、决策者和高级管理者，也是学科带头人和教师的勤务员。俗话说："有什么样的校长，就有什么样的学校。"校长的工作对学校全局起指导、组织、协调和统揽作用。苏霍姆林斯基说："校长领导学校，首先是教育思想上的领导，其次才是行政上的领导。"因此，校长必须把自己的办学思想贯穿于日常的管理活动中，用先进的教育理念去影响、带动教师，把自己的办学思想转化为教师的行动；同时，要注重办学经验的积累与扬弃，努力形成学校内在的精神积累和成功的管理理念。这种精神积累和管理理念是一所学校的无形资产和宝贵财富，更是学校品牌的意义所在。

首先，要当好一名校长，必须勤于学习。学习是进步的先导，不学习是落后的象征。一名合格的校长，要认真学习党的大政方针和相关教育法规，做一个刻苦学习的典范，才能做到工作有思路、有创新。

其次，要当好一名校长，就要当好"班长"，带好"班子"，指挥好队伍。一名好的校长，必须要有良好的服务意识，当好师生的公仆，"站起来能当伞，俯下去能做牛"，耐得住清贫，忍得住寂寞，镇守住自己的学校，处理好班子成员间的关系；当好主管而不主观，处事果断而不武断，充分听取大家的意见和建议，做到互相支持不拆台，做到思想同心、事业同干，做到层层分工、层层把关、层层负责。校长要把握好班子建设的四大问题：一是思想建设问题；二是班子团结问题；三是科学决策问题；四是表率作用问题。校长要公道正派，不搞小圈子，用自己的人格力量去带好班子，去影响班子。校长应多一点人情味，少一点火药味；多一点教育渠道，少一点空洞说教。校长要尊重、信任班子的每一个成员，让他们去想办法、出思路，从各方面关心好每一位同志，与大家建立起良好的友谊。

最后，要当好一名校长，心中要树立六种观念：全面观念、发展观念、人才观念、素质观念、服务观念、竞争观念；具备六种意识：政治意识、大局意识、公共意识、特色意识、未来意识、育人意识；弘扬两种精神：奉献精神、牺牲精神。当好一名校长，要把岗位当作干事的平台，精心谋事，在想干事、会干事上下功夫；事无巨细，一项一项完成，一步一个脚印往前走；在事业上要用心、用力、用德。校长在工作中要做到三多，就是多记他人的好处、多看他人的长处、多想他人的难处；三不：不自私、不猜疑、不嫉妒。校长要善于营造良好的竞争氛围。俗话说："流水不腐，户枢不蠹。"校长要不满足于现状，能为学校提供活力，能有效地调动工作积极性，能挖掘潜力、积聚智力、增加活力。有什么样的校长就有什么样的学校。只要有利于学校的发展，作为一名校长应当刚则刚、当柔则柔，非原则性问题采用避雷针效应。要用完善的制度来支撑学校，做到制约机制周全，有操作性、实效性、易被师生采纳。

二、校长要建设好教师队伍

教师在学生中起着直接表率的作用，其一言一行、一举一动都是学生学习的榜样。教师只有用先进的教育理念和扎实的教育、教学基本功，才能带领学生穿越知识的海洋。"知识就是力量，教育就是财富，学习就是生命。"教师职业具有像医生、律师一样的专业不可替代性。

"先有名师，才有名校。"作为一名校长，应鼓励教师多读书，努力创造读书、学习的机会。一个人的精神发展史实质就是一个人的阅读史。书永远是成长的阶梯。作为教师，至少要读三类书：前沿性理论书、名著、教育文章。"读史使人明智，读诗使人聪慧。"校长要为教师创设一种读书的氛围，真正让教师成为社会中读书最多的人群；同时引导教师勤于反思，行成于思、毁于随，没有反思，人生是盲目的，教育亦然。鼓励教师平时多写教育教学随笔，积累教育教学案例，如上网交流、写读书笔记等，促进教师的成长。

三、校长要提高管理水平

要全面提高教育教学质量，就必须提高校长的管理水平。一所学校质量的高低，是否有竞争力，关键看这所学校校长的管理能力。这次培训让笔者更进一步地了解和掌握了管理工作的四点要求：

（一）目标定位

作为一名校长，首先必须认真统计所在地的总人口、学龄人口，从而制定短期、中期学校建设的目标，配备师资，根据当地教育发展的实际制定质量目标。质量目标制定后，先要找到比较的坐标。如我所在的中学，历史的原因导致教学质量一度滑坡，虽然是大埔县一所初级中学，但是与同类学校相比，绝对不在同一起跑线上，当地群众不信任这所学校，纷纷把自己的子女转到其他学校就读。为了让目标真实、可及，我在制定2020—2021学年工作计划的目标时只讲了一句话，那就是教育教学质量稳中求进，不与同类学校比，而是与起跑线一致的学校比。我所在学校的学生各种行为习惯较差，针对这种情况学校提出"扎实推进学生良好行为习惯"的教育目标。开学一个多月以来，由于目标定位准确，教师教书育人的积极性、主动性空前高涨，学生的不良行为习惯得到有效遏制，学校正向着健康的轨道迈进。

（二）教育理性

校长要有明确的理念，有科学的"发展观"、正确的"人才观"、全面理性的"育人观"；掌握主线，找准新的质量增长点；分析各位教师的潜力，做到思想工作与严格管理结合起来，大胆管理，严格管理，用规章、用情感管人。

（三）精神重塑

一所学校最重要的就是精神。精神是信仰和信念的依托、理想的支点、动力的源泉。出于多种原因，我所在的学校教师缺乏精神支撑。我在认真研究学校现状的基础上认为，我校教师首先要有团结协作精神，其次是敬业精神，再次是奉献精神，最后是拼搏精神。

（四）管理策略

管理的四个结合：优秀的传统与现代管理相结合、科学的制度与情感管理相结合、全面的常规与特色管理相结合、严格的分工与道德感化相结合。

1. 人事管理

调整激励机制。据了解，我所在的学校曾经存在"干与不干一个样，干多干少一个样，干好干坏一个样"的问题。鉴于这种情况，领导班子共同探讨，在广泛征求意见的基础上制订了《家炳五中绩效工资分配方案》《教学常规考核方案》等。激励机制的合理调整最大限度地调动了全体教职工教书育人的积极性和主动性，学校的各项工作人人争着做。为最大限度地满足教职工自身发展的需求，培养管理的能手、教育的骨干，我校实行"分级管理、双轨并行"的管理模式，在教育教学活动中精心组织"六个一"活动。学校为全体教师"搭台子""铺路子"，提供自我成长的平台，以此满足教育教学事业整体发展的需要。

2. 教学管理

校长工作的核心是务必狠抓教育质量，质量是学校的生命线，是学校的立足之本，是师生的荣誉。一名合格的校长应严格执行课程方案，努力做到有所突破。在教学管理中，我与教务主任结合实际一起编写了《教学常规检查量化表》《教学工作计划》，成立了教研组、备课组。为及时了解教师的教学动态，制定了学校听课制度；为建立学习型的教师队伍，实行集体备课的措施，统一办公地点；为形成"比、学、赶、帮、超"的局面，规定同组教师必须相互听课和评课，教师不准上无准备之课，做到"教学的每一过程不是流于形式，而是注重实效"。

3. 环境管理

为了让师生有一个安静、干净良好的生活和学习环境，学校今年在教室和宿舍全部安装空调，对食堂、宿舍、浴室等进行全面改造。学校又根据自己的实际出台相应的管理措施和方案，做到环境育人。

4. 后勤管理

俗话说："兵马未动，粮草先行。"学校的后勤应以"服务师生"为宗旨，"服务教学"为目标。"民以食为天"，学校应更进一步加强食堂的管理，真正起到保障作用。

5. 安全管理

安全重于泰山。我在《2020—2021 学年的工作计划》中明确指出，工作重点之一是"确保学校安全稳定"。为确保安全管理，学校根据上级有关文件精神，结合学校实际，制定了关于学校安全的各项规章制度，做到"制度落实、责任落实、措施落实"。

6. 依法治校

校长作为学校的主要负责人，必须做到依法治校、依法治教。为此，校长必须认真学习有关法律法规，认真组织并开展好本校的政风、行风评议工作，接受支部和教职工代表大会的监督，做到党政协调，共谋发展；牢牢把握党建工作和教学工作相结合，努力打造一支创新的团队，做到依法治校，科学管理，从而达到环境优美、管理优化、欢快和谐、质量优良的办学目标。

总而言之，通过这 12 天的培训，我进一步明确了"一个好校长成就一所好的学校"的深刻内涵。在今后的教育教学工作实践中，我会"以人为本"，巧借发力，转换观念，辛勤工作，不断深化学校内部改革，健全各种规章制度，做到人性化管理，全面提升我校的综合竞争能力，力争将我校办成一所家长信赖、学生向往的乡村学校。

（黎远军，大埔县田家炳第五中学副校长）

用激情点亮乡村教育希望　用智慧提升乡村学校质量

罗德坤

2021 年 10 月 15 日，为期 12 天的"梅州市乡村中学校长办学能力提升培训班"集中学习圆满结束了。整个学习活动安排紧凑，内容丰富。通过专家讲座、现场观摩及后续的网络学习，我更进一步明晰了办学思想与理念，深刻理解了校长的职责使命。在学校管理中，校长既要了解学校的历史内涵、现实定位，也要立足校情合理规划学校的发展方向；既要引领教育思想，也要带动课程的落实落地。一个好校长能够带出一个好班子，成就一所好学校。具体学习成果总结如下：

一、学习过程回顾

12 天的学习形式多样，内容丰富，其中有 2 场线上、10 场线下学习，实地考察了 6 所学校，另外进行了 3 场小组讨论。

线上学习中，任勇以自己从普通教师成长为教育专家的经历，向我们分享了校长成长和学校发展的新走向，"学思研行著"是主线，发展教师是校长的第一使命，我们要以平常心做人、以进取心做事。钟建林主编从"忙—浅—俗—虚—弱"等方面剖析了校长参与教育科研的现状，指出研究应该成为一种意识、一种工作，甚至一种生活方式。

面授学习更是精彩纷呈，理论知识丰富，让我们享受了知识盛宴。黄小谨副教授结合梅州革命历史，进行红军简史、长征精神、红色教育等方面的党史学习教育。闫德明教授从建设学校特色、提升学校品牌入手，为我们分享了学校品牌的创建思路及其关键点，强调学校品牌具有教育性，是从平时的细节中体现的。车雪梅院长从文化观和系统论的视角分享了办学理念体系的落地。沈辉香副教授认为正义与关怀是新时代学校德育工作的重要价值与取向。刘义民副教授带领我们学习了两个标准，提升校长课程领导力。很遗憾，我因请假 1 天错过了杜德栎教授和张蓉教授的课程。谢翌教授分享了基于学校文化的校本课程规划，强调优质学校，优在文化，优在课程，让课程成就文化，寻根→聚魂→布道。温荣华主任分享了学校管理的经验体会：懂规矩，守规矩，保护自己；生源是基础，教师是关键，管理是保障；理念领先，科学谋划，抓好落实；没有最好的教育，只有最适合的教育；千培万培不如校培，千修万修不如自修等。葛新斌教授分析了我国减负政策的背景及执行，从减负政策的演变历程到执行效果，再到发展方向，作了详细的讲解。陈瑜林副教授作了关于人工智能赋能教育的精彩讲座，讲述了智能教育的前景、发展方向以及对教育的促进推动作用。

我们实地考察了 6 所学校，每一所学校都有各自的特色。梅州中学钟声辉校长结合自身经历分享了依法治校与学校安全管理的重要性，引导我们要依法依规办学。汤坑中学的信心教育的特色文化建构过程和学艺中学的学无止境、艺德双馨的校园文化让我们深受启发。重走中共南方工作委员会旧址、三河坝烈士纪念碑，更让我们热血沸腾，坚定信念，永远跟党走。意溪中学李训淡校长的个人魅力和高尚的教育情怀深深震撼了参访学员。3D 打印模型制作、特色课程、智慧农业等，以及他提出的很多理念，都让我印象深刻：学校核心管理团队要共生共存，传统文化—信息化—智能化—智慧农业—系统思维—闭环思考；管理团队要凝心聚力，对学生不能标签化。城西中学展示的"深厚教育情怀、赤诚教育良心、灵动教育智慧"，让我明白校长的角色定位与办学理念对学校发展的影响，通过打造不同平台，让师生都有展示自己的舞台。

三次讨论点燃了大家办好乡村教育的激情，激发了提升乡村教育质量的智慧火花。杜德栎教授提出的"因缘而聚，百年同窗，因情而暖，相聚珍贵"把大家的心紧紧地凝聚在一起。令人印象深刻的还有：三乡中学"分部运作、条块结合，多渠道、全方位育人"的管理模式；梓里学校借力"四方协同"的办学模式；英雅家炳学校的儒雅教育；蕉岭县田家炳实验中学"四化"育"四德"的办学特色；蕉岭中学提出的"傻瓜精神"

"亮剑精神"……智慧的火花、管理经验的分享，让我们受益匪浅，感悟深刻，对办好乡村学校有了进一步的思考及体会。

二、乡村学校校长应具备的素质

（一）高尚的教育情怀

教育需要情怀，校长应该是思想者、学习者。现代社会知识更新速度非常快，校长只有不断学习，才能跟上时代发展步伐，才能引领学生在学习上走得更深、更远。教育是良心活，教师需要具备高度的行动自觉，需要用心、用情、用功才能做好。校长是一个学校的灵魂，是一个学校发展的引领者，需要向书本、向实践、向他人学习，只有不断学习，为学校管理和教育教学理论注入源头活水，才能不断满足学校管理的需要；在学习中学会思考、经常思考、善于思考。学校工作千头万绪，学校的办学理念、管理思路以及安全、纪律、卫生、德育、教学等方面，都需要校长组织各部门去落实，在落实的过程中不断总结、提高，完善办学思路，形成切实可行的办学理念，贯彻落实党的教育方针、政策。

（二）扎实的理论基础

校长既是管理者又是规划师。作为学校的行政领导，校长要以自己扎实的专业基础与较高的专业水准引领团队发展。一名校长对国家的教育方针政策、发展方向要有深入的了解。在做好学校日常管理的同时，校长对自己的学校发展要有开阔的视野。规划内容包括：校园环境、文化建设、教育教学管理、教师专业发展、学生培养目标等。规划可分为短期规划、中长期发展规划，分步实施，并让老师们理解、接受和落实这个规划，让学校的发展成为每一位教师的共同愿景。各部门、教师按照学校制订的规划落实自己的工作计划、专业发展目标，然后逐步推进；围绕学校特色发展目标，通过课程设置、活动设计落实立德树人根本任务，在教育教学实践中找到适合学校发展的特色之路。

(三) 较强的综合能力

学校管理涉及方方面面的知识，既包括管理学，又包括心理学；既要有看人用人本领，又要有制度设计能力；既要有财务知识，又要有法治思维等。依法治校，制度管理是学校管理的重要手段。在学校探索阶段，在依法的前提下，完善各项规章制度，是提高管理效能、促进学校健康发展的有效手段。

三、乡村学校校长应具备的意识

(一) 依法治校的意识

当前，法治观念已越来越深入民心，依法治校是必然选择。作为校长，需要站在时代的前沿，贯彻落实党和国家的教育方针政策，以更高的眼界、更广的思路、更宽的胸襟考虑问题，以法治理念管理学校，以超前的思维建校，以发展的眼光谋划学校的未来；着眼全局谋划、注重顶层设计，积极完善学校各项规章制度，推进校务公开和党务公开，健全完善科学民主决策机制，解决学校管理中存在的问题，确保依法治校落到实处。

(二) 促进教师专业发展的意识

优秀教师是促进学校健康发展的中坚力量。教师的专业成长事关学校的前途命运。校长一定要积极搭建平台，采取"请进来""走出去"相结合的方式，引导教师学习先进学校、特色学校、名教师等的经验做法，提升教师专业能力，促进专业发展，幸福工作。

(三) 引领学生安全、健康成长的意识

青少年是祖国的未来、民族的希望。安全是首要前提，青少年时期是学习知识、磨砺意志、形成优秀品质的大好时机，是学校教育的主体。校长要引导教师遵循学生身心发展规律，使学生有强健的体魄、健康的心理和健全的人格，着眼于培养学生的核心素养，五育并举，促进学生全面发展，落实立德树人根本任务，为学生的幸福人生奠基。

（四）创建校园文化的意识

学校文化即学校的灵魂，外显于形、内化于心。校长应该树立大格局、大视野，学习先进学校的办学理念、管理方法，汲取他人长处，积极孕育学校的文化，引领学校特色发展。校长要把学校文化建设作为学校的重要工作，融入日常管理常抓不懈，持续推进，久久为功，把自己的办学理念变成可操作的具体措施，一点一点地渗透进学校的各项制度和规范中，日复一日地渗透进师生的言行举止和价值取向中，并最终转化为师生的自觉行动，形成独特的学校文化，引领学校持久健康发展。

四、小结

培训虽已结束，但学习依旧重要。培训中受到的思想和理论、经验与方法的启发，为我们的教育科学理论、学校管理知识注入源头活水，并已在头脑中形成新的工作思路。坐而言，不如起而行；路虽远，行则将至。今后，我将不断学习、探索、实践，提升自己的理论水平和管理能力，为乡村教育发展作出自己应有的贡献。

（罗德坤，大埔县枫朗镇双溪学校校长）

不忘初心　凝心聚"魂"

钟苑苑

2021年9月27日伊始，我们有幸参加了"梅州市乡村中学校长办学能力提升培训班"。培训期间，我们先后聆听了任勇、闫德明、张蓉、杜德栎、沈辉香等诸多学识渊博、温文尔雅的专家学者们的精彩讲座，包括专题报告12场（其中线上报告2场）、现场教学6次、小组研讨和团建活动3次……既有科学理论的引领，又有实践学习交流。此次高规格高质量的培训极大地拓宽了我们的教育视野，丰富了我们的办学理念，我们收获满满，感触颇多。现在，笔者谈谈参加这次培训的所思所得所感所悟。

一、勤做学习者

学校的建设与发展离不开有思想、有涵养、善创新的校长。我们要为办好教育而思，为学校发展而谋，充分发挥核心主导作用，凝聚教师智慧，引领学校团队。我们要始终坚持良好的学习习惯，注重在工作中加强学习，时刻不忘坚持政治理论学习，充实自己、提升自我，通过强化学习、提升能力，把对党忠诚充分体现在办好人民满意的教育上，落实到服从大局、服务大局、维护大局的具体实践中。我们要深刻领会教育教学和课程改革理论的思想精髓和核心要义，将学到的新思路、新方法融入深化教育教学改革实践工作的全过程、各方面。

二、争做思想者

"学所以益才也，砺所以致刃也。"文化办学是在制度办学的基础上对制度办学的一种超越，其中文化管理更全面、更整体、更系统，更注重精神内核在学校管理中的作用。既然学校要实现文化管理，学校管理者自然成为文化人。首先，校长要成为有思想的人。文化人是思想者，校长必须成为思想者。校长对学校，对教育，要实现思想的领导。其次，校长不仅要成为思想者，而且要使教师成为有思想的人。有思想的教师才会与有思想的校长交流，才会使校长的思想不断丰富，不断化为办学实践。最后，校长要成为做研究的人。校长要把办学作为学问来做，要习惯于在研究状态中工作，在工作状态中研究。

三、善做聚"魂"者

一所好学校，必有其"魂"。一名好校长，则要学会凝心聚"魂"。习近平总书记在党的十九大报告中指出，要在全党开展"不忘初心，牢记使命"主题教育，旗帜鲜明地提出全党要"不忘初心，牢记使命"。什么是教育工作者的初心？我想，既是"为往圣继绝学，为万世开太平"的抱负，也是"衣带渐宽终不悔，为伊消得人憔悴"的坚守，更是对乡村教育事业的敬畏、对乡村教育事业的追求、对乡村教育事业的奉献。时光如梭，我们从一个懵懂青涩的年轻教师成长为一个教育管理工作者，我们的教育生涯因初心不改而璀璨，我们的青春热血因不忘使命而澎湃。无论时光如何流转，我们都要始终提醒自己：初心不能忘，使命不可忘。

对乡村教育事业的敬畏，就是要有一颗恭敬而虔诚的心。心怀敬畏，既是一种人生态度，又是一种生活信念；心怀敬畏，能让我们更清醒地看待自己，更真实地了解自己，更明确地提出奋斗目标，更努力地为学生提供优质的教学服务。人们常说"校长无小节，处处是楷模"，就是说，校长在各方面不仅应成为教师、学生的表率，而且应成为社会上人们效仿的榜样。社会敬畏教师，敬畏校长这一职业，不只是敬畏知识，更是敬畏道德。孔子曰："其身正，不令而行；其身不正，虽令不从。"我们作为校长，应对"校长"这一称谓怀有敬畏之心，用更高的道德标准约束自己，用更好的道德品质教书育人。

对乡村教育事业的追求，一是要不断提升自己，二是要努力做出一番成就。有人认为，师有六品：一品百世师、二品宗师、三品大师、四品名师、五品良师、六品匠师。成为几品之师，取决于我们如何立志，又如何努力提升自己。一方面，韩愈曰："业精于勤，荒于嬉；行成于思，毁于随。"这不只适用于学生，也适用于教师，更适用于校长。教师要有精湛的教学技能，就必须不断学习，充实自我，跟上信息时代知识变更的脚步，做到生命不息、学习不止。另一方面，"无志之人常立志，有志之人立大志"，通过设立人生目标，为我们不断奋斗践行时代使命提供动力。汤一介先生以中华文明的传道者为己任，80岁高龄仍著书立说，在历史的长河中为民族的复兴寻找力量，坚守师者的信仰，是我们每一个师者学习的榜样。

对乡村教育事业的奉献，需要我们摒弃功利心、抛下焦躁心、放下繁华景。做一名乡村校长，要忍得住清贫，要耐得住寂寞，更要不忘初心，坚守理想信念，思祖国所思、想祖国所想。20世纪50年代，从黄浦江到渭水之滨，一群原本任教于上海交通大学的老师，坚决响应党和国家建设大西北的号召，在"向科学进军，建设大西北"的口号中，开启了一个建设西部科技高地和一流大学（西安交通大学）的风云甲子；李保国教授，情系太行，35年如一日，把课堂搬进山沟，把实验室放进果园，把论文写在太行山上，最终倒在了他深爱着的这片土地上，成为扎根太行山上的一棵参天大树；58岁去世的黄大年教授，满怀爱国热情，夜以继日、忘我工作，用一片赤诚之心坚守着"振兴中华乃我辈之责"的理想与信念。他们是一滴水，滋润了土地；他们是一缕阳光，照亮了黑暗；他们是一粒粮食，哺育了有用的生命……他们，永远坚守在工作岗位上，为祖国的科技教育事业洒热血、添砖加瓦。

校长是学校的主心骨，是"办学物质"的"精神领袖"。"一个好校长就是一所好学校""一个好校长必然是一个有情怀的校长"……从做好"一阵子"到坚守"一辈子"，定格的是高雅人生，散发的是芬芳灵魂。回忆来时路，记起当初为什么启程；遥望未来途，人生的方向更加清晰。初心不忘，使命在肩，"路漫漫其修远兮，吾将上下而求索"。我们要做有情有智有责任的校长，做一个大智若愚的智者，怀揣感恩的心对待教师，不要忘记做事的人，也不要忘记人做的事；要知人善用，勇于承担责任，要用智慧招揽有不同想法的人，让他们为学校的发展出力。

　　教育是一棵树摇动另一棵树，一朵云推动另一朵云，一个灵魂唤醒另一个灵魂。教育的本质是文化与精神的传承，这也许需要我们用一生的时光来完成。通过此次培训，笔者更加深刻地领悟到：要真心做好教育，需要永葆初心，需要秉承使命，少一点浮躁，多一分清醒，少一点功利，多一分淡泊。在今后的工作中，笔者将继续怀揣一颗真心（为教育事业奋斗的真心），一份真情（为师生负责的真情），以德育为首位，以教学为中心，更加积极、热情地投入教育事业中，在教育现代化的号角声中，不断实现学校建设和管理的新跨越。

　　（钟苑苑，蕉岭开放大学副校长）

吸收先进理念　提升办学能力

曾国剑

2021 年 9 月 26 日至 10 月 15 日，作为学校校级领导中的新兵，笔者带着对教育的新困惑，参加了"梅州市乡村中学校长办学能力提升培训班"。在嘉应学院教师教育发展中心的精心组织安排下，在中心首席专家杜德栎教授、班主任沈辉香副教授、胡梅老师的辛勤付出下，整个活动安排合理，内容丰富。活动既有科学理论的引领，又有实践学习交流，包括专题报告 12 场、小组研讨和团建活动 3 次。我们先后聆听了任勇、闫德明、张蓉、杜德栎、沈辉香等诸多学识渊博、温文尔雅的专家学者们的精彩讲座，实地到梅州中学、潮州市湘桥区意溪中学等学校考察交流。本次培训极大地拓宽了笔者的教育视野，丰富了笔者的办学理念，使笔者更加明确了当前教育改革发展的态势，领悟了新形势下的现代教育管理模式。

一、吸收先进理念

通过聆听众多教育专家的讲座，笔者更加深刻地理解了校长的责任、性质，同时对学校的行政管理、教学管理有了更深刻的理解和新的认识。通过现场听课学习课堂教学改革和参观部分学校，笔者进一步吸收了课改学校先进的管理经验和改革思路。而后续进行的线上学习课程，如"校长信息化领导力""提升校长课程领导力的操作策略""创新学校管理的信息化手段与策略""校长必须提升的信息技术素养""提升校长依法治校能力的实践途径"等，有全国知名校长专家最前沿的教育管理理念。校长们的办学经验和行之有效的管理操作方法，使笔者获益良多。

在这段时间的学习中，笔者拓宽了思路、开阔了视野，强化了学习与研究意识，也对下一步做好学校教育教学工作有了更多的思路。

二、提升校长领导力

陶行知先生说："校长是一个学校的灵魂，要想评价一个学校，先要评论校长。"好校长应该拥有先进的办学理念、丰富的管理经验、较好的教育成效、良好的社会声誉，要达到这些目标，离不开校长的领导力。

（一）校长要经常学习，提高教育教学领导能力

"问渠那得清如许，为有源头活水来。"校长应不断领悟新的教育思想，加强学术研究，作行内交流，积累办学经验。

1. 精通业务

业务能力是校长的硬功夫，是校长的看家本领，也是校长领导教育教学的本钱。如果校长业务能力强，教师就会认可、尊重他，就会尽职尽责、踏踏实实地做好本职工作。苏霍姆林斯基说："如果你想成为一个好校长，那你首先就得努力成为一个好教师，一个好的教学专家和好的教育者。"校长要做到这一点，必须勤于学习、善于反思，不断加强自己的业务修炼，不断提升自己的业务素养，努力成为教育教学的行家里手。

2. 研究学生

学生是我们的教育教学对象，是教育教学的主体，学生成长是办学的终极目的。因此，研究学生成为校长领导教育教学的一个重要的切入口。校长既是管理者，也是领导者，不仅要实现教育教学的管理，而且要对教育教学从思想上进行导向与引领。而这一导向与引领的基础是学生，立足点是学生，最终归属还是学生。校长必须具有学生观和学生立场，一切从学生出发，一切为了学生，为了一切学生，为了学生的一切。

3. 重构课程

现在人们更多地关注课堂改革，其实课堂改革不在于学生座位的变化、教师讲多讲少的变化、课堂氛围的变化。课堂改革的核心是课程，是课程的融合、课程的拓展、课程的重构。没有课程的融合、拓展、重构，就没有真正的课堂改革。因此，校长要加强对教育教学的领导，必须重视课程的融合、拓展、重构。

4. 走进课堂

学校里最小的事是发生在课堂里的事，最大的事还是发生在课堂里的事。如果校长经常走进课堂，坚持观课、听课、评课、议课、磨课，就既能知道课堂里发生了什么，掌握教育教学动态，赢得教育教学的发言权，有针对性地帮助教师改进教育教学，又能在相互的交流与切磋中提升自己的课堂领导艺术，成为教育教学真正的领导者。

（二）校长应具备有效的决策执行能力

一个优秀的校长既要有作出决策的能力，也要有化决策为有效执行的能力。

1. 校长要做好教师队伍的"领头羊"

校长一定要紧紧抓住教师的思想，培养教师的向心力和凝聚力，把学校的目标转化为教师共同追求的目标，让大家心往一处想、劲往一处使，朝着共同的目标坚定不移地努力。

2. 校长要引导发挥中层干部的执行力

学校发展靠管理，管理的关键在干部。中层干部是学校管理队伍的主体，他们既是校长的参谋助手，又是校长决策的执行者，既是决策实施过程的管理者和示范者，也是教师实施过程的合作者和竞争者，发挥着承上启下、纵横协调的作用。因此，维系学校正常运转和稳步发展，中层干部的执行力是关键。

3. 严抓细管，坚持原则

对具体的工作，校长要做到有布置就有督促，并时刻跟进，对出现的问题毫不避讳，坚决纠正，确保执行靶向不偏、焦点不散、力度不减，念好执行的"紧箍咒"。

4. 反应迅速，高效务实

校长始终要保持高度的敏锐性，及时督促引导学校各职能人员高效地完成各项工作任务，对待限期工作，要确保高标准、严要求、不走样、提时效、不延误，真正用好执行的"快捷键"。

（三）校长应提高自身影响力

一名好校长，就是一个标杆、一面旗帜。敢于担当，是一个校长的重要品质，也是提升影响力的重要方面。

1. 以学校发展为己任

随着社会的发展，办人民满意的教育的要求越来越高，学校发展面临的问题与矛盾越来越突出，校长身上所肩负的责任也越来越沉重——是勇敢面对，还是极力逃避？是助推发展，还是安于现状？是不辱使命，还是得过且过？这考验着校长的智慧与人格魅力。一个有责任感、有担当的校长，就应该勇担重任、知难而进、攻坚克难，以学校的发展为己任，尽心尽力抓好学校的发展。

2. 勇于承担责任

一名好校长，是自己的责任，要承担；不是自己的责任，也会适度主动地承担，或许一次承担，就可消除教师间的猜忌隔阂，就能带动勇于承担的良好风气的形成，就能鼓励教师积极主动大胆地干事，就能奇迹般地提升校长的影响力。

3. 学会与他人分享

校长要常常把这些话挂在嘴上："这次任务完成得好，是大家的功劳！""这次考试能取得好成绩，全凭任课教师的辛勤努力！""这次活动组织得好，多亏了某某老师！"校长在面对荣誉和功劳时，不要独占，要拿出所有的荣誉和功劳，与大家一起分享。在分享中，校长非但不会有什么损失，相反还会鼓励其他人更加勤奋地工作。

4. 言必信，行必果

"有所期诺，纤毫必偿；有所期约，时刻不易。"校长要做到有承诺就一定要兑现，说到做到，绝不可说一套做一套。"上有所为，下必效之。"校长要敢于说"我先来""跟我来"这样的话，落实在行动上，真抓实干，干出实效，体现校长身先士卒、敢作敢为的"精、气、神"。如此，才可以引领教师勇于作为，培育良好的教师风尚。

三、今后工作的几点打算

这次培训对笔者今后的工作产生了积极而深远的影响。笔者将致力于立德强校、管理强校、队伍强校、教研强校。

(一) 坚持立德树人，落实"五育"并举

人无德不立，国无德不兴，我校要把立德树人作为学校教育的根本任务，培养"四有"好教师，培育德智体美劳全面发展的社会主义建设者和接班人。抓好青少年价值观教育，把德育和价值观教育放在学校教育的首要位置。加强校风和师德建设，加强思政课建设，坚持既教书又育人，循循善诱，春风化雨，努力做到每一次教育教学活动既能传播知识又能陶冶情操、提升品质，让每一位师生身心健康、遵纪守法、诚实守信、积极向上。

(二) 重视校园安全，建设文明校园

我校要进一步做好校园安全工作，牢固树立"安全第一"的思想，推动学校安全教育与管理工作制度化、常态化、规范化、科学化，通过大检查、专项整治、日常检查等举措，不断增强安全教育与管理的实效性；始终牢记"为党育人、为国育才"的初心使命，注重从领导班子建设、思想道德教育、活动阵地、教师队伍、校园文化、校园环境等方面，让文明校园建设更上一层楼。

(三) 建立长效机制，加强队伍建设

立足当前，着眼长远，我校要扎实推动教师专业成长，大力加强三支队伍建设，即领导班子队伍、班主任队伍、教师队伍的建设。

第一，重点培养领导班子成员、中层干部、教研组长的敬业精神和业务能力，让大家能够在学校管理、教研教改、文化育人等促进学校发展的各项工作中起到组织引领、带头示范的作用。

第二，班主任是学校管理的重要力量，培养班主任爱岗敬业、立德树

人、专业成长的品质不可小觑。一方面，学校在思想上要重视引导，大力提倡"优秀教师就要当班主任"，努力营造当班主任光荣的工作氛围；另一方面，学校还要注重对班主任的专业引导，使其能够巧妙设计和领导班级工作，能组织和实施各类班级活动，当好班级工作的协调者、指挥者、掌舵者。

第三，学校要开展形式多样的教研活动，促进教师专业化成长，着力培养教师的道德情操和专业素养，积极开展"师带徒"活动，培养合格教师，再通过"学习加实干"培养优秀教师和骨干教师，努力打造一支素质过硬的教师队伍，以促进学校更快更好发展。

（曾国剑，蕉岭县蕉岭中学副校长）

做与时俱进有情怀的校长

钟蔚玲

9月27日，秋高气爽的季节，2021年广东省粤东粤西粤北地区中小学教师全员轮训项目——"梅州市乡村中学校长办学能力提升培训班"在嘉应学院拉开了序幕。从"校长成长与学校发展的新走向"等一系列讲座，到实地调研成功的特色教育发展学校——意溪中学等，12天的学习让大家明白校长是集领导者、管理者、教育者于一体的专业人士，要熟知学校管理之道、熟知教育规律之理、熟知教师生活之态、熟知学生发展之需，以精益求精的态度对待自己的工作，认真负责，高效地做好本职工作，从粗放走向集约化、精细化。为此，做与时俱进有情怀的校长，深入一线，深层学习和深度研究就变得尤为重要了。

情怀是什么？它是三闾大夫屈原面对昏庸的楚怀王时的直言不讳，是他在汨罗江畔怀抱巨石吟咏《离骚》的悲壮；是鸠摩罗什为传播佛法，历经十六年艰辛跋涉至东土，主持译场的坚韧；是派卓西安尼以侏儒之躯挑战命运，在钢琴前奏响生命华章的勇气，是依然坚守内心信念的执着。"宁溘死以流亡兮"是屈原对情怀的诠释。情怀，是超脱于日常工作的一片净土，是在历经世事纷扰后仍愿用生命去创造美好的执着；是在不被理解的世界中坚守内心纯洁与美好，坚定不移、向死而生的力量。

那新时代下的校长情怀是什么？好的校长是教师教育生涯中的一盏明灯，照亮着教育工作者探索更加符合人才成长规律和个性化需求的教育教学模式的改革前行之路。新时代下的教育应该是更加重视科学精神、创新能力、批判性思维的培养教育。校长是师者、教育者、管理者、领导者。为此，校长的情怀是凝形聚心，有为国育才、尽心尽职、励志敦品之魂，爱教育、爱学校、爱老师、爱学生，把教育情怀融在骨子里，一辈子不磨灭。不管教育的路上有多少障碍，都不忘教育的初心。"有温度的教育"不只是知识的传递，更是以人格魅力的影响和高尚的教育情怀作为底色。

"他山之石，可以攻玉。"温荣华老师是梅州市梅县区教师发展中心主任，也是嘉应名师。他在授课中认为中小学校长的基本使命有三点："一是让学校的学生在取得高分的同时健康地成长，而不是以破坏他的健康成长为代价。不要让任何一个学生成为毫无个性、没有任何兴趣的人。二是让学生喜欢学习和思考，养成终身学习的习惯，帮助学生在无数的生活道路中找到一条能鲜明地发挥个人的创造性和个性的生活道路，而不是过早地让学生讨厌读书、拒绝思考。三是让每个学生、教师与学校共同享有人生出彩的机会。"温老师的三个观点是妙言要道，笔者深表赞同，要做有情怀的校长就必须具备以上三点。校长思想学识的深度决定校长办学行为的高度和长度。校长要立德树人、懂教育、懂老师、懂学生。注重实践，实践得真知，时代呼唤成为新型教育专家的校长，这就要求校长有德、有情怀、有能力。只有具备情怀，才能把教育理念真正落到实处。为此，如何实施"双减"，如何做与时俱进有情怀的校长，显得尤为重要。通过这次学习，笔者认为应该做到以下几点：

一、读懂政策，与时俱进，做懂科技教育发展的校长

作为一校之长，必须秉持严谨治学的态度，深入钻研并透彻理解国家颁布的各项教育法规及各类教育条例。这不只是对法律条文的简单阅读，更是要将其精髓内化于心、外化于行。在实际工作中，校长应紧跟时代发展的潮流，敏锐捕捉教育领域的每一次变革与革新。

随着教育信息化浪潮的汹涌澎湃，其主题也在不断演进与深化。从最初致力于加快教育信息化进程，再到聚焦提升教育管理信息化水平，以更好地服务于高素质人才的培养和深化教育改革的效能。这些变化无疑对新时代学校的发展提出了新的挑战与要求。

为了应对这些挑战，校长应通过多种渠道和方式组织教师进行学习。例如，可以邀请教育信息化领域的专家来校举办讲座，分享最新的教育理念和技术应用；也可以组织教师参加线上或线下的培训课程，系统学习现

代信息技术在学校管理工作中的赋能作用与方法。通过这些学习，教师们能够深刻认识到信息技术对于提升教学效率、优化管理流程、促进师生互动等方面的重要作用。

二、面向世界，展望未来，以核心素养为导向，做懂教育的校长

在当今教育领域，核心素养导向的改革浪潮正以前所未有的力度重塑着教育的面貌，其核心在于对学校教学时空进行战略性重构，以此为契机，深刻激发教育机构对自身存在价值及育人范式的深刻反思。这一变革要求学校对教育要素进行创新性重组，优化教学秩序，更促使教育者从多维度、深层次上重新审视学科的本质精髓，探索跨学科融合的必要性，以及为学生提供多元化发展路径的重要性。

以意溪中学为例，该校积极响应核心素养改革的号召，通过整合课程资源，打破了传统学科界限，推出了"跨学科探索周"活动。在这一周内，学生们不再局限于单一学科的学习，而是参与如"环保科技与创新""历史文化与现代生活"等跨学科项目，通过实地考察、专家讲座、团队协作等形式，实现了直接知识与间接知识的无缝对接、知识与现实生活的紧密关联。这样的实践加深了学生对学科知识的理解，更激发了他们的创新思维，彰显了学习的实践性与创新性。

在教学实施过程中，该校强调"以学生为中心"的教学理念，通过大数据分析技术精准把握每位学生的学习状态与需求，实现了教学方式的个性化优化。教师团队积极探索项目化学习、探究式学习、合作式学习等先进教学模式，鼓励学生自主选题、组建团队、制订计划，并在实施过程中不断迭代优化方案。这种教学模式既激发了学生的内在学习兴趣与已有经验，也促进了学生的主动学习，使他们在解决问题的过程中实现深度学习，体验到了与以往截然不同的学校生活。

三、崇尚正义，注重民本，做懂得人生向导的校长

苏霍姆林斯基发表过一句掷地有声的经典言论："校长领导学校，首先是教育思想上的领导，其次才是行政上的领导。"这无疑凸显了"教育思想领导"的核心价值。

校长，作为学校的灵魂人物，是重大决策的掌舵者，更是管理制度的设计师。正如那句老话所言："良制如春风化雨，能育善人；恶制则如寒风凛冽，易催人变。"一个明智的校长，其制定的规章制度能够激励教师向上向善，而糟糕的制度则可能消磨教师的热情与良知。例如，推行了以教师专业成长为核心的评价体系，激发了教师的内在动力，还促进了整个教师队伍的素质提升，这正是良好制度力量的体现。一位具有前瞻视野的校长，会如同一位智慧的园丁，精心培育每一棵教育之树，使其茁壮成长。以身作则、共启愿景、挑战现状、使众人行、激励人心——校长们的实践指南。

校长的影响力深远而广泛，渗透于每位教师的职业生涯规划之中，塑造着他们的教育教学理念、价值观乃至幸福感。校长们应秉持仁爱之心，注重优秀传统文化的传承与发展，将讲仁爱、重民本、崇正义的理念融入日常教育。他们是知识的传播者，更是师生精神的引路人。如通过举办传统文化节、开设国学课程等方式，让师生在耳濡目染中感受传统文化的魅力，从而体现了学校的文化底蕴和管理实效。只有不断挖掘并发挥自身的领导才能，才能在校园管理中赢得更多的认同与信赖，进而引领学校朝着现代化的方向稳步前行。

四、不畏浮云遮望眼，潜心育人，做懂得率先垂范的校长

"纸上得来终觉浅，绝知此事要躬行。"在教育的征途中，我们要身体力行、言行一致、知行合一、砥砺德行，将学习与思考紧密结合，始终以人为本，怀揣着对三尺讲台的无限热爱，专心致志地扮演传道授业解惑的角色。我们应该对教育领域有孜孜不倦的研究精神，专注于教学理论的深入思考与探索，从"教学设计与实践"的角度出发，精心规划学科发展或教师专业成长的阶段性目标，以及相应的活动安排。在此过程中，要注重精神引领，为各层次的教师提供有针对性的指导与支持，助力他们在不同程度上实现个人成长与发展，从而更加坚定他们投身教育事业的信念与决心。

当代社会是一个多元化的社会。做潜心育人、精心研究教学的教育者，认真贯彻落实党和国家的教育方针政策是校长的职责所在，更是我们的义务。我们的教育是"善"的教育，需要投入满满的情。那是对教师的关怀，更是对学生身心健康负责的态度。做人民满意的教育，为国育才，"有爱、有信念、有理念、有干劲"，正是这样的情怀使得每一位教育者向着诗和远方出发，从而走得更远。正是这样的教育情怀能够让我们的世界看起来这么美好。

每一次学习都是很好的借鉴，每一次交流都是一场知识盛宴，每一次研讨都是教育的延伸。12 天的实地培训已结束，大家意犹未尽又满怀期待，期待着下次学习领略到更多的真知灼见。

（钟蔚玲，梅江区乐育中学副校长）

点燃智慧火花　赋能乡村教育

凌　强

苏联教育家苏霍姆林斯基说："一个好校长就是一所好学校。"现代教育家陶行知说："校长是一个学校的灵魂，要想评论一个学校，先要评论它的校长。"当代教育家顾明远说："校长是学校的灵魂和旗手。"因此，从某种意义上来说，校长是学校的旗帜，对于整个教育事业发展都起着不可替代的作用。为办好一所学校，作为学校第一责任人的校长要调动校内外一切积极因素，使学校在激烈的竞争中生存发展。

乡村振兴，首先应该是乡村教育的振兴发展，其关键在校长。校长是一所学校管理工作的核心。校长的水平和能力在一定程度上决定了一所学校的教育质量和发展潜力。要在广大乡村教育中实现"公平而有质量的教育"，需要培养一大批熟悉乡村教育、热爱乡村教育、擅长乡村学校管理工作的"好校长"，扎根乡村办教育。

10 月 14 日下午，2021 年广东省粤东粤西粤北地区中小学教师全员轮训项目——"梅州市乡村中学校长办学能力提升培训班"在潮州市湘桥区城西中学举行结业仪式。至此，为期 12 天的"梅州市乡村中学校长办学能力提升培训班"线下集中培训已经结束。本次培训共邀请当代教育名家任勇、南京师范大学张蓉教授等知名专家作了 12 场专题报告；先后在潮州市湘桥区意溪中学等学校开展了 6 次现场教学；组织了"百年同窗，相聚珍贵"等 3 次研讨活动。这是一次基于乡村中学校长管理工作与专业发展的需求，以问题为导向的任务驱动式培训，切实提升了参训校长的教育治理能力、教育理论素养、课程整合能力、教学领导力、依法治校能力等，有效提升了校长们的专业管理水平，现将此次培训学习的主要收获总结如下：

一、聚焦党史学习教育，坚定理想信念初心

学史明理、学史增信、学史崇德、学史力行。党史学习教育活动，如黄小谨副教授的党史学习教育专题讲座"红军简史和长征精神"，大埔县中共南方工作委员会旧址及三河坝战役纪念馆党史学习教育专题现场教学，让学员们从革命先烈的英雄事迹中汲取精神动力，更加坚定了为实现中华民族伟大复兴的中国梦而努力奋斗的理想信念，为共建美丽健康、和谐上进的梅州教育事业注入了强大的精神动力。

二、聚焦岗位需求，提升专业技能

钟建林主编的讲座"校长的教育科研使命与作为"鼓励新时代的校长要勇于挑起教育科研的使命担当。

刘义民副教授的讲座"学习两个'标准'，提升校长课程领导力"让校长们加深了对义务教育校长的专业标准和管理标准的理解，为办学能力的提升打下了坚实的理论基础，为校长们如何规划学校发展、营造育人文化、领导课程教学以及引领教师成长提供了有效的指导。

沈辉香副教授的讲座"新时代学校德育工作：正义与关怀"让我们拓宽了德育工作的视野，对正义与关怀有了进一步的理解。

三、聚焦课程教学改革，培养学生核心素养

杜德栎教授的"基于核心素养的学校课程教学改革"专题讲座，提到了田家炳先生的家国情怀；谈到了荀子的"水火有气而无生，草木有生而无知，禽兽有知而无义，人有气、有生、有知，亦且有义，故最为天下贵"；讲到了爱因斯坦关于什么是核心素养的名言，解读了核心素养的基本内涵，即必备品格和核心能力；详细介绍了高中各学科核心素养，指出了学科思政的落地以及跨学科、多路径教学的重要性，提出要让学生过上与以往不同的学校生活。

四、聚焦减负政策，着力提质增效

10月10日上午，葛新斌教授的讲座"我国减负政策的背景及其执行

探讨"系统梳理了我国基础教育的政策法规、发展历程，提出减负提质增效工作任重而道远。葛教授对我国的基础教育改革有忧患意识，体现了他们那一代知识分子对中国教育的期盼和担当。

10月11日，学艺中学杨幼平校长作了题为"内涵式发展，创建品牌学校"的讲座，其中关于"双减"和"五项管理"政策的解读让人印象深刻。杨校长从"为党育人，为国育才"的高度讲到必须严格落实"双减"和"五项管理"，那份"功成不必在我，功成必定有我"的担当与魄力令人感动。

杨校长的讲话不禁让人想起张桂梅校长。她说："革命战争年代共产党员拿性命去占领山头，今天的共产党员也不能眼睁睁看着一些学生早早辍学，不能让他们重复父辈那种贫穷无望的生活。"她是这么说的，也是这么做的。在今天这样的时代，我们早已不需要以性命相搏，那我们还有什么理由不去克服前进路上的困难和障碍，不去把学校办得更好，不去培养好我们的下一代。

五、借鉴西方教育，他山之石为我所用

南京师范大学张蓉教授的讲座"美国学校管理的理念与策略"，为我们厘清了美国教育一味宽松的认识误区，介绍了美国教育以人为本的校本管理模式、美国学校校规班规的务实规范和可执行性、美国校园文化包含的温度和温情、美国学校注重家校合作的深度融合、美国学校的奖励系统，等等，给了我们很多有益的启发。

六、聚焦实践指导，提倡互学借鉴

10月10日下午，培训班特地安排了梅州4所特色学校分享他们的办学特色。梅县区三乡中学的胡伟兴校长作了"立足现实　着力发展"的发言，重点介绍了他们的经典阅读主题活动。大埔县三河镇梓里学校范伟增校长作了"四方协同促进农村中小学高质量发展"的发言，让"不可能变成可能"是他们的德育宣言。大埔县大麻镇英雅家炳学校郭泰山副校长作了"精致办学　儒雅育人"的发言，他们雅德、雅智、雅体、雅美、雅劳的融合育人模式特色鲜明。蕉岭县田家炳实验中学钟利英副校长作了"'四化'育'四德' 传统绘新色"的发言，该校的法治长廊、艺术长廊、名人文化长廊、红色文化长廊引起了学员们的浓厚兴趣。

10月12日下午举行了"第二期新时期乡村办学的问题及对策研讨会"。蕉岭县蕉岭中学曾国剑副校长、大埔县家炳第二中学黄树增校长、大埔县洲瑞镇实验学校蔡演杭校长，分别与大家分享了他们创办高质量乡村中学的探索与实践。蕉岭县蕉岭中学曾国剑副校长作了题为"接续蕉中精神 助推学校崛起"的报告。曾副校长提到蕉岭中学近年办学质量大幅提升，和他们大力倡导的"傻瓜精神""亮剑精神"密不可分。大埔县家炳第二中学黄树增校长作了题为"坚定理想信念 潜心教书育人"的报告。该校"先教研、后德育、坚守课堂教学主阵地"的模式得到了大家的一致认可。大埔县洲瑞镇实验学校蔡演杭校长作了题为"创建人文幸福校园 培育全面发展人才"的报告。该校借助当地瑞山矿泉这一具有乡土特色的项目开展社会实践研学活动的做法很受学生欢迎，收到了良好的效果。三位校长的介绍，点燃了大家深入探索乡村高质量办学的澎湃激情。他们的经验分享，与大家碰撞出了高水平管理乡村学校的智慧火花，为振兴梅州乡村教育谱写新篇章摄足了"魂"，凝聚了"神"，众多学校正策马扬鞭、蓄势待发。

还有丰顺县汤坑中学谢锐校长的信心德育，潮州市湘桥区意溪中学传统文化与现代科学技术齐头并进的"变道超车"模式，为学员们提供了很多有益的启发和借鉴。当然，没有最好的教育，只有最合适的教育。我们期待着梅州乡村教育百家争鸣、百花齐放、欣欣向荣。

七、聚焦研讨交流，实现思想碰撞

每场讲座结束后的诊断式教学就像头脑风暴，小组成员在班主任老师的带领下畅所欲言、互相启发、共同思考，深入剖析问题产生的原因，提出行之有效的解决策略，彼此获益匪浅。

可以这么说：教育从来没有像今天这样受人关注，教育也从来没有像今天这样充满生机与活力。是的，人民群众对美好理想教育的向往就是我们努力的方向。

回到工作岗位后，我们要将所学带回去慢慢消化，细细品读和回味，内化于心、外化于行。我们诚挚而来，满载而归。我们在行动中思考，我们在思考中前行。我们相遇、悟道、碰撞、蝶变。我们一直在路上！

（凌强，梅江区北实双语学校常务副校长）

点亮乡村教育希望之灯，助力乡村教育发展

曾中文

春种一粒粟，秋收万颗子。心怀教育梦想，不忘教育初心。2021 年 9 月 26 日开始，"梅州市乡村中学校长办学能力提升培训班"的学员们相聚在一起学习、交流。

古人云："独学而无友，则孤陋而寡闻。"一个人只有不断交流，相互学习，方能集思广益，得到提升。关于此次培训，笔者要讲三个关键词：感恩、感受、感悟。

一、第一个词是"感恩"

我们心怀感恩，我们要感谢嘉应学院教师教育发展中心的教师们给我们搭建起学习的平台，给了我们宝贵的学习机会，这是对我们的重视与厚爱！笔者提议，让我们用最热烈的掌声表达最诚挚的谢意！

二、第二个词是"感受"

下面笔者与大家分享以下三点：

（一）随风潜入夜，润物细无声

这次的培训，嘉应学院教师教育发展中心的老师们作了非常细致的安排。在培训过程中，杜德栎教授、沈辉香副教授、胡梅主任等老师对我们全程关注、悉心指导、叮咛嘱咐。特别是在最后几天，我们遇到了台风，深圳停课，行程受阻，项目组马上进行了调整，让我们这些"追风"校长得以继续培训，真是"台风化雨沁心田"，虽然是台风天，但是我们心里暖暖的，谢谢你们！

（二）欲把西湖比西子，淡妆浓抹总相宜

我们现场教学的学校分别是潮州市湘桥区意溪中学、城西中学和梅州中学、学艺中学、丰顺县汤坑中学，学习行程丰富、精彩。

意溪中学创办于 1956 年，系湘桥区唯一完全中学，是潮州市一级学校。意溪中学以"精心打造优质特色学校"为办学目标，以"诚朴、自强、勤谨、笃行"为校训，秉承"以人为本，务实进取，一切为了师生的充分发展"的办学新理念和"依法治校，质量立校，特色强校，和谐建校，改革兴校"的办学新思路，励精图治、开拓创新，学校办学条件得到不断改善，师资结构不断优化。同时，学校强化校风建设，深入开展教育科研，教育教学成效明显，初步形成了"求实尚真，超越自我"的校风、"勤钻精研，诲人不倦"的教风、"笃学上进，学而不厌"的学风。艺体教育是该学校的一大特色。他们充分发挥传统项目优势，深挖当地浓厚的武术散打、舞龙舞狮和大锣鼓文化，把它们打造成传统艺术特色教育品牌，把传统文化和科技创新高度融合在一起，形成极富个性、创造性的办学风格。意溪中学还给有学科特长的学生创设发展平台，不断推进科技创新教育品牌影响力，实现学校跨越式发展。学校设立科技创新中心，配备强大的科技教师队伍，包括高级教师、专业教练、清华大学博士生。学校与北京理工大学珠海学院合作设立航空飞行员实验班，融入与韩山师范学院共建的"人工智能创新班"特色教学，调配学校最优质的师资力量，培养学生的学科专长素养，为学生量身打造多样化、个性化的升学途径，助他们圆名校梦。

城西中学创办于 1981 年。学校环境优雅，文化氛围浓郁，绿树成荫，花木掩映，是潮州市"十佳文明校园"。城西中学坚持以教育"三个面向"为办学宗旨，确立"以人为本，面向全体学生，充分利用学校教学资源，使不同学生在不同方面都得到发展，全校实施素质教育"的办学理念，以"严整、友善、勤奋、上进"的校训作为学生的行为准则，致力于学生综合素质全面的和谐发展。学校不断完善管理机制，创新德育思路，严抓教风学风，校风学风良好，教学质量不断提高，中考成绩和各科质量测试成

绩已跃居湘桥区前列。学校重视科研促教，开展多项课题研究，教学科研取得了丰硕成果，师生在各类赛事中频频获奖、屡获殊荣。城西中学已成为潮州市区一所办学条件优越、校园环境优美、师资力量雄厚、教学质量优的独具办学特色的初级中学。

我们不难发现，"传承、创新"是关键词。两所学校都开设了丰富的校本课程，还善于打造角落文化，行走在校园里，目之所及皆文化：每一面墙壁、每一处转角、每一块天花板、每一个天台……都见证着学校的育人理念。通过实地参观、交流和学习，我们不仅拓宽了视野，拓宽了思路，而且提升了格局。

（三）碧空飞翔领头雁，人字队形飞行远

每一所名校的成就总离不开领头雁的带领。在我们的观摩学习中，意溪中学的李训淡校长、城西中学的林国平校长、梅州中学的钟声辉校长、汤坑中学的谢锐校长、学艺中学的杨幼平副校长就是名副其实的领头雁。

我们还有幸聆听了专家和名校长的精彩讲座，如杜德栎教授的"基于核心素养的课程与教学改革"、沈辉香副教授的"新时代学校德育工作：正义与关怀"、钟声辉校长的"依法治校与学校安全管理"等。专家和名校长们还善于带领团队，在学校发展方面也有很多独到的做法，此次培训真正做到了专家引领、名校长带路，共同寻找发展之道。

专家和名校长们有思想、有情怀。他们高瞻远瞩，思考深邃，语言风趣又不乏睿智、不缺内涵。他们从不吝啬自己的思想和见解，乐于与我们分享经验和思考，带给乡村学校很多的启示，令我们收获满满。

三、第三个词是"感悟"

"千淘万漉虽辛苦，吹尽狂沙始到金"——感悟深刻，奋斗不止，吾辈当努力。

"心中有梦想，脚下有力量。"培训虽然有点奔波，但是很充实！一路走来，我们看着、聆听着、思考着；我们在交流中解惑，在探索中感悟，在研修中提高，在反思中成长。

"长风破浪会有时，直挂云帆济沧海。"这次培训点亮了我们乡村教育

希望之灯，助力了乡村教育发展。此次培训已经圆满结束，今天交流总结，更是一个新的开始，在我们前方将是一个更大的挑战。在今后的实践中，我们必将带着责任和使命上路，做那可以燎原的星星之火，争做一名创新进取、勇于实践的教育实干家！真诚希望各位领导专家能继续关注我们、鞭策我们，同时希望大家能多联系、多分享、多交流，坚持不忘初心、砥砺前行！

赓续百年初心，担当育人使命。最后，以杨斌教授率清华大学考察组来梅州考察时所说的话结束笔者此次发言：教育工作者要寻找初心、培植精神、坚定内心，绵绵发力、久久为功，为培养德智体美劳全面发展的社会主义建设者和接班人而不懈努力！谢谢大家！

（曾中文，现任梅江区乐育中学校长）

做新时代有情怀有思想的乡村中学校长

胡伟兴

2021年9月26日至10月15日，笔者有幸参加了嘉应学院教师教育发展中心举办的2021年广东省粤东粤西粤北地区中小学教师全员轮训项目——"梅州市乡村中学校长办学能力提升培训班"的培训学习。为期12天的学习时间里，在首席专家杜德栎教授以及3位班主任的带领下，围绕"教学理念更新、专业课程拓展、综合素养提高、观摩实践内化"四个模块，我们聆听了任勇、黄小谨、闫德明等12位专家的精彩讲座，参观考察了梅州中学、汤坑中学、学艺中学和潮州市湘桥区意溪中学、城西中学等学校。12天的学习和参观，显得紧张而又短暂，但每一天过得都很充实、快乐。在激动、充实之余，笔者更多的是深深地思考：要不断加强自身修养，努力做新时代有情怀、有思想、有实践、有贡献的乡村校长。下面谈谈笔者的收获与感悟：

一、文化引领学校

这次培训，通过聆听专家精彩的报告、学校校长的经验交流及实地参观，笔者发现学校之间或多或少存在一定的差异，但真正的差异并不只在校园校舍、设施设备等物质上，更关键的是在学校的文化内涵上。校园文化作为一种环境教育力量，对学生健康成长的作用是不可低估的。作为一种精神上的提升力、凝聚力、导向力，学校文化具有方向引导性作用、规范约束性作用、维系凝聚力作用、激励感召作用。

健康的学校文化氛围一旦形成，将构成一股巨大的推动力，影响师生的价值选择、人格塑造、思维方式、精神风貌。它能充分调动人们的积极性，促使学校成熟和发展，还能助力学校教育质量的提升。好的学校文化氛围，会令人置身其中身心舒畅，充满活力。校长必须把工作思路转化为学校各类教育活动的实践行为，积极开展丰富多彩的学校文化活动，努力营造具有鲜明时代精神和健康向上的校园文化，建构一个和谐校园，使学校成为师生员工生活的家园、精神的乐园、成才的摇篮。这应该成为我们每一位校长的执着追求。

二、全面育人

实施新课程，目的是要从应试教育转到素质教育的轨道上来。我们先后参观学习的梅州中学、汤坑中学、学艺中学和潮州市湘桥区意溪中学、城西中学等学校，都特别重视德育教育，根据学校的办学目标，设置了完整的课程对学生进行系列教育，达到对学生进行德智体美劳等方面的全面教育。回到学校后，笔者要重新思考学校的办学理念，调整课程设置，改变以前"散打"的培育模式，探索出符合学校自身实际的课程体系，切实做到全面育人。

三、加强学习与思考，提高自身管理水平

现代校长的角色不仅仅是行政管理者，更是教师专业的引领者、学校文化的塑造者、教育的思想者。参访学校的 4 位校长给我们留下了深刻的印象。他们用自己对教育的理解办教育，引领着老师做教育。成为教师的引领者，就必须加强自身的学习，多读书、多思考，把读书思考作为工作状态，尽量排除一切干扰静下心来研究教育。只有学习、思考并去研究教育问题，方可提高自身管理能力与思想认识水平。

四、以人文化管理营造和谐的教育环境

人文化管理一直是笔者奉行的管理原则，管理中体现尊重、信任，尽量以服务精神为每一位教师搭建学习与发展的平台，但还需要在以下几方面努力：一是发挥评价的引领作用，评价中体现人文性，下一步要在团队评价上进一步改革完善。二是引导教师体验成功、体验快乐。这应该是比较难的一点。目前教师普遍存在心理压力较重的现象，缓解教师压力、提

高教师的幸福指数必须引起每一位校长的高度重视。另外，校长要在平时的常规检查及听课中及时帮助教师寻找其成功的经验做法，帮助其总结，并予以推广。三是善于鼓励教师，鼓励方式可以是语言的、书面的、肢体的，要善于发现每一位教师的优点，关注每一位教师，认真对待每一位教师的意见与建议。

教育的本质就是文化与精神的传承，需要用一生的品格去熏陶，用一生的时光来完成，还我们的教育以本真的美好。总之，校长办学能力提升培训班时间虽短但收获颇大，用心品味用之不竭，学以致用思考更深。在今后的工作中，笔者将依托这次培训中学到的理论知识和管理经验，做一位行者，躬身实践；做一位学者，厚积薄发；做一位智者，敢于并善于迎接教育实践的挑战，科学而智慧地解决管理中的热点和难点问题，获得学校和自身的共同发展，演绎绚烂的教育人生。

（胡伟兴，现任梅县区三乡中学校长）

每一段路都有领悟

黄文华

北往南飞鸿鹄志,春去秋来学大成。笔者有幸参加 2021 年广东省粤东粤西粤北地区中小学教师全员轮训项目——"梅州市乡村中学校长办学能力提升培训班",自觉学有所得。第一阶段是为期 12 天紧张而高效的脱产学习,第二阶段是为期一个月的线上培训学习。对于这迟来的培训学习,笔者毫不懈怠,孜孜以求,细心聆听教育专家的理论讲座,积极参与多形式的研讨活动,自觉主动反思每日学习之得失,的确收获了很多新知识,更新了许多新理念。真是学海无涯,每一段路都有胜景,都有领悟。笔者现摘要汇报。

一、端做学生

"读万卷书,行万里路。"路上的好风景都源于自我感悟。转换角色参加脱产培训学习,自我感觉是一种高级修行。我很享受也很珍惜,时刻以学生身份严格要求自己,坚守初心力求"苟日新,日日新,又日新"。于是上课心无旁骛,笔记满满。课余研读讲义,对照革新,得益颇丰。我乐于坚持日记学习心得与感悟,以还原课堂之精彩,亦画亦诗,杜德栎教授多有鼓励夸赞。

9 月 27 日上午,培训班举行开班仪式。随后教育名家任勇作题为"校长成长和学校发展的新走向"的专题报告。笔者的领悟如下:培训策划好用心,开班仪式定要求;每天顿悟来推送,各组学员动笔头;团队合作鼓干劲,集思广益争上游;任老讲座新方向,提升发展路径优。

9 月 28 日上午,闫德明教授作题为"学校品牌的创建思路及其关键点"的专题讲座;下午,沈辉香副教授作题为"新世代学校德育工作:正义与关怀"的专题讲座，杜德栎教授主持"百年同窗　相聚珍贵"主题班会。笔者的领悟如下：轻负高质愿景好，寻觅真经亮湖跑；三区①培训及时雨，名师大咖支妙招；指点迷津虎添翼，重振教育看今朝；百年同窗齐努力，不负时代正风骚。

9月29日，前往百年老校梅州中学、汤坑中学研讨学习。梅州中学钟校长作治校理念主题演讲。汤坑中学谢校长介绍治校良方并引领参观创新成果。笔者的领悟如下：研讨活动转现场，品牌学校不寻常；老檀逢春吐新绿，蓝图绘就有担当；厚重梅中不世俗，汤中后起谢弘扬；思想理念站位高，创新育人好榜样。

10月8日上午，杜德栎教授作题为"基于核心素养的学校课程教学改革"的专题报告；下午，张蓉教授作题为"美国学校管理的理念与策略"的专题讲座。笔者的领悟如下：学员培训难散场，杜老报告神飞扬；德艺双馨传佳话，栎心素养音绕梁；纵横比较谈治校，旁征博引荐良方；专家支招从大义，课程改革赠锦囊。

10月10日，研讨学习。蕉岭实验中学、梅县三乡中学、大埔县三河镇梓里学校和英雅家炳学校，各自交流办学特色，有图有真相，学员们深受启发。笔者的领悟如下：特色推介巧用心，图文并茂意相通；三乡分部有条块，梓里四方求协同；家炳三中儒雅颂，蕉实四德冠粤东；教育创新出真招，品牌学校树榜样。

10月11日，前往大埔县中共南方工作委员会旧址及三河坝战役纪念馆开展党史学习教育活动，厚植为党育人、为国育才的教育理念。笔者的领悟如下：培训学习往大埔，党史专题更切肤；坚守信念鏖三河，挥师井冈谋出路；轻负高质弹钢琴，核心素养调音符；吹奏时代高声调，撸起袖子尽情舞。

10月13日，因台风"圆规"突袭深圳（鹏城），原鹏城学习行程取消，实践观摩临时改往潮州市湘桥区意溪中学和城西中学进行，两个学校的办学特色令笔者有意外收获。笔者的领悟如下：鹏城学艺喜人心，圆规

① 三区：粤东、粤西、粤北地区。

突袭行程休；杜老深谋藏预案，义取凤城意溪修；文公教化厚传承，武术兴校有成就；湘桥取经专新特，多元教育夏春秋。

10 月 14 日下午，培训班学员线下脱产学习结业，彼此心有不舍。无碍呀！培训进入下半场线上研修。笔者的领悟如下：开班犹在又结业，歌酣未了和曲终；恩师情怀丝连藕，学艺时短结同窗；专题报告学本领，现场研讨做填充；核心素养行大道，整理行囊线上冲。

二、着装得体

10 月 16 日夜，笔者观看了天津职业技术师范大学鲁艳老师题为"魅力形象完美打造——优秀校长成功治校'外功'"的学习视频。鲁老师字字珠玑，建议从四方面着手打造校长的人格魅力：拥有形象魅力、打造语言魅力、秉持敬人律己、建立和谐人际。我很赞同鲁老师关于形象魅力的观点。我们都知道：形象永远走在能力前面。"亲其师，信其道。"校长首先注意外在的形象，第一印象让师生有好感。没人会透过你邋遢的外表去欣赏你内在的优秀。记得中国有句古话："先敬罗衣后敬人。"其实，学会展示自己也是一种软实力，而卫生、整洁、得体的着装无疑是最直观的体现。记住，校长在师生面前要特别注意自身的着装得体。

三、领导力

10 月 20 日晚，鲁艳老师题为"卓越领导力提升"的专题讲座引人入胜，从多角度强调，要办好一所学校首先要有一个好校长。"火车跑得快，全靠车头带。"校长要是有卓越领导力，就会让他人自愿追随你，并齐心协力地追求一个共同的愿景。那么校长就要注重提升三大核心能力：决断力、影响力、学习力。特别强调，卓越领导需要培养五种行为习惯：以身作则、共启愿景、挑战现状、使众人行、激励人心。亚里士多德有过一段精彩论述：播种一种行为，收获一种习惯；播种一种习惯，收获一种品格；播种一种品格，收获一种命运。每个人的一生都是由无数的行为所构成的，行为优秀不是优秀，习惯优秀才是真正的优秀。这些经典话语深深地烙在我心中，并将培植我的工作信念。

校长要谨记：用对的人，做正确的事，正确地做事，努力把事做正确；切记教育初心，成为一个让他人真正愿意追随的人，以共同实现学校目标。

四、及时雨

10月23日晚，笔者观看了北京教育学院副教授谢志东题为"提升校长依法治校能力的实践途径"的专题视频。该视频从学校依法治校必须注重程序、学会运用教育纠纷解决机制、应对突发事件、保护学生合法权益等方面，为校长在管理实践中提升依法治校能力提供了具体指导。特别是保护学生合法权益方面，笔者深受启发。谢志东老师提到收缴的学生物品应妥善保管，千万不能弄丢、损毁，若达到了教育目的，应及时返还。这话语触动了我，因为昨天在课堂上我就收缴了学生的一部手机，也耐心细致地对其进行了有效的教育，原计划保管至期末时归还，现在看来下周要及时归还了，否则就有违法之嫌。一校之长岂能违法？谢老师的视频一字千金，这个专题对笔者而言就是及时雨。

五、结业顿悟

作为校长，管理学校就是经营一份事业，使学校可持续发展是校长最基本的职责。校长是一校之魂，校长当得好不好，除了思想水平高低、工作能力大小外，本人有没有感召力和凝聚力也是一个重要因素。总之，做好一名校长、办好一所学校是一件不容易的事情。校长更应该加强学习和修炼，提高自身素质和能力；在工作实践中要加倍努力，去营造一个和谐进取的校园氛围，打造一个有鲜明办学特色的学校，真正为每一位孩子的幸福人生奠基。

培训学习结束，我们还要继续做学生，学无止境！

（黄文华，梅县区梅江中学副校长）

领略名家风采　梦圆乡村教育

杨伟安

2021 年 9 月 27 日至 30 日、10 月 8 日至 15 日，笔者有幸参加了嘉应学院教师教育发展中心举办的 2021 年广东省粤东粤西粤北地区中小学教师全员轮训项目——"梅州市乡村中学校长办学能力提升培训班"。为期 12 天的学习生活紧张而充实。通过学习，笔者感受颇多，现将笔者的收获与思考汇报如下：

一、领导高度重视

此次培训，嘉应学院领导从培训时间、内容、教材、教师、地点及后勤服务工作上都予以高度重视，并作了周密、细致、精心的考虑和安排。从开班到结业，嘉应学院教师教育发展中心执行主任林爱芳，嘉应学院教育科学学院院长范远波，嘉应学院教师教育发展中心副主任田守凯，嘉应学院教育科学学院副院长张登山，项目首席专家、嘉应学院教育科学学院杜德栎教授等亲临指导和督促，并介绍了他们丰富的一线教学、管理经验，以及平时检查、督促学校工作中发现的好的做法及存在的共性问题。同时，专家还对学员给予了高度的关怀、鼓励与支持，寄予了殷切的期望。这些让笔者深受鼓舞，让笔者更加清楚地认识到了肩负的神圣使命，也更加坚定了信心：办好人民满意的教育！

二、培训内容丰富

此次培训的内容主要包括以下几个方面：

第一，厦门市教育局原副局长任勇通过腾讯会议作了题为"校长成长和学校发展的新走向"的报告。任勇讲述了校长专业成长的 10 种走向：

①校长之业——从"爱岗敬业"到"熟岗精业";②教育理念——从"追赶潮流"到"引领潮流";③实践探索——从"且思且行"到"学思研行";④教育思想——从"混沌状态"到"富有思想";⑤自我发展——从"他主发展"到"自主发展";⑥校长之威——从"行政权威"到"专业权威";⑦校长性情——从"四平八稳"到"活力四射";⑧校长反思——从"适度反思"到"深度反思";⑨精神状态——从"安于现状"到"怀揣梦想";⑩忧患意识——从"感觉良好"到"本领恐慌"。

任勇说到了学校发展的 10 种新走向:①学校管理——从"制度治校"到"文化管理";②管理之势——从"管而理之"到"领而导之";③发展路径——从"继承传统"到"升华创新";④教育视野——从"封闭单一"到"开放多元";⑤减负难题——从"减负提质"到"轻负高质";⑥管理取向——从"校长管理"到"共同管理";⑦他山之石——从"经验模仿"到"创新实践";⑧管理境界——从"有所作为"到"有所不为";⑨品牌经营——从"同质发展"到"特色发展";⑩管理新探——从"教育视野"到"跨界视野"。

第二,广东第二师范学院闫德明教授作了关于"学校品牌的创建思路及其关键点"的专题讲座。闫教授首先从显性因素（名称与标识）、隐性因素（质量与文化）、互动因素（口碑与影响）等角度向我们介绍了什么是学校品牌。闫教授以仲元中学为例,从培养人的角度谈学校品牌的创建思路。

第三,嘉应学院教育科学学院沈辉香副教授作了关于"新时代学校德育工作:正义与关怀"的专题讲座。沈老师先从自由、平等、秩序、专注、信任、关爱的角度谈教师道德价值取向。沈老师再用具体实例从具体与普遍、情感与理性、自主与关系三对矛盾来分析教师正义与教师关怀的关系,通过教育反思实现二者在教育实践中的融合。沈老师的讲座,让我们拓宽了德育工作的视野,对正义与关怀有了进一步的理解。

第四,9 月 29 日上午,梅州中学校长钟声辉向学员们简单介绍了梅州中学的基本情况,并和大家分享了他的教育成长之路,随后作了题为"关于依法办学的一些思考"的专题讲座。从办学定位（发展方向）、依法办学（发展保证）、不断学习（发展路径）、敬业贡献（发展源泉）四个方面详细介绍了他的教育管理理念和思考。29 日下午，培训班的校长们乘车来到丰顺县汤坑中学，汤坑中学校长谢锐和学校全体行政人员热情接待了沈辉香副教授、胡梅老师和学员们，并带领大家参观校园，同时为大家简要介绍了学校"以人为本、发展潜能"的办学理念和"文化润校、质量立校、特色亮校"的办学思路等。

第五，9 月 30 日，钟建林主编从教育科研困局、教育科研时代使命、教育科研创新三个方面进行阐述，作了"校长的教育科研使命与作为"的精彩讲座。

刘义民副教授在解读《义务教育学校校长专业标准》时提出以德为先、育人为本、引领发展、能力为重、终身学习五大理念；在解读《义务教育管理标准》时提出"为谁育人、培养什么样的人"的问题，强调要德智体美劳五育并举，牢记为党育人、为国育才。

此外，我们聆听了杜德栎教授的"基于核心素养的学校课程教学改革"，张蓉教授的"美国学校管理的理念与策略"，谢翌教授的"让课程成就文化——基于学校文化的本校课程规划"，梅县区教师发展中心主任温荣华的"深化教育体制改革背景下乡村中学校长提升教育管理能力的思考"，葛新斌教授的"我国减负政策的背景及其执行探讨"，陈瑜林副教授的"人工智能赋能教育——智能教育的现状与趋势"等专题报告。

培训的内容包括了学校管理工作的方方面面，对于乡村中学校长来说，无异于"雪中送炭"，因为这些正是我们困惑已久却始终得不到解答的问题。

除此以外，此次培训安排了总结、拟写心得等内容，在一定程度上起到了督促我们学习的作用。拟写心得更是让我们经历"头脑风暴"后作一个及时的总结，以免出现以往所谓的"晚上千条路，早上回原路"的现象。通过总结和拟写心得，还可以让受训学员回顾培训的相关内容并进行梳理，及时将所学用于指导自己的工作实践，使此次培训真正取得实效。

三、意识促进成长

通过此次学习，笔者认识到了作为一名校长应当具备的几种意识：

（一）学习意识

社会的发展依托于教育，教育的发展关键看学校，而学校的发展还得看校长。俗话说，什么样的校长决定什么样的学校。要当好一名校长，首先必须勤于学习，唯有学习，才能进步。一名合格的校长，要认真学习党的大政方针和相关的教育法规，做刻苦学习的典范，才能做到工作有思路、有创新。

（二）服务意识

一名好的校长首先必须要有良好的服务意识，当好师生的公仆，忍得住清贫，耐得住寂寞，守住自己的"阵地"，正确处理好自己和团队在工作、生活上的关系；当好主管而不主观，处事果断而不武断，充分听取大家的意见和建议，培养团队工作的向心力和凝聚力。

（三）教育质量意识

质量是学校的生命线，是学校的立足之本。校长工作的核心是务必抓好教育质量：关注教学成绩，也关注育人功能。一所学校是否有竞争力，就必须看教育质量的高低。因此，要增强教育教学质量的意识。

（四）创新意识

校长要更新教育观念，牢固树立现代课程观、人才观、价值观，把理论与实践结合起来，倡导教师改革创新出效益。在现有的教育管理体制下，乡村教育可以说困难重重。乡村学校校长必须心系农村，立足实际，在自己实践探索的基础上，汲取名校长的理论经验，形成自己的特色，形成自己的品牌，才能使学校得到社会的广泛认可，为学校的发展赢得一片广阔的发展空间，从而带动学校整体水平的提高，实现我们的办学目标。

总而言之，此次培训学习提高了我们的认识，明确了我们的职责，使我们明白一个好校长是成就一所好学校的关键，清楚地意识到了身上肩负的神圣使命。今后的工作中，笔者一定把此次学习所获、所感、所悟应用于自己的实践，在实践的过程中不断摸索、改革与创新，找到适合学校的发展模式，形成自己的办学特色，办好人民满意的教育。

（杨伟安，梅县区南口中学副校长）

不断砥砺前行　培养教育情怀

张子文

根据《广东省教育厅关于做好 2021 年"新强师工程"中小学幼儿园（含特殊教育）骨干教师、校（园）长省级培训研修工作的通知》和《广东省教育厅关于加快推进 2021 年粤东粤西粤北地区中小学教师全员轮训工作的通知》等文件精神，笔者参加了"梅州市乡村中学校长办学能力提升培训班"。这次培训集中面授时长为 12 天，学员们聆听了 10 多位专家的讲座，还参观了多所学校，进行了交流研讨活动。通过此次培训，笔者极大地拓宽了教育视野，收获满满，感触颇多。现将此次培训情况总结如下：

一、丰富的理论学习更新了教育管理观念

曾任厦门市教育局副局长的任勇通过腾讯会议作了题为"校长成长和学校发展的新走向"的报告。任先生讲述了校长专业成长的 10 种走向：①校长之业——从"爱岗敬业"到"熟岗精业"；②教育理念——从"追赶潮流"到"引领潮流"；③实践探索——从"且思且行"到"学思研行"；④教育思想——从"混沌状态"到"富有思想"；⑤自我发展——从"他主发展"到"自主发展"；⑥校长之威——从"行政权威"到"专业权威"；⑦校长性情——从"四平八稳"到"活力四射"；⑧校长反思——从"适度反思"到"深度反思"；⑨精神状态——从"安于现状"到"怀揣梦想"；⑩忧患意识——从"感觉良好"到"本领恐慌"。

他还说到了学校发展的 10 种新走向：①学校管理——从"制度治校"到"文化管理"；②管理之势——从"管而理之"到"领而导之"；③发展路径——从"继承传统"到"升华创新"；④教育视野——从"封闭单一"到"开放多元"；⑤减负难题——从"减负提质"到"轻负高质"；

⑥管理取向——从"校长管理"到"共同管理";⑦他山之石——从"经验模仿"到"创新实践";⑧管理境界——从"有所作为"到"有所不为";⑨品牌经营——从"同质发展"到"特色发展";⑩管理新探——从"教育视野"到"跨界视野"。

任先生的线上报告让笔者近距离感知他从一个普通教师成长为教育名家的奋斗历程。

广东第二师范学院闫德明教授作了题为"学校品牌的创建思路及其关键点"的专题讲座。闫教授首先从显性因素(名称与标识)、隐性因素(质量与文化)、互动因素(口碑与影响)等角度向我们介绍了什么是学校品牌——学校品牌就是人的品牌,并从培养人的角度谈学校品牌的创建思路。

广东省国素文化教育研究院院长车雪梅从建设校园环境、开展行动方式、建构课程体系的角度分享了不同学校特色建设的实际案例,达到了办学理念体系落地的目的,给我们提供了打造特色学校品牌的有效策略和启示。

嘉应学院教育科学学院沈辉香副教授给我们作了题为"新时代学校德育工作:正义与关怀"的专题讲座。沈老师先从自由、平等、秩序、专注、信任、关爱的角度谈教师道德价值取向,再用具体实例从具体与普遍、情感与理性、自主与关系三对矛盾来分析正义与关怀价值取向。沈老师的讲座,让笔者拓宽了德育工作的视野,对正义与关怀有了进一步的理解。

培训班首席专家杜德栎教授作了题为"基于核心素养的学校课程教学改革"的主题讲座。杜教授上课形式新颖活泼,从两个小活动开始,导入了他的授课主题。杜教授从核心素养概述、核心素养实施、课程改革、教学改革、教师发展五个方面做了非常有深度的阐述,讲课中间嵌入课堂讨论环节,课堂最后是一个小复习环节,巩固了核心素养这个核心问题。

广州大学谢翌教授以"让课程成就文化——基于学校文化的本校课程规划"为题,就学校文化观和课程观、学校文化建设的基本理路、校本课程规划和组织等方面进行了精彩的论述。

华南师范大学教育科学学院葛新斌教授作了题为"我国减负政策的背景及其执行探讨"的专题讲座。葛教授与在座的各位学员之间进行了一场有高度、有深度、有广度的分享。葛教授直观地阐述了我国"教育内卷化"的原因，透彻地分析基础教育发展的突出问题，探讨了我国减负政策的背景，分享了自己对减负政策的设想。

我们还聆听了钟建林主编作的"校长的教育科研使命与作为"、南京师范大学张蓉教授作的"美国学校管理的理念与策略"、嘉应学院刘义民副教授作的"学习两个标准，提升校长课程教学领导力"、梅县区教师发展中心主任温荣华作的"深化教育体制改革背景下乡村中学校长提升教育管理能力的思考"、嘉应学院陈瑜林副教授作的"人工智能赋能教育——智能教育的现状与趋势"等专题讲座。

聆听了众多的精彩讲座，笔者有激动也有感动，启发很大，拓宽了视野，提高了认识，了解到许多教育教学新动态，学到了不少教育新理念。讲座涉及学校管理、学校发展规划、素质教育、教师评价与激励、校园文化建设、与教师有效沟通、依法治校等方面。专家们阐述理论、引经据典、谈心交心，无不使我产生共鸣。他们娓娓道来，环环相扣，给人启迪，促人反省，紧扣实际，细致入微，既让我们享用了无比丰盛的精神大餐，也让我们开阔了眼界、拓宽了思维、明确了使命。

二、到学校实际考察领略了教育管理者的风范

我们首先到梅州中学和汤坑中学开展了观摩学习和现场教学活动，在观摩中感悟，于学习中提升。在琼峰电教楼阶梯会议室，梅州中学校长钟声辉向学员们简单介绍了梅州中学的基本情况，并和大家分享了他的教育成长之路，随后作了题为"关于依法办学的一些思考"的专题讲座，从办学定位（发展方向）、依法办学（发展保证）、不断学习（发展路径）、敬业贡献（发展源泉）四个方面详细介绍了他的教育管理理念和思考。在丰顺县汤坑中学，谢锐校长先带领大家参观校园，同时为大家简要介绍了学校"以人为本、发展潜能"的办学理念，以及"文化润校、质量立校、特色亮校"的办学思路等。在多功能会议厅，一段制作精良的视频让大家对

汤坑中学有了更进一步的了解。随后，谢锐校长作了题为"锐意进取 打造汤中新蓝图——关于学校创新管理的几点思考"的专题报告。报告重点介绍了汤坑中学近年来如何以德育课程改革为契机，创建信心德育演讲团，加大学校管理创新力度，提升山区中学办学品质的具体探索和实施过程。"信心管理、信心德育、信心教学"等信心教育的特色文化体系建构，让笔者深切感受到了在谢锐校长的先进理念和科学战略思维的引领下，汤坑中学在创新中发展、在发展中提升的整个过程，也让大家真正领悟到了"一个好校长就是一所好学校"的深刻内涵。

我们先参观了学艺中学党建室、校史展览室、法治教育实践基地等功能场室，然后观看了学艺中学"爱国于心，笃学于行""知行德育团组织的系列主题教育活动课程""国防教育训练展示跑操""教职工运动会"等视频，图文并茂，声像结合，展示了学艺中学师生"学无止境，艺德双馨"的风采。接着，杨幼平副校长从加强学习、树立新的教学理念、实行年级管理体制、从教学常规抓起、注重师资队伍建设、着力培养青年教师、制定各项量化评比细则、学生评教等方面作了关于"内涵式发展，创建品牌学校"的讲座。

我们还到潮州市湘桥区意溪中学考察学习。李校长介绍了该校如何创建以武术立校、以科技立校的学校品牌。在潮州市湘桥区城西中学，林校长谈了关于校长的角色定位的讲座。学所以益才，砺所以致刃。通过此次观摩学习和现场教学活动，学员们见贤思齐，感受颇丰，纷纷表达了各自的感想，不虚此行，收获满满，希望在以后的工作中能有更多深入交流的机会。

三、红色文化及党史学习增强了理想信念

嘉应学院政法学院黄小谨副教授作了党史学习教育专题讲座"红军简史和长征精神"。黄老师详细讲述了红军简史、长征精神、红色教育三个方面的内容。学史明理，学史增信，学史崇德，学史力行。伴随着讲解，我们通过观看展板和实物，了解了中共南方工作委员会的历史。我们还参观了纪念馆，对众多共产党员"坚守信仰、坚定信念、不屈不挠"的精神

有了进一步了解。在三河坝的笔枝山顶，烈士纪念碑庄严肃穆地屹立着。我们在纪念碑前神情凝重，深深地鞠躬，瞻仰、缅怀革命烈士。讲解员声情并茂的解说，让我们深深感受到革命先烈为了革命胜利而抛头颅洒热血的壮举和视死如归的精神。在三河坝战役纪念馆里，我们认真观看了"三河坝战役大沙盘"，从一幅幅珍贵的历史图片和一件件斑驳残缺的历史文物中，重温了那段腥风血雨的峥嵘岁月，读懂了"没有三河坝战役，就没有井冈山会师"的重要历史意义。通过此次活动，我们要从革命先烈的英雄事迹中汲取精神动力，更加坚定为实现中华民族伟大复兴的中国梦而努力奋斗的理想信念，要进一步发扬革命精神，为共建美丽健康、和谐上进的梅州教育事业而努力奋斗。

四、交流研讨提升了办学思路

梅县区三乡中学胡伟兴校长作了题为"立足现实，着力发展"的发言。大埔县三河镇梓里学校范伟增校长作了题为"四方协同促进农村中小学高质量发展"的发言。大埔县大麻镇英雅家炳学校郭泰山副校长作了题为"精致办学 儒雅育人"的发言。蕉岭县田家炳实验中学钟利英副校长作了题为"'四化'育'四德' 传统绘新色"的发言。蕉岭县蕉岭中学曾国剑副校长作了题为"接续蕉中精神 助推学校崛起"的报告。大埔县家炳第二中学黄树增校长作了题为"坚定理想信念 潜心教书育人"的报告。大埔县洲瑞镇实验学校蔡演杭校长作了题为"创建人文幸福校园 培育全面发展人才"的报告。他们的做法介绍，点燃了大家深入探索乡村高质量办学的澎湃激情；他们的经验分享，与大家碰撞出了高水平管理乡村学校的智慧火花，为振兴梅州乡村教育谱写新篇章摄足了"魂"，凝聚了"神"，众多学校正策马扬鞭、蓄势待发。

在班主任沈辉香副教授的组织下，我们学以致用、认真反思、更新观念，以"新时期乡村办学存在的问题与对策"为主题进行了小组研讨，各小组学员结合自己学校实际，创新工作方式，发表了不同的意见。通过交流研讨，我们深化了对新时期乡村中学办学的认识，增强了集思广益、共建共享的理念。

五、培训收获和感悟

通过此次培训，笔者深深体会到：一名校长，必须要有教育情怀，要做善于学习者，要做文化人，要做敢于改革创新的人，以人为本抓管理，营造和谐、进取的校园氛围，才能推动学校教育教学工作的开展，促进学校可持续发展。

（一）校长要做善于学习者

学校的建设与发展离不开有思想、有素质、开拓进取的校长，要充分认识自己的责任，为办好教育而思，为学校发展而谋，充分发挥核心主导作用，使自己成为一面旗帜，引领凝聚教师群体。而要做好这些工作，校长必须勤于学习，才能做到工作有思路、有创新。笔者在今后的工作中一定坚持学习，把学习当作自己职业生涯中的必需品。如不断学习教育教学理论和课程改革理论，学习名校名师的教育思想和教学经验；看书读报学习，听课参观学习，校际交流学习。当然不只是自己学习，还要引导全校教职工学习，创设学习型校园，营造学习气氛，不断提高教职工的整体素质。

（二）校长要做文化人

办学的最高层次是文化办学。文化办学是在制度办学的基础上对制度办学的一种超越，其中文化管理更全面、更整体、更系统，更注重精神内核在学校管理中的作用。既然学校要实现文化管理，学校管理者自然要成为文化人。首先，校长要成为有思想的人。文化人是思想者，校长必须成为思想者。校长对学校，对教育，要实现思想的领导。其次，校长要使教师成为有思想的人。有思想的教师才会与有思想的校长交流，才会使校长的思想不断丰富，不断化为办学实践。最后，校长要成为能研究的人。文化人是研究者，校长要成为能研究的人，要把办学作为学问来做，要习惯于在研究状态中工作、在工作状态中研究。

（三）校长要做敢于改革创新的人

校长要不断更新教育观念，树立现代课程观、人才观、价值观，树立现代教学观、学生观；以科研为先导，把理论与实践结合起来，倡导教师改革创新出效益，教师必须不断认真学习、领会。在现有的教育管理体制下，乡村教育可以说困难重重、举步维艰。乡村学校校长必须心系乡村，立足实际，不怕困难，敢于奋斗，以"质量立校"，以"科研强校"，在自己实践探索的基础上，汲取名校长的理论指导，形成自己的特色，形成自己的品牌，使学校得到社会的广泛认可，为学校的发展赢得一片广阔的发展空间，从而带动学校整体水平有较大的提高，真正把学校办成"让学生成才，让家长放心，让社会满意"的学校。

总而言之，笔者通过此次培训提高了自身的教育理论水平和实践能力，提高了认识，明确了办学思想、办学理念。笔者在今后的工作实践中会加倍努力，营造一种和谐进取的校园氛围，打造出一个有着鲜明办学特色的学校，真正为每一位孩子的幸福人生奠基。

（张子文，梅县区梅西中学副校长）

"因材施教"办优质的乡村教育

张国春

经常听到一些教育工作者感叹："有些事情想做但没法做，比如素质教育；有些事情不想做但不得不做，比如应试教育。"教育是一个系统工程，相关的因素很多。作为一名教师，同时身为校长，对教育事业必须坚守的一些原则要做到心中有数，方能有教育的"定力"。梅州市五华县龙村镇中心小学是粤东北典型的乡村学校，下属37所小学和1所幼儿园，现有教师约450名，校长38名，如果教师、校长都能够坚持正确的教育观念，恪守教育原则，就将形成巨大的精神力量，改进乡村教育生态，乡村教育的发展就会更加健康和谐。在此，最重要的观念和原则就是"因材施教"。

一、乡村教育必须"因材施教"

（一）"因材施教"观念的普适性

早在2500多年前孔夫子就提倡"有教无类"，这在当时只是一种美好的愿望。然而，同在一片蓝天下，是不是就一定能够平等地同享教育阳光呢？

说到中国古代教育思想的贡献，最朴素也是最深刻、最具有中国特色的就是"因材施教"。这四个字可以说是中国古代教育思想最珍贵的遗产，在互联网时代正不断诠释新生的教育真谛。现如今，各国都在不断探索个别化、选择富有弹性的教育制度和方法，努力为学生的个性发展创造条件，而不是把不同的学生变成相同的人。

满足学生的全面发展的要求，为学生的全面发展创设情境、创造条件，是教育改革的基本取向。坚持因材施教是一切优质教育的根本准则，天下没有两片相同的绿叶，更没有两个相同的人。生物的多样性是生命发展的基础和保证，个人的个性化发展是社会创造性的根本源泉，个性的消失意味着社会创造性的衰亡。

（二）应试教育在乡村地区带来的负面结果

在今天，关注一部分学生，对另一部分学生造成事实上的忽视，甚至只关注少部分学生而忽视大部分学生的现象依然存在。同一个学校同一个课堂，不同学生的学习机会和发展机会大相径庭。只关注成绩优秀的学生，忽视成绩后进的学生，被称为"厚待前10名现象"。这种普遍存在的做法给乡村学生的学习造成极大的负面影响。

笔者早在2012年就做过关于农村留守儿童的调查，发现留守儿童80%以上的问题产生的原因并不是经济，而是因为在班上经常受到忽视、批评甚至嘲讽。上学对他们来说没有丝毫的快乐，而是一种煎熬，因此他们宁可逃离学校。

多少年来，乡村教育存在的重智育轻德育、重知识轻能力、重学科学习轻社会实践的现实情况，今天仍没有得到明显改善。学生考试成绩仍然是家长和学校评价的核心标准，学生课余活动的时间越来越少，学生的发展出现了许多问题。

1. 身体素质方面

"2012年全镇各年级视力汇总表"显示，学生近视率在小学二年级为12%，到了小学三年级达到18%，小学四年级为25%，小学五年级已经高达32%。到了小学高年级，学生存在不同程度的近视，其中佩戴眼镜的学生高达35%左右。

2. 学习状况方面

学生深陷学科学习负担之中，没有了同龄人之间正常的必要交往，社会活动能力、社会适应能力、社会参与能力得不到正常发展的机会，所以学习成绩优秀与事业成功严重脱节，这怎么能不引起我们的高度警惕呢！

3. 社会意识方面

由于长期埋头于书本，埋头于习题，两耳不闻窗外事，学生社会视野狭窄，社会责任感淡薄，终身学习动力下降。

怎么把保障每个公民平等接受教育的权利这样一个现代教育的基本理念落到实处，怎样确保平等对待每个学生，保障每个学生得到平等的学习机会和发展机会，我们的教育仍然有很长的路要走。

面向全体学生，因材施教，对教师来说，是一种境界，是一种道德，更是一种优质教育能力；对学校来说。是一种管理理念，需要从有利于所有人发展的角度改革课程设置和编排，进行教学制度和教学模式的创新；对教育行政部门来说，是一种评价要求，是第一质量观。我们不能被学习成绩的框架钉牢。人生来是一个丰富的生命体，具有各方面的才能和禀赋。教育有责任让这些禀赋像破土的嫩芽笑迎东风、茁壮成长，而不是让它们削足适履、萎靡凋谢。

二、实施"因材施教"的实践

教育的个性化是一个重大、复杂、不断深化的课题。多样性的教育不仅是要造就丰富多样的、适应社会发展需要的各种各样的人才，而且是对人的生命价值的尊重，是对生命意义的提升。因此，因材施教不仅是教育的技巧，是教育的经验，而且是教育的使命和理想的教育境界。在双减背景下，乡村学校如何才能更好地实施因材施教，这里我略谈一二。

（一）转变观念，树立因材施教理念

理念是行动的先导。要实施因材施教，必须首先转变教师教育教学观念，端正办学思想，增强自律意识，使广大教师都能充分认识到因材施教是全面贯彻教育方针、实施素质教育、促进教育事业持续健康发展的必然要求，把因材施教的有关规定落实到教育教学的各个方面、各个环节。通过学习培训，让广大教师认识到贯彻落实因材施教办学精神的主阵地在课堂。教师只有在课堂教学中因材施教，着力研究因材施教的组织形式、施教方法和教学评价，才能不断提高教学质量和教学效率，才能办出让广大人民满意的高质量的乡村教育。

（二）改革教育评价，落实因材施教

教育的考试、选拔制度基本上是一个把人纳入标准体系排序的制度，所以如何兼顾标准化和个性化才是考试选拔制度改革的重点。现在我们非常强调制定各级各类教育质量标准，这反映了从"有学上"到"上好学"的客观要求。制定标准是需要的，对保证教育质量具有重要意义，但标准化是危险的，制定标准的目的是提供更多的选择，绝不能千篇一律。培养学生终身学习的意识、态度和能力，促进学生的终身发展，是教育的新使命。

因材施教的教育要引导学生主动学习、自由成长。说到教育，人们的头脑里马上会呈现出这样一幅画面：一排排整齐的桌子，坐着一排排端正的孩子，认真地或心不在焉地听着教师讲课，教师站在讲台上日复一日、不厌其烦地传道、授业、解惑。教师讲、学生听，是千古不变的基本教学模式。"教是为了不教"，叶圣陶先生的这句至理名言今天又有了新的更丰富的内涵。当年叶圣陶先生讲这句话，意思是要注重对学习方法的培养，授人以鱼不如授人以渔。学生自己可以掌握学习方法，靠自己学。今天这句话显然有了更深刻的内涵：学生不是被动教学的接受者，不是固定知识的存储者，不是教师人格的复制者，而是师生互动、课程、教学的共同创造者，是人类未来文明的真正主人。

从心理学的角度看，学习过程是主观建构的过程，没有主观的积极参与，就没有高质量的学习，更谈不上创造性的发挥。今天的学习者是明天的建设者，是社会的主人；人类文明的发生发展历史，是江山辈有人才出的历史；有自主发展的学生，才有自主发展的民族性格和民族精神。用这样的观念看问题，学生的自主学习不仅是提高学习效率和学习质量的要求，而且是铸造自主民族性格的要求。

（三）以课堂为主，着力因材施教

一方面，有必要重新认识教师的意义，对教师的角色要重新定义。教师的角色应该从演员转变为导演，教师不是自己表演，而是帮助、协助、欣赏学生表演；学生应该从观众、听众席上走向教学舞台的中心，成为表演者，在表演的过程中增长知识、增强自信，实现人格的独立。

另一方面，引导教师进行教学改革，探讨因材施教的课堂教学模式和方法。近年来，我校教师积极进行教学改革，因材施教，激发了学生学习的积极性和兴趣，大大提高了教学效率，产生了许多新的教学模式，如教学双主体模式、小先生制教学模式等。

（张国春，五华县龙村镇中心小学校长）

教师成长实践篇

探索农村中小学教师卓越发展体系*

杜德栎　刘义民

　　嘉应学院、梅州市教育局、田家炳基金会以及相关农村中小学经过多年的探索和实践，形成了"四方协同"的教师卓越发展新模式。该模式旨在建构农村中小学教师卓越发展体系，解决教师发展资源、机制、动力、效果等方面的问题。当前，"四方协同"农村中小学教师卓越发展模式的探索与实践取得了一定的成效。

　　促进教师卓越发展的首要任务就是进行理念重建。

　　第一，形成范式转移理念。范式转移是指某一发展范式由原有的理念、假设、法则、价值等范式向新的理念、假设、法则、价值观范式转移的发展过程。当前，我国教师专业发展已经达到一定水平，要发展得更好，就必须有突破：由传统集知识、能力提升的教师专业发展理念向"知行合一"发展理念转变，向信念、态度和价值观培养发展转变；由学生知识能力的培养向创新精神、创新能力、创新思维培养的教学理念转变。

　　第二，要有生态理念。生态理念强调教师专业发展的群体文化氛围，以及开放、动态的专业发展环境，使教师处于发展生态系统中，能有效促进教师个体、群体和学校整体卓越发展。

　　第三，培养核心素养理念。核心素养强调特定环境中运用知识解决复杂问题的能力，已经成为世界各国基础教育课程改革的共识。教师核心素养包括学习力、发展力、创新力、自控力、思考力等，是当代教师卓越发展的专业内涵。

　　第四，具备协同创新理念。21世纪是协同创新的世纪，中小学教师专

---

　　* 本文发表于《中国社会科学报》，2019年4月24日。

业发展既需要大学、地方政府、基金会和中小学之间的协同创新，也需要学校和教师之间的协同创新，以充分发挥各主体在人才、资本、资源、信息和技术方面的优势，提升教师专业素养，培养创新人才，促进学校整体和谐发展。

为保障农村中小学教师卓越发展，相关学校在实践中形成了联动保障机制。

首先，成立项目领导小组，建立协商机制。项目组建以校党委书记、校长为组长，副校长与基金会总干事为副组长的领导小组，人事处、教务处、外事处、教育科学学院、成人教育学院、教师教育发展中心、市教育局等部门负责参与，组织协调项目必需的人力、财力、办公条件等，解决项目实施面临的问题。

其次，建构"四方协同"农村中小学教师卓越发展运行机制。"项目—平台—课题"是推动农村中小学教师卓越发展的基本策略。"四方协同"以"广东客家区域中小学教师培训导师卓越发展高级研修班"项目为基础，搭建"四方协同"资源平台和以大学教师为核心的理论研究与中小学教师实践研究相结合的专业平台，每个学科组根据所在学校学科特色和已有基础确定本组为期两年的发展研究课题。

再次，建立"四方协同"中小学教师专业发展评价反馈机制。建立"中小学教师—项目学校—嘉应学院—地方政府—基金会"多方多向信息交流机制，保障教师专业发展的高效性。如项目领导小组定期到项目学校检查教师课题开展情况以及教师的学习和工作情况，确保项目实施的各项措施落实到位。

最后，探索形成农村中小学教师卓越发展的课程体系。科学的教师教育课程设置是教师发展的助推器。根据教师发展阶段理论和中小学教师专业标准"践行师德，学会教学，学会育人，学会发展"的基本要求，以教师专业发展内容和水平创建农村教师专业发展"四维五段"课程体系。"四维"是指教师专业发展的四个维度：教育知识与理论、教育实践与技能、教育科研与创新、教师道德与心理健康；"五段"是指农村教师发展的五个阶段：新手教师（0～5年）、合格教师（6～10年）、熟手教师

（11～15 年）、能手教师（16～20 年）、专家教师（21～25 年）。同时，为不同阶段教师专业发展提供具体的内容和标准，实现"因师"发展。

（杜德栎，嘉应学院杜德栎中小学教师培训专家工作室主持人，教授；刘义民，嘉应学院文学院副教授）

做新时代的卓越教师

赖先德

2021 年 11 月 4—19 日，带着几分激动，带着几分憧憬，笔者有幸参加了由嘉应学院教师教育发展中心承办的 2021 年广东省"新强师工程"省级培训项目——乡村教师访名校专项培训。这次培训分为两个阶段，采用混合模式分段，采取集中面授和跟岗实践相结合、理论学习和教学实践相融合的方式进行，为期 15 天。我在嘉应学院的学习收获很多，专家教授和名师们讲课精彩，教学内容丰富多彩。而在跟岗学习阶段，笔者将所学的理论与实践结合，上公开课，做讲座，设计研究课题，等等，很好地将学校的教研活动带动了起来，受到了师生们的一致好评。现总结如下：

一、思想政治方面

笔者积极要求上进，既能认真履行教师职业道德规范，尽职尽责，又有奉献精神。笔者知道"学海无涯，教无止境"，只有不断充电，才能维持教学的青春和活力。笔者认真参加省、市、镇、校组织的新课程培训及各类学习讲座，通过学习新课程标准树立了先进的教学理念，认识到新课程改革既是挑战又是机遇。本学期笔者还认真制订了自我发展 3 年规划，给自己定下了前进的方向。笔者通过一系列学习活动来不断充实自己，丰富自己的知识，为自己更好地实践作好了准备。

二、更新了教育教学理念

时代在不断进步，社会在不停前行。同样，教育教学理念也应与时俱进。埋头苦干是必须的，但抬头望天也是必要的。一味埋头苦干会迷失道路，偶尔抬头望天才能看清方向。特别是随着新课程改革的纵深发展，很多教育教学中的深层次问题不断地暴露，这时候更需要理论的指导与专家的引领。对于笔者个人而言，这次培训无疑是一场"及时雨"，不仅对梳理新课改中的种种关系有帮助，而且对突破新时代教育教学中一些"瓶颈"问题提供了新的解决思路与方法。

三、专题讲座，引领前行

每一次的专题讲座都是那么精彩！带着教育教学实践中的种种疑问，笔者走进了培训课堂。课堂上，专家们的精彩讲座一次次激起了笔者内心的感应，更引发了笔者的反思。在这种理论和实践的对话中，笔者感受着专家们思想的精髓、理论的精华。听了杜德栎教授的报告，笔者进一步体会到了课堂教学艺术的重要性。其中，教师的语言艺术尤其重要，语言艺术中的趣味性不容忽视。因为学生天生活泼好动，需要有趣的东西来吸引。带有趣味性的语言更能吸引学生的注意力，学生的注意力集中了，教师才能更好地进行教育教学。

课堂教学过程中的课堂提问艺术也至关重要。教师要善于提问，还要善于启发学生自己提出问题。游校长在讲座中深入浅出地重点阐述了"简约语文"的内涵："简约不是简单，而是一种课堂感受；简约不是随意，而是一种精心设计；简约不是低能，而是一种高效整合；简约不是无为，而是一种教学境界。"这给笔者留下了深刻的印象。

四、打造全优课堂，在实践中提升自身价值

课堂是教师体现自身价值的主阵地。笔者本着"一切为了学生，为了学生的一切"的理念，将自己的爱全身心地融入学生中。笔者积极推广"先学后教"的教学模式，并力求让本人的语文教学形成独具风格的教学模式，更好地体现素质教育的要求，提高语文教学质量。

（一）备好课

笔者积极参加教研室组织的教研活动，在领导的指导下进行听课，听讲座，领会课改精神实质，然后根据要求撰写课后反思。回到学校，笔者

把学到的知识应用在教学上，备课时认真钻研教材、教参，学习好课改，虚心向同事学习、请教，力求吃透教材，找准重点、难点。为了上好一节课，笔者查资料、做教具，集中别人的优点确定自己的教学思路，全面提高自己的教学水平，使学生能更快掌握教材内容。

（二）上课

笔者听了许多教师的课，发觉他们上课有激情，有很深的教学造诣，也深深懂得上好一节课不容易。上好一节课是每个教师最起码的要求。笔者在课堂教学上力求抓住重点，突破难点，精讲精练，运用多种教学方法，从学生的实际出发，注意调动学生学习的积极性和创造性，使学生有举一反三的能力。笔者还注意培养学生的学习兴趣，有难度的问题找优等生回答，一般问题找中等生回答，简单些的问题找后进生回答。做练习巡视时，笔者注意对后进生进行面对面的辅导，争取让他们更快地进步。

（三）做好课后辅导

对后进生做到从友善开始，理解和尊重他们，从学习和生活上真正关心他们。笔者及时倾听学生意见、想法，与学生建立良好的师生关系，同时虚心向其他同事学习教学方法、教学艺术，博采众长，努力提高教学水平。

五、努力提升业务水平，积极参与教科研实践

作为一名乡村骨干教师，笔者觉得提高教学水平和教科研能力是非常重要的，这也是我今后不断努力的方向。笔者坚持参加校内外教学研讨活动，不断汲取他人的宝贵经验，提高自己的教学水平。

第一，加强自身基本功的训练，课堂上做到精讲精练，注重对学生能力的培养，知识上做到课课清。同时对后进生多一些关心，多一点爱心，再多一些耐心，使他们在各方面有更大的进步。

第二，认真学习各类教育教学杂志中的先进教育经验，利用一切可以学习的机会来努力提升自身的教育教学水平和能力。

第三，认真参加各级教研活动与骨干教师培训，学习学校同事的教学方法，并在具体的教学实践中加以运用。

六、工作认真，爱拼敢赢

笔者要学习盐田区实验学校教师勤劳能干、爱拼敢赢的精神。认真上好每一堂课，积极开展每一次研讨活动。在语文科组活动上，每个年级的评课是那样的深入。通过上课演示、评课交流，我们清楚了略读课文该怎样上，明白了语文课该怎样上。那天，笔者组织学员对语文教学学到的经验进行总结，一共听了10多节课。我们知道每一节示范课的背后，都凝聚着教师们的辛劳，我们感动之余，内心感到不安：我们来到这里可能会影响教师们、学生们正常的教学秩序。我们会默默地把这些记在心里，回去把所学的、所感动的全部化作工作的动力，提高自己，带动学校全体教职工。

若想成为一名优秀的教师，笔者觉得在工作中应做好以下几点：

第一，学习也好，工作也好，一定要细心，细心是成功的基础。

第二，耐心，是做好每件事的基本前提，假如做事缺乏耐心，心浮气躁，怎能做好大事？

第三，责任心，这是一个亘古不变的话题。从小学到大学，父母、教师总是教育我们要有责任心。工作也是如此。我们应该充分认识到我们的背后是一个国家，所以无论什么时候，都不要忘记自己的责任。

第四，勤学，无论到了怎样的环境，怎样的场合，都应该积极主动地去学习。我们还有好多东西不懂，这就要我们不断地去学习，不断地去了解，学到老、活到老。

七、自我实践，不断提升

向书本请教，听专家讲座，学习同事的长处，这都是为自己的教育教学实践水平的提高作好准备。一切的学习都是为了自己的实践，为了教育好我们新世纪的接班人，否则皆为空谈。于是，在培训期间，笔者用学到的东西来改进一些教育教学方法，在实践中体验到了成功的喜悦。

为期半个月的乡村教师访名校专项培训班，不论是从教育教学的理论，还是实践上，都是一个锻炼和进步的良机。在整个培训过程中，笔者尽自己所能，积极参与交流讨论，聆听感言；同时，借助培训教师的微信公众号、视频号、博客等平台交流自己的学习心得。

乡村教师访名校专项培训，让笔者感受到新课程理念的和风，沐浴新课程改革的阳光，自觉要钻研的路很难，要学习的路还很长，但对教育教学充满了信心和希望。虽然培训学习即将结束，但是终身的学习还在继续，这次培训就像一抹浓浓的绿意，带给笔者无限希望！

最后，笔者要对所有提供帮助的领导和教师表示感谢。半个月的培训很快结束了，这段短短的经历却耐人寻味。今后笔者会好好学习，提高自己的专业能力，力争成为一名优秀的乡村人民教师。

（赖先德，普宁市梅塘镇安仁初级中学语文老师）

关于盐田区实验学校语文课堂模式的思考

罗苑东

  2016 年 9 月建校之初，广东省深圳市盐田区实验学校就把建设一所孩子向往、教师幸福、特色突出、社会满意、赢在未来的现代化学校作为自己的愿景；把成就学生、发展教师作为自己的使命——成就每一个学生的光明未来、提高每一位教师的职业素养，让教师与学生感受到教与学的幸福；努力探索信息技术与教育教学的深度融合、推行卓越绩效管理、探索中小学衔接三个实验；强化建设信息化的窗口学校、创办后发型的示范学校、探索智慧型的实验学校、追梦新样态的先锋学校四个定位；奠基人才强校、文化兴校、课程教研、魅力课堂、智慧校园五大战略。

  笔者有幸参加了 2021 年广东省"新强师工程"省级培训项目——乡村教师访名校专项培训，并于 11 月 8—19 日在盐田区实验学校进行了为期两周的跟岗学习。在跟岗学习期间，笔者发现：在争做教育改革、课程革命先锋队上，实验学校形成了具有独特魅力的语文课堂。

一、开放式的课堂建构

  深圳市盐田区实验学校一直贯彻落实"实验创新，多元发展"的教学理念。实验学校建构了百家争鸣的开放式课堂。课堂教学成了教师教学研讨的阵地、展示风采的舞台。在实验学校跟岗学习期间，笔者参与了学校文言文阅读的课堂教学。

  "在文言文中，'文言''文章''文学''文化'一体四面、相辅相成。其中，'文言'层次最浅，'文化'层次最高。但'文言'是基础，没有对'言'的理解，就谈不上对后面三个内容的把握。"① 在文言文展示课上，李俊强老师与杨华老师抓住的是文言文的"言"。李老师切入《诫子书》后，重点放在了文言文的字义上，引导学生用"直译为主，意译为辅"的原则和"留、换、补、删、调"等方法进行文言文翻译，在"解词、串意、顺句"步骤中，力求"信、达、雅"。《三国志·魏志·董遇传》："人有从学者，遇不肯教，而云'必当先读百遍'，言'读书百遍而义自见'。"杨老师切入《唐雎不辱使命》后，重点放在了文言文的字音上。为了达到读准字音、正确把握停顿、区分重音和轻读、保持合理的语速、读出情感、读出韵味，杨老师进行了范读，并引导学生通读、分角色朗读、精读、译读、集体朗读，力求课堂上能背读。

笔者有幸与许紫荆老师一起抓住文言文的"文"，进行了《狼三则·其二》（蒲松龄）的"同课异构"活动。许老师从教学衔接方面出发，先是进行了作家作品、文言译文等方面的教学。在"同课异构"时，许老师紧扣住小说的情节和人物，从屠夫的心理变化和人物性格两个方面对知识点进行了深挖。考虑到自己只上一节课，笔者尝试把文言文转化成现代文，直接拿出《狼三则·其二》的译文进行了阅读探索。为了让学生感受不同的文言文阅读体验，笔者把作家作品、记叙文的要素、小说的情节和人物性格、寓言寓意作为教学内容，而把《狼三则·其二》与《狼三则·其一》《狼三则·其三》《梦狼》的比较阅读安排为作业。许老师在教学课上挖掘了文本知识点的深度，笔者则是在体验课上拓宽了文本知识点的广度。最后，两人都取得了比较满意的教学效果。

深圳市盐田区实验学校以研促教，促使教学水平提高，教师快速成长。学校让课堂成为老师竞技的舞台，形成了具有独特魅力的语文课堂。

二、多样化的课堂形式

语文科组给跟岗语文老师安排了作文写作、现代文阅读、名著阅读、文言文阅读等几方面的展示课：

---

① 张宁生：《浅谈文言文教学的"一体四面"——兼评俞永军、甄方园两位老师的同题异构课〈山市〉》，《初中生世界》2016 年第 4 期。

（一）多学科融合课

为了让学生写出带有画面感的文章，李俊强老师精心准备了一堂语文与其他学科相融合的课。

教师从"让人物动起来"、"多用修饰词"（如形容词、副词、数量词、叠词、拟声词等）、"善用比喻的修辞"三个方面出发，引导学生创作具有画面感的文章。其间，既有海明威《老人与海》、朱自清《背影》、施耐庵《水浒传》等名篇的场景描写赏析，又有"老师点名"时小明动作描写的比较，还有"他冲过了终点线""母亲说：'没关系的，我们下次再努力'"的练笔……

李俊强老师课前利用《天净沙·秋思》中的文字，要求学生读文画图。学生根据《天净沙·秋思》中的"藤""树""鸦""桥""流水""人家""道""风""马""夕阳""人"进行绘画组图。教师利用希沃展台展示学生画作，并根据王维《使至塞上》中的"大漠孤烟直，长河落日圆"亲自在黑板上创作。"在语文教学过程中就经常有意、无意地运用到了美术，美术在语文中的应用有利于学科的综合，让语文教学变得多元化。"① 师生的美术创作不但没有喧宾夺主，反而加强了课堂的互动，让学生积极地参与课堂教学。

借助信息技术展示学生美术创作，文学语言的抽象美和美术作品的形象美完美结合在了一起，师生轻松地完成了语文学习任务。

（二）创设情境教学课

《再塑生命的人》节选自海伦·凯勒的自传——《假如给我三天光明》。海伦·凯勒是美国作家、教育家、慈善家。她在一岁半的时候不幸染上疾病，致使双目失明、双耳失聪。为了让学生更好地理解课文，在讲到《再塑生命的人》时，朱秀萍老师采用了情境教学法。

课前，朱秀萍老师准备好了眼罩和耳塞。上课时，朱秀萍老师创设了

---

① 马敏：《试论美术教学与语文教学的有效融合》，《魅力中国》2014年第21期。

表演体会情境。学生戴上教师准备的眼罩和耳塞，扮演角色，亲身体会双目失明、双耳失聪。"把学生引入'形真、情切、意远、理蕴'的情境，利用课文创设情境、联系生活展现情境、运用实物演示情境、借助图画再现情境、扮演角色体会情境、锤炼语言描绘情境，极大地激起了学生的学习愿望，培养了学生的兴趣，调动了他们的热情，促进了学生学习的主动性、创造性。"① 学生对"再塑生命"的理解不仅仅停留在"重新塑造生命，重新获得生命"的字面意思上，而是明白了海伦·凯勒的灵魂被唤醒，莎莉文老师让海伦·凯勒认识了文字，再次拥有了光明、希望、快乐和自由，爱的光辉照到了海伦·凯勒的身上，莎莉文老师是海伦·凯勒的"重生父母"，学生也感受到了莎莉文老师高超的教育艺术。

（三）形散而神不散的散文阅读

"人教版初中语文教材中选取了很多文质兼美的亲情类散文，作为教师要运用行之有效的方法去引导学生对亲情的感悟。"② 在讲授朱自清《背影》时，陈静老师抓住线索——背影，引导学生寻找出文本中出现的四次背影：点出背影、买橘子时的背影、离去时的背影、浮现背影，认真赏析刻画背影时的动作描写，让学生体会到父爱。通过与学生互动（事、景、情），陈老师让观摩教师感受到了散文形散而神不散的特点。

（四）辐射性名著阅读

刚开学，黄婷老师就要求学生有计划地认真阅读《水浒传》。

在"古典小说《水浒传》的阅读"展示课中，黄婷老师从《水浒传》故事片段出发，让学生找出对应人物：花和尚——鲁智深、黑旋风——李逵、行者——武松。从《水浒传》中各人物的情节去分析三人性格的异同：同样武艺高强、好打抱不平、行侠仗义、不畏强暴，但鲁智深急躁莽撞、疾恶如仇、粗中有细，而李逵天真直率、头脑简单、毫无心计、有勇

---

① 朱伟娟：《浅谈李吉林情境教育理论在语文教学中的价值》，《科技资讯》2012 年第 25 期。
② 苏园：《窦桂梅主题教学在初中语文亲情散文教学中的应用》，《语文课内外》2018 年第 34 期。

无谋，武松则有胆有识、光明磊落、干练果断、有勇有谋。从三人过渡到三寨主——王伦、晁盖、宋江。黄婷老师引导学生用三寨主的更替来展示《水浒传》的故事情节，用三寨主的性格说明故事发展的必然。最后，黄婷老师还引导学生课后去寻找三女将（扈三娘、孙二娘、顾大嫂）的故事，试图从女性的视角去解读《水浒传》。

通过情节分析《水浒传》中人物个体、人物群体，黄婷老师圆满地完成了教学任务。

在开放课堂下，实验学校的语文课堂形式多样化，呈现百花齐放的景象。

三、新样态的课堂典型

2017 年，盐田区教育经历了"新样态"教育理念的洗礼，重点发力"课堂革命"，在整体化、信息化、国际化、现代化"四化"方面全面布局。同年，盐田区作为全国第一个新样态学校实验区，发挥了盐田区教育的特点，整体加入了新样态学校联盟。

借助盐田区教育的发展，吕宁静校长秉承新样态学校建设理念，把学校建成"四有"学校：建设以学生为本、以让学生成人为本的"有人性"的学校；建设活的、亲切的、学生喜欢的"有温度"的学校；让学生变得基础扎实、知识广博、活力无穷，让学校变得厚重的"有故事"的学校；建设具有知识之美、思想之美、青春生命之美和形态之美的"有美感"的学校。

借助信息的力量，盐田区实验学校完成精准智慧课堂、常态化互动课堂、资源库、云作业以及学海题舟的建设，打造出智慧、高效的课堂，实现课堂的新样态。在语文课堂上，实验学校的师生互动有序化、常态化，极大地提升"教"与"学"的水平，成为新样态学校课堂的典型。

不简单的盐田区教育掌舵人、学校班子和行政团队、学校教师和职工、学校学生和家长们共同打造了开放式、多样化、新样态的语文课堂。成功的课堂建设促进了教学的发展，同时为学校其他方面的发展提供了条件。盐田区实验学校通过发展，取得了令人瞩目的成绩：

  "自2016年9月开办以来，盐田区实验学校交出了'亮眼'的成绩单：先后获评'2017年度最具家校互动典范学校''深圳市中小学心理健康教育特色学校''深圳课程改革示范学校''2018年度最具口碑家长义工组织''2018年深圳市年度教育改革榜样学校''2019年深圳市最受关注十大新锐学校''年度美育典范学校''第一批深圳市基础教育党建工作示范校''2020年盐田区先进党组织''2020年深圳市五四红旗团委''深圳市健康促进学校''中国登山协会攀岩特色学校'，并相继被推荐为广东省教育系统先进基层党组织、广东省中小学党史学习示范学校等。"①

  可以说，盐田区实验学校已然成为"一个开满鲜花的杏坛，一所有诗和远方的学堂，一座承载梦想的殿堂"。

  （罗苑东，兴宁市罗岗中学初中语文老师）

---

  ① 蓝军、彭丹：《盐田区实验学校：坚守教育理念，打造阳光教育"理想学校"》，《晶报》，2021年7月28日第A06版。

谈谈信息技术与语文学科的整合

林晓如

众所周知，语文是基础工具学科，是交际的工具，也是表情达意的工具。语文教学要把学习语言、培养语文能力和人文熏陶统一起来，体现出语文学科工具性和人文性的统一。随着素质教育的全面推进，新课标对语文学习提出了更高的要求："……具备包括阅读理解和表达交流在内的多方面的基本能力，以及运用现代技术搜集和处理信息的能力。"因此，培养信息素养是语文教学的重要组成部分。随着形势的变化、科技的进步，现代信息技术已在语文教学中被广泛运用，以计算机为核心的现代信息技术在教育核心领域中的应用也已成为衡量教育现代化水平的一个重要标志。现在是知识和信息爆炸的时代，学习是人类生存发展的第一需要。在全球范围内，基础教育开始转向全民教育，随着知识的多元化，也要求我们的语文教育适应时代变革的需要，用电脑技术改进语文的传统教学模式。另外，教育部在《关于在中小学普及信息技术教育的通知》中也指出：努力推进信息技术与其他学科教学的整合，鼓励在其他学科教学中广泛应用信息技术手段并把信息技术教育融合到其他学科中。近年来，随着现代信息技术手段的迅速普及和提高，语文教学已进入了一个全面开放的崭新时代，教师运用多媒体对文字、图像、声音及动画影视等的综合处理，达到了声、图、文并茂的情景教学效果，充分激发了学生的学习兴趣和学习的积极性，提升了语文课堂教学效果，更为信息技术与语文教学的有效整合提供了宽广途径。

作为一个处在教育现代化时代的语文教师，我们应该利用现代信息技术的优势特点，更好地优化语文课堂教学，改革课堂教学模式，在语文教学实践中积极探索，努力寻求现代信息技术与语文教学的有效整合，以促进教学过程的最优化，从而更有效地提高语文课堂教学的整体效益。

利用现代教育信息技术，增加语文知识信息量。朱作仁教授把学习语文的规律概括为：大量读写，读写结合。学生的阅读范围扩大，阅读总量剧增，背诵课文增多，阅读速度加快，最终提高了阅读效率，提升了人文素养。

信息技术与语文学科的结合，为以上几个方面的落实提供了条件。

基于多媒体计算机的信息技术提供的外部刺激不是单一的刺激，而是多种感官的综合刺激。这对知识的获取与保持都是非常重要的。实验心理学家赤瑞特拉做过两个著名的心理实验。一是关于人类获取信息的来源。他通过大量的实验证实：人类获取的信息 83% 来自视觉、11% 来自听觉，这两个加起来就有 94%，还有 3.5% 来自嗅觉、1.5% 来自触觉、1% 来自味觉，以此证明人必须调动多种感官才能较好地摄取信息。多媒体技术既能看得见，又能听得见，还能用手操作。这样通过多种感官的刺激所获得的信息量，比单一地听老师讲课大得多。信息和知识是密切相关的，获取大量的信息就可以掌握更多的知识。他还做了另一个实验，是关于保持即记忆持久性的。实验结果是这样的：人们一般能记住自己阅读内容的 10%，自己听到内容的 20%，自己看到内容的 30%，自己能听到又能看到，再通过讨论交流，用自己的语言表达出来，知识的保持将大大优于传统教学的效果。结论即只有多种感官的综合参与才能较好地保持记忆效果。由此可见，多媒体计算机的信息技术应用于语文教学过程，既非常有利于知识的获取，也非常有利于知识的保持，更非常有利于扩大学生的吸收量。

一、化难为易

在语文教学中，往往会为了突出教学重点或突破、解决教学难点而花费了大量的时间和精力，结果却是学生的感触仍不深，还易产生疲劳感，甚至有厌烦情绪。而电教媒体能活化课文内容情景，化难为易，促进学生对课文内容的理解。如《詹天佑》这篇课文讲到詹天佑顺着山势设计了一种"人"字形线路，由于这方面内容离学生实际生活较远，学生在刻板的文字说明中很难理解和接受课文知识。笔者为了平缓教学的坡度，突破教学难点，在教学中运用了电教媒体，设计了这样一个动画教学环节：一列两个车头的火车向北前进，前面的车头拉，后面的车头推，过了"人"字形线路的岔口就倒过来，原先推的火车头拉，原先拉的火车头推，轻松地爬上陡直的山坡。动画使学生观看到了火车爬上直坡的全过程，并且特别注意到了用红色醒目地闪现出来的"人"字爬坡轨迹。接着笔者让学生根据自己看到的内容自由发表意见，说说火车是怎样爬上陡直山坡的，以达到加深对课文体会的教学目的。由于前面巧妙地借用了电教媒体，学生在短时间内轻而易举地理解了"人"字形线路的含义，更加深刻地体会到了詹天佑过人的智慧和杰出的创造精神。

二、变抽象为具体

在语文教学中，有些课文内容词句包含的意义是非常抽象的，仅靠老师的讲解很难使学生理解，如果使用多媒体辅助教学，阅读的效果就会事半功倍了。如学生对《富饶的西沙群岛》课文中所涉及的"海防前哨""祖国的南大门"等词语的含义很不理解，于是我先用媒体展示了中国地图，让学生看着地图，告诉学生西沙群岛的地理位置很重要，就像我们家里的大门一样，所以称"南大门"，学生自然地接受了这个新的词意。

三、变静态为动态

在语文学科的教学中，往往会渗透着许多自然科学知识，如《看月食》一文向学生介绍了月食形成的原因及其过程。学生对天文方面的知识积累极少，而月食这一天文奇观也并非随时能见到。为了让学生能够直观地理解月食是如何形成的以及月食发生的整个过程，在讲课文《看月食》时，笔者利用课件，通过动画展示三种天体，以太阳为中心，地球绕太阳公转，并自身自转，月球绕地球旋转，三球同时运动，当月球绕地球运动到地球在太阳照射下的阴影区，月球逐渐由部分变暗到全部变暗，此时月偏食、月全食便发生了。在屏幕上，月食的整个过程生动地重现在学生面前，使学生身临其境，本来用许多语言也很难说清的月食的原因及过程，用几秒钟的动画演示后变得形象易懂。再如《看云识天气》一文，云的种类有卷云、卷积云、积云、高积云等，这些概念也非常抽象，区分起来很困难。我们就可以把各种云的画面用多媒体展现在同学面前，再结合生活中的谚语和根据学生观察到的现象，引导学生理解课文解决难点，同时借助多媒体的展现增加学生亲身体验"看云识天气"的趣味。

四、突破时空限制

电教媒体可以不受时间、空间的限制，可以改变微观、宏观的约束，直接表现各种事物和现象，使教学中一些无法让学生实际接触的事物可以通过声音和画面显示出来，拓宽学生的视野，获取学习所需的材料，为学生提供具体生动的形象，从而突破教学难点。如结合《富饶的西沙群岛》的课文内容，笔者适时播放了一些描绘海滩和海岛美景以及海底世界的录像片，有静有动，有声有色。学生时而观赏海滩和海岛的美景，好像看到了一望无际的海滩上到处是形态各异的贝壳，还有庞大有趣的海龟，海岛上绿树成林；时而仿佛又潜入海底，探索海底的秘密，大海深处，无数的鱼儿游来游去，穿梭不停，美丽的珊瑚千姿百态，好像还听到了海底的动物发出的各种声音。整个观看过程中，学生们如临其境、如闻其声，思想高度集中，情绪十分高涨。

由此可见，电教媒体把远的拉近了，把虚的变实了，把难的变易了，把复杂艰巨的认识活动变得简易且轻松愉快，从而帮助学生解除抽象思维、逻辑思维、语言理解表达方面的困难，降低难度，使教学中的难点得以顺利突破。总之，语文教学中应用信息技术，有利于创造教学的愉悦环境，激发学生的学习兴趣和求知欲望，充分开拓学生思路，给语文教学带来了新的生机与活力。它能充分发挥学生的主动性与创造性，从而为学生创新能力和信息能力的培养营造理想的教学环境，为学生综合素质的培养营造轻松、和谐的氛围。

（林晓如，揭阳市揭东区锡场镇石洋小学语文老师）

试论核心素养下小学语文高效课堂的建构

陈利申

一、核心素养下建构小学语文高效课堂的意义

一是有利于培养学生们的兴趣。处于小学阶段的孩子们，年龄较小，对新鲜事物充满好奇心。在进行教学工作的时候，如果能够通过一些信息化的教学方法，营造和谐、积极的高效课堂氛围，那么也将更能激发学生的兴趣，使他们全身心投入语文课堂中。课堂中，教师们要注意培养学生的兴趣，不要在教学过程中一味注重最后的成绩。兴趣是最好的老师，有了兴趣，学生们才会爱上语文课堂，这是语文高效课堂建设的关键所在。

二是有利于提升课堂教学效率。在语文课堂教学中，基于学生的学习需求，老师可以对其教学内容进行适当的调整。例如，70%的课本内容、30%的课外衍生内容，既可以是学生们自行提出的问题，也可以是老师事先结合学生的兴趣爱好作出的一些特殊讲解，从而进一步提升学生的课堂注意力，形成双向输出接收的学习状态。这样既能够营造一个师生融洽、积极活跃的高效课堂氛围，也能够进一步提高语文课堂教学的效率。

二、核心素养下建构小学语文高效课堂的策略

一是激发学生在课堂学习中的创造力。针对学生在学习中出现的问题，可以在课堂中帮助学生制订每日计划，并在课堂中科学开展记忆力思维锻炼等各类创新活动。基于小学语文课堂教学模式，教师在小学语文课堂教学中，不应该是单一化的输出型教学，而是可以采取不一样的措施，使学生在充满兴趣的状态下进行学习，由此相对更为容易接受。

如笔者之前参加了海涛小学的"优师阶梯工程"校本教研暨名师授牌

仪式，聆听了张颖哲老师的一堂课。张老师对《麻雀》课文的教学目的把握精准，打造了一个扎实而灵动的课堂。在这节课中，张老师注重对学生能力的培养，如小组合作的学习能力、学生的表达能力和朗读能力。张老师循循善诱，学生思维活跃、畅所欲言。整个课堂中老师体现出的是尊重、平等、关爱，学生表现出的是活跃、积极、轻松。张老师整堂课脉络清晰、构思新颖、一环扣一环，在教学中用学习指南作为引领，有效地实现了语文课堂的高效。结合上述案例分析，在今后的教学中，笔者决定精准把握教学的方向，找准教学的切入点，改变思维，注重学生能力的培养，努力提高语文课堂的效率。

二是引导学生在课堂中主动、积极地表现。结合小学语文课堂教学的情况来看，不一样的学生有不一样的学习风格。学习风格是个体所拥有的比较稳定且往往是无意识之中偏爱的学习体系，而学习策略则是灵活的、有计划的，要根据具体的学习任务的性质而随机应变。在课堂中，老师要有意识地培育指导，学生才能充分接收小学语文知识点，真正意识到小学语文课堂教学的关键效用价值。

当学生进一步深入认知了小学语文课堂教学相关知识点，并且与自己的实际生活状态进行对比后，在小学语文课堂教学中可以充分融入各类特色化的教学形式，例如开展诗词朗诵比赛、古诗词歌唱活动、语文课文的图画创作活动等，调动学生的学习积极性，营造和谐、积极的教学氛围。

三是营造轻松的教学氛围。为了提升学生的课堂活跃性，教师在课堂教学过程中也应当考虑到教学氛围的营造，因为在一个轻松、和谐的教学氛围中，学生也会更充分地吸收课堂教学内容，并且愿意主动参与课堂教学。

在教学中如何让课堂生动、活泼、趣味，已经成了我们当前教育模式下必不可少的环节。因此，在课堂中，我们可以试着将生活内容或人物贯穿其中。如笔者之前观摩了彭秀清主任讲《只有一个地球》。彭主任首先点明主题，然后让学生明确本单元的语文要素：抓住关键句，把握文章的主要观点。重回文章，阅读课文，找出关键句，述说课文讲了什么，学生很快便进行了自主学习。彭主任通过学生自主找关键句的方法使学生很快便把握住了课文的脉络，并写在了黑板上，学生再根据课文进行排序，理清了课文的内容；再从重点的段落和句子着手，从乱砍滥伐、无节制开采、大肆捕杀等引出我们要怎样保护环境或节约资源，从而指导学生写出宣传标语，最终引出了"我们要精心保护地球，保护地球的生态环境"这一主题。

老师在日常课堂教学中也应该对学生日常学习生活的状态有所关注，并且结合网络平台、视频等多种形式，基于线上教学模式，以图文融合的形式来有效扩充语文课堂教学的形式。这样不仅能为学生提供相对更为专业、更为全面的课堂知识，而且能让学生真正切实融入高效的课堂氛围当中。比如说，笔者之前观摩了周利老师讲《夏天里的成长》。周老师语言简洁朴素、清新优美，学生积极主动，课堂充满活力，达到了知识的渗透、能力的培养、情感的交流。课堂上，教师以生为本，抓住"夏天是万物生长的季节"这一中心句展开教学，引导学生围绕中心，找典型事例，抓事物特点。针对课文的重点词句进行各种形式的品读，引导学生体验、感悟。周老师的教学步骤清晰，层层推进，是一节高效课堂。

四是全面扩充课堂教学模式。基于小学语文课堂教学的相关内容及方式，教师应当就如何营造积极、高效的课堂氛围展开深入思考，并且通过多元化的教学形式，在小学语文课堂教学中充分融入各类创新化的教学形式，从而帮助强化高效课堂氛围的积极性、活跃性，同时有助于学生主动参与课堂学习，并且乐于接收课堂教学知识，真正喜欢上语文学科的学习，这也能够对学生的学习行为产生一定的激励性。比如，此前笔者参加了海涛小学"优师阶梯工程"校本教研活动，观摩了卢慧丽老师讲《圆明园的毁灭》的公开课，收获颇多。卢老师精心钻研教材，从文本出发，利用教材本身的特点，注重"以情激情、以情传情"，以情感为主线贯穿全文。充分利用图片、视频带领学生走进圆明园，用有感情的朗读带动学生的情感，让学生充分地领略了圆明园众星拱月般的布局、风格各异的建筑、珍贵的历史文物，再现了圆明园昔日的辉煌。卢老师利用电影画面让学生身临其境，揭露了英法联军野蛮的强盗行径，激发学生不忘国耻、振兴中华的责任感和使命感，顺理成章，水到渠成。自学、互学、展学活动贯穿整节课，学习小组参与度高，先学后导、互助展评，结构合理、张弛有度，注重了学生的独特体验和感受，促进了学生的个性发展，由此进一步提升学生的学习激情，也更愿意融入高效课堂氛围，从而形成一个良性循环。

综上所述，笔者认为小学语文教学的高效课堂建设能够有效提升教学最终呈现的效果。因此，如何"引趣教学"，这对于小学语文教师们来说是一种挑战。如果能够有效营造一个积极、高效的课堂氛围，将更有利于提高小学语文课堂的教学质量，同时更有利于提高学生们的学习能力和水平，拓宽学生们的视野，对于日后学生们的学习生活都有很大好处。

（陈利申，梅州市丰顺县汤坑镇第一中心小学语文老师）

学而不思则罔　思而不学则殆

张　茜

　　万里辽阔秋意远，风萧气肃冬邂逅。2021 年 11 月 4 日，笔者暂别了亲爱的学生，暂别了可爱的学校，坐上了开往梅州的汽车，参加 2021 年广东省"新强师工程"省级培训项目——乡村教师访名校专项培训。笔者和"同学们"来到嘉应学院，一种强烈的求知欲油然而生。说实话能走进名校学习，一直是笔者梦寐以求的。这次培训内容丰富，形式多样，有专家的教学讲座，有学员的讲课、评课、互动讨论，也有名师的指导、引领。通过理论培训学习和现场教学观摩，笔者受益匪浅，既有观念上的洗礼，也有理论上的提高；既有知识上的积淀，也有教学技艺的增长。这是收获丰厚的 15 天，在这种理论和实践的交流对话中，笔者收获了名师们思想的精髓和理论的精华。这 15 天的培训转瞬即逝。桑德尔曾说："学习的本质，不在于记住哪些知识，而是在于它触发了你的思考。"此次沉浸式的学习，到底触发了笔者多少思考呢？笔者扪心自问。

一、师德为先，爱生爱岗

　　聆听钟丽玲老师题为"修炼师德　逐梦教坛"的生动讲座，笔者对《中小学教师职业道德规范》中的"爱国守法、爱岗敬业、关爱学生、教书育人、为人师表、终身学习"又有更深层次的思考与理解。其中，钟老师分享的"'熊孩子'的春天"的教育故事深深地打动了笔者——老师通过平时对学生细心的观察和耐心的关怀，敲开学生紧闭的心门，使学生受到感化，由内向孤僻变为开朗乐观。笔者深刻感受到，教师不仅仅是一种职业，这两个字肩负着对无数纯真的心灵在其成长过程中的一切扶助。让笔者感触比较深的是钟老师以其自身经历和身边的优秀教师的事例向我们阐述了职业道德。他们高尚的教育情怀和坚韧不拔的毅力，他们的终身学习，让笔者感触良多，是精神修炼饕餮，值得我们乡村教师学习和借鉴。师德的要求不可谓不高，将爱生付诸行动，笔者也将在教书育人的生涯中时刻铭记奉献、保持师德。

"竹篮打水一场空"在笔者看来是毋庸置疑的真理，而钟老师分享的小男孩与爷爷竹篮打水的故事，让笔者颠覆了认知，也让迷茫的笔者得到了点拨。教学经验匮乏的笔者，总在深夜探究摸索，夜晚办公室灯下的身影总显得那么孤寂，看不见的成效让笔者开始怀疑自己，这样坚持真的有用吗？而这个令笔者印象深刻的故事告诉了笔者答案——"世上没有无用功，竹篮打水也不空"。

二、调整心理，快乐教学

在赖教授题为"减压赋能——做快乐的教师"的讲座中，笔者认识到教师压力的主要来源。其一，学生难教。如今社会经济繁荣，物质条件充足，学生的需求集中在更高层次，精神需求日渐高涨。在信息技术快速发展的现在，学生接触到的信息杂乱繁多，也愈发难教。其二，家长难处。大部分学生的家长很难与教师同心协力帮助学生成长。其三，教师难当。现在教师除了要备好课、上好课之外，还要疲于应对来自多方面的任务。在赖教授的课堂，笔者认识到要正确认识自我、正确认识学生，以及如何进行情绪调节，避免把自身的情绪发泄到学生、家长、同事、家庭中去。压力是一把双刃剑，压力对人的影响呈现倒 U 形，压力太大或太小对人都不好，适当的压力能提高我们的工作效率。同时，当压力出现时，我们要作好准备，当成我们学习成长途中的一种推力！调整心态，快乐教学！

三、学习技能，与时俱进

曾令涛老师题为"信息化载体在未来学校变革中应用的实践探索"的讲座，让笔者对未来学校的蓝图有了新的认识与憧憬，同时有了紧迫感。在信息技术高度发展的时代，我们要紧跟时代潮流，要坚持学习、终身学习。除了要认识到互联网在教育教学中起到的作用，我们还要主动去拥抱它，通过探索信息技术与教育教学的深度融合，在实际课堂教学中灵活运用，引发学生的学习兴趣，提升学生自主学习与合作学习、探究的能力，致力于打造高效课堂，实现信息技术在课堂的最大效益！

四、转变意识，职业野心

在题为"中小学教学改革与教师专业发展"的讲座中，杜德栎教授引导我们思考"尚育康花样养鸡事件"对进行教育教学改革创新的启示。尚育康对鸡有爱心，了解鸡的本能和需求，所以它能让千只鸡完美地摆出不同的造型，成为"鸡司令"。迁移至教学方式方法的思考，我们得出结论：要在爱学生的基础上尊重学生的本能，理解学生的需求，同时要改变传统的做法。杜教授还给我们分享了"穷人最缺少的是什么"这个故事。穷人最缺少的就是野心。野心，也是我们教师应当具备的！我们要有争当名师的野心，有争当优秀教师的野心。那么我们如何争当名师，做优秀教师呢？当今社会技术发展特别迅速，唯改革者进，唯创新者强，唯改革创新者胜！我们应转变意识，培养自己在教育事业中的雄心。

五、坚持写作，整理总结

在钟建林主编题为"论文选题的心法、方法和技法"的讲座中，笔者认识到写作是一种工作乃至生活方式，只是对实践思考的主题式、结构式、文本式的表达。我们在平时要养成一种习惯，多记录，重在留下线索，同时多思考，保持思考的敏感性和习惯，多整理，理清思路，围绕主题思考，及时整理。在游校长题为"教师专业化发展与名师自我管理"的讲座中，笔者认识到，教师要乐于求索，积极科研，不断提升自身能力。其中让笔者印象最深的是"一碗米的价值"，同样的物品，在不同人手上会有不同的价值。教学也一样，同样的教材，同样的素材，如果我们能精心准备，认真整理，那就可以让这些教材的价值得到更大的体现。同理，如果我们能花更多心思在学生上，那我们也能更好地发现学生的闪光点，提高学生自身的认可度，学生也会更加自信。游校长提到的"教学主张，始于反思"，即教学能力的提升源于课堂，我们应该不断磨课，上好每次公开课，尽量把每节课都当成公开课来上，开放我们的课堂，和老师们互相学习、互相交流，通过每节课，及时反思，做好记录，及时改进。周而复始，我们的教学能力一定会迈上新的台阶，再而会形成我们自己的教学理念。

六、关注自身，提升素养

"要给学生一杯水，教师得有一桶水。"在廖圣河教授题为"教师核心素养的意蕴、构成和培育"的讲座中，笔者认识到，影响学生核心素养的关键因素在于教师的核心素养。教师的核心素养是学生核心素养形成的前提和基础。教师要带头践行终身学习的理念，实现专业可持续发展；要走近学生，反思自己，鼓励学生批判质疑，教会学生学习、主动探究，而非灌输随时可能遭到推翻颠覆的"知识"。

七、思于广大，行于精细

跟岗深圳市盐田区外国语小学的两周，笔者收获满满。其校训"思于广大，行于精细"的日常践行，扎实落地。王蓉校长倾情分享的"行思"办学的探索实践讲座展现出的对孩子天性童真的珍爱，让笔者感动及钦佩；其对心中所坚持的理念尽全力去实现的姿态耀眼夺目，也让笔者反思自己在教育征途中初心是否依旧。邹志坚校长行思德育工作分享讲座精彩绝伦，踏实践行的各项行思德育活动，处处展现"思于广大，行于精细"的校训理念，面对重重困难，仍然坚定推行行思德育工作的步伐，其能力与信念令人佩服。有幸听得郑洪英老师一节精读课文常态课，让笔者惊叹郑老师教学功底的深厚，课堂自然流畅且从容，整堂课简单高效，没有眼花缭乱的环节活动，却将重难点各环节踏实落到实处，在语文课堂教学上给予了笔者很大的启示：课堂的优劣不在于教师能力的精彩展现，而是学生是否通过课堂学习达到学习目标。这让笔者对自己正准备的汇报课的构思明确了方向：各环节设计无须花哨，直指学生能否达到学习目标即可，似有顿悟。

聆听雷莉老师题为"例谈不同类型阅读课教学"的讲座，如品饕餮盛宴。雷老师提出，一名管理人员若能在教学业务上成为中心骨干力量，能在教学业务上给予教师帮助，自然会树立威信。该观点让笔者豁然开朗，在职业生涯规划中，深研教学业务提升能力是关键。语文教材在单元编排中主要分作阅读策略单元、习作单元、普通单元，雷老师依据不同单元类型研究了不同方向的教学方式，也提炼了各类型通用的教学设计模式，即整体把握、选点品读。讲授时，雷老师用大量的课程设计例子，为我们逐类讲解，生动深刻。叹服于雷老师对于文本解读的深厚功力，钦佩于雷老师深钻教学的恒心毅力，笔者心中激荡起向其学习的波涛！

在这次学习中，笔者参观了名校，结识了许多专家、许多老师、许多朋友，同时接受了许多先进思想、先进理念、先进方法。"生也有涯，学也无涯"，感谢嘉应学院的老师默默奉献，感谢学校提供这次学习机会，让笔者在学习的道路上更进一步。培训使笔者的视野得到了拓宽，教育理论得到了升华，给笔者带来了心智的启迪、情感的熏陶和精神的享受，使笔者直观地感受着新思潮、新理念的激荡，每天都在享受高规格的"文化大餐"。路漫漫其修远兮，吾将上下而求索。

（张茜，河源市源城区大塘小学语文老师）

谈小学教师的核心素养和自我专业提升

黄月娟

百年大计，教育为本。教育大计，教师为本。习近平总书记强调："今天的学生就是未来实现中华民族伟大复兴中国梦的主力军，广大教师就是打造这支中华民族'梦之队'的筑梦人。"教师肩负着教育强国的重任，国家和社会对教师的要求更高也更全面。广大教师不仅要教书，更要育人，要努力成为甘当人梯、甘当学生发展铺路石的教育家。因此，作为一名教师，要努力提高自己的核心素养和专业能力。

从教以来，笔者发现自己存在很多问题：阅读不够、书写不够、学习不够、坚持不够、分享不够、交流不够，所以一直以来停滞不前。有时真的需要有人在耳边时刻提醒我们，提醒就是一种引领。而名师就是我们学习和进步的指路明灯，从"做到"到"做好"的过程就是一个教师从"稚嫩"到"成熟"的标志。那么如何实现自己的专业成长，下面分享笔者的几方面做法：

一、热爱教育，热爱学生

常言道：有爱才有教育。一名优秀的教育工作者往往对事业无限热爱，对学生无比关爱，始终怀揣教育情怀，始终将育人作为自己最崇高、最自豪、最光荣的事业，并将因此迸发出来的激情和力量落实于自己的一言一行，努力提高教学质量和育人实效。习近平总书记曾这样描述自己心中的好老师："当老师，就要心无旁骛，甘守三尺讲台。""教师不能只做传授书本知识的教书匠，而要成为塑造学生品格、品行、品味的'大先生'。"

二、勤于钻研，勇于实践

教师以学生成长为目的，遵循教育规律，从培养目标、教学理念、教育过程、教育方式和方法等多角度，深入探索教学规律，系统思考教学发展方向，全面开展教育教学研究，在教育实践中不断创新、总结和反思，并形成独具风格且卓有成效的教育思想和实践体系。通过亲力亲为的教育实践，创新育人过程，推动教育进步，培育合格人才，促进社会文明。教育家叶圣陶说过："教师之为教，不在全盘授予，而在相机诱导。"意思是说，教师的教学不是把所有知识教给学生，而是通过知识传授启发学生思维，使学生提高兴趣，学会方法，提升素养，真正把学生的最大潜能激发出来。教学是基本途径，教育才是真正的目的。教师要通过教学，帮学生认清自我、学会思考、学会学习、释放潜能。我们要从过去的教书匠转变为今天的教育者、学生的领路人。

三、与时俱进，掌握信息应用技术

随着社会信息化环境的发展，信息化已经在教育领域内普及很广，各种教育教学活动离不开信息化。一名优秀的教师要掌握信息技术应用。利用这种信息化环境进行灵活的自我研修，是不断地提高教师信息技术应用能力的重要途径。自发地学习相关知识、掌握相关技能和进行相关研究活动，读有关的教育技术和信息技术教育方面的专业书刊、杂志，浏览信息化培训的各种网站，随时灵活地学习，这能大大提高自身的信息技术应用能力。

四、着眼能力提升，听课评课评评课

我们学校的校本研修就是教师成长的主阵地，而现在的"名师"培养计划更是给年轻的教师打了一剂"强心针"。其中由名师牵头的"名师带徒弟""听课评课"是提高教师课堂驾驭能力和教学能力的一项非常有效的策略。教师的课堂驾驭能力和教学能力离不开三尺讲台。听课、评课就是一个提高教师教学能力的常规过程。我们学校在此基础上增加了"评评课"，就是名师对教师的评课过程进行评价，因为能够在听课、评课的过程中发现问题也是教师教学能力的一个体现。这样在听了讲、讲了听、听了评、评了评的过程中形成了教师自己的教学风格和特色，从而借鉴他人的方法，学习他人的经验，丰富自己的思想，提升自己的能力。

五、培养集体意识，学会合作共赢

教师的成长是"从一个人的行走到一群人共同成长"的过程。俗话说"三个臭皮匠顶上一个诸葛亮"，那些单打独斗的教师必将被这个时代淘汰。而教师的成长是在名师的引领下首先形成同学科名师这条线，再在同学科名师这条线的基础上跨学科形成全学校名师这个面，最后在全学校名师这个面的基础上跨学校形成教师发展共同体。因此，教育是一项事业，不是单凭一个人或者几个人就能完成的，需要的是集体的力量。笔者个人理解的教育是人成就人的事业，也是人成就集体的事业，更是集体成就个人的事业。这是一个相辅相成的过程，也是教育事业的终极目标。

六、打破个人观念，注重交流分享

教师平时的工作是琐碎且忙碌的，所以有时候教师会忽视教师与教师之间、教师与学生之间的交流分享。教育是培养人才的关键，教师的思维定式和陈旧观念是教师成长的最大阻碍。教师要时刻激发自己的思想活力，要学会通过交流分享和讨论找问题、找差距、找方法，弥补不足，最终实现共同提高。一名教师要时刻与优秀教师、骨干教师、名师进行学术方面的有效交流，汲取名师的经验，学习其他教师的长处，不断融合自己的教学特点，从而实现自身的成长。学校的校本研修和名师课堂以及网络培训都是很好的交流分享平台。利用这些平台，我们要学会理解、反思、分享、成长，从而缩小我们与名师的差距，乃至自己成为名师。

七、踏上科研之路，助推专业成长

大家知道科学家要搞科研，实际上教师更应该搞科研。教师的研究对象更具有复杂性，因为教师的工作不仅仅是教学这么简单。教师面对的是一个个活生生的人。教师在教学中会面对各种各样的教育问题、教学问题、学生成长问题、学生心理问题，甚至是家庭教育问题，这些都可以是研究对象。这些问题是没有经历过的人所不了解的，也是从别的教师处无法继承的。对这些问题，教师要细致地研究，深入地思考，理性地分析，批判地继承，详细地记录，形成自己的教育理念、教学主张，并指导自己的教育教学实践，帮助个人实现理论水平的提高。

八、注重素材积累，坚持日常写作

读书和写作是一个整体。2020 年 3 月 25 日，新东方创始人俞敏洪在一场网络直播中就妄言，大部分中小学老师不读书，根本没有能力教好现在的学生。这是俞敏洪的以偏概全，但也是某些教师的写照。教师的成长离不开读书和写作，教师的写作不需要鸿篇巨制，需要的是对自己教学过程的记录，也是对自己教学过程的反思，这是教师从"稚嫩"到"成熟"的有效方式。写作能够促进思考，思考才能加深理解，理解的程度不一样，认识的程度就会不同。当一天的工作完成，我们要及时总结，及时记录自己工作中的闪光点和不足，尤其是你的脑海中突然出现的一些有价值的思考，把这些灵感形成有价值的文字材料，这是一名教师从"实践型教师"到"研究型教师"转变的标志。当然要写的不只有这些，我们还可以写随笔、写心得、写反思、写研究报告、写论文、参与课题研究等，让我们在书写中不断成长，记录我们的从教心路。

九、勇于参与科研，促进能力升华

知识能力积累到一定程度后，要经历实践的检验才称得上是真正的名师，只有实践才能检验自己的教育教学能力，才能检验自己的教育教学方法，才能检验自己的教育教学技巧，才能升华自己的教育教学思想。优质课、示范课、观摩课、能手课、名师课等都是检验一名教师的教育教学能力的主阵地。报告会、研讨会、经验交流会、专家讲座、名师课堂、骨干教师培训等，都是教师的教育教学能力、业务能力、教育理论知识进一步巩固和成熟的试炼场。

当一名教师，尤其是专家型、学者型的新型教师，是我们每一名教师的毕生追求并愿为之努力奋斗的目标。作为教师，我们渴望走出闭塞，与专家对话、与名师交流，在更有利于教师成长的环境下，在专家和名师的带动下，不断地学习，不断地实践，不断地反思，不断地成长。

（黄月娟，茂名市电白区占鳌小学语文老师）

美的熏陶　爱的教育

谢梦诗

　　十一月，微风不燥，阳光正好，笔者参加了 2021 年广东省"新强师工程"省级培训项目——乡村教师访名校专项培训。先在嘉应学院教师培训中心学习了两天理论，又跟随培训班主任胡梅老师的步伐有幸进入深圳市盐田区外国语小学进行跟岗学习。两周的时光转瞬即逝，笔者深知这次机会来之不易，同时深感这次培训任务之艰巨。笔者决心要抓住这次千载难逢的机会来提升自己的教学水准。这次跟岗学习活动，外国语小学为我们创造了良好的学习机会，提供了优越的学习条件。在这里，笔者感受了外国语小学老师们的教学风采，聆听了他们的科组汇报，学习了他们课堂上的教学智慧，也更新了自己的教学观念，使自己得到了一定程度的提升，真是受益匪浅。下面是笔者通过跟岗学习获得的点滴体会：

一、进名校，听汇报

　　11 月 8 日上午，我们一组 11 个人走进了盐田区外国语小学。走进校园，我们感受到广东省一级示范学校的氛围。在盐田区的学校中，外国语小学的面积虽说不大，成立时间不长，但整个校园的学习氛围非常浓厚，各个功能区设置合理，每一个空间都得到了合理的利用，给学生营造的是轻松、愉快的学习环境。学校以"思于广大，行于精细"作为校训，"文明、进取"作为校风，"敬业、爱生"作为教风，"勤奋、乐学"作为学风。学校"行思德育"，以思导行、以行促思、行思交融，致力于培养德智体美劳全面发展的行思少年。

　　走进校园，第一个震撼是小导游落落大方的表现和熟悉流畅的口头表达，专业的导游素质让人折服。行走在校园的走廊内，抬头就可以看到各种标语，没有豪言壮语，只有温馨提示；没有现场说教，只有渲染熏陶，这些朴实的句子、惬意的环境时时刻刻在提醒人、鼓励人、引领人。校园里，每个名字、每个牌子都是学生创作劳动的结晶，也是他们爱校园的具体表现。校园文化重要的是从教师和学生身上散发出的与众不同的精神面貌，是渗透在骨子里的一种品质。它是通过校长不断引领、老师们不断领会，通过外在熏陶、内在培养，最终表现在全体教职员工身上的气质，也是学校独有的一种精神气息。

走进校园，第二个震撼是外国语小学的语文教学教研团队。这是一个优秀的团队，队员们的素质很高，团结协作精神非常强。学校领导热情接待了我们。按照跟岗学习安排，我们每个学员配了一位导师，结成了对子。导师给我们介绍了学校具体教育教学情况，还给我们解答了很多教学的疑难。我们聆听的报告有：王蓉校长的"行思教育，点亮未来——基于'行思'的办学探索实践"，邹志坚副校长的"培养全面发展的行思少年——'行思德育'工作汇报"，雷莉老师的"例谈不同类型阅读课教学设计"。这些报告让我们耳目一新。

二、进课堂，研教法

11月8日下午和11月11日上午，按照跟岗学习要求，我们听取了周雨桐老师教的一节在四、五年级开设的《山行》古诗鉴赏课"磨课"。学生"腹有诗书气自华"，诵读也是一大特色。

11月9日上午，笔者还听了黄同辉老师教的 *Museums*。激情的老师，勤奋的学生，完美的教与学，课上得相当成功。课后，我们跟岗老师进行了点评。同时，我们亲身感受外国语小学在培养学生学习、查找资料等良好习惯方面的成果。

11月17日，跟岗学习的老师中有三位上了汇报展示课，分别是：黄月娟老师讲《朱德的扁担》，张茜老师讲《书戴嵩画牛》，钟丹老师讲 *Weather*。指导老师给出一致好评，同时提出了改进的建议。

在语文的听课中，笔者体会到了朗读训练是小学语文教学的关键。朗读训练既能培养学生的基本口头表达技能，也可以培养学生掌握主动理解课文的学习方法，从而更深入地去理解文本。因此，抓好朗读训练，在小学语文教学中具有极其重要的意义。

语文学科要充分利用自身的优势，激发学生的学习兴趣，坚持"让学生充分地读，在读中整体感知，在读中有所感悟，在读中培养语感，在读中受到情感的熏陶"。

三、做听众，学名师

现在已经不是教书匠的时代了，要做专家、学者型的教师。师者，传道授业解惑也。如何去授业解惑？用什么去授业解惑？知识学问。笔者认为，对教材的把握，对知识准确、深入的理解，对教学方法的探究等，凡是对教学有益的，教师都要多做一些大胆尝试和创新，努力完成自己应尽的教育职责。这使笔者更加坚定了自己"教书育人"的思想，笔者要逐步完善自己，坚定不移地热爱教育事业。"做一天蜡烛，就要发一天光；做一只春蚕，就要吐一寸丝。"这是笔者的教育观和思想观。笔者不会有"当一天和尚撞一天钟"的懈怠思想，而是有一种教师的使命感。因为笔者深深地懂得：教师的工作是神圣的，也是艰苦的，教书育人需要感悟、时间、精力及全部心血的付出，这样的付出是需要以强烈的使命感为基础的。

几位老师的讲座使人受益匪浅。新课程改革强调学生的主体地位，提高了学生学习的兴趣。同样的知识，不同的老师教，学生乐学程度就大不相同，教学效果自然就大相径庭了。从这一点来看，语文教学"为学生服务"，同样的知识要有针对性地考虑不同学生的求知要求，时时从学生的角度思考问题。另外，这次跟岗学习使笔者的视野更加宽阔，思路更加清晰，在实践中遇到的困惑在与大家的交流中迎刃而解，连自己的生活态度都发生了很大的改变，给了笔者前行的动力。学习的时间是短暂的，但学习的效果是实实在在的。现在的语文教学，已经不是单一的语文知识，而是涉及多门学科的知识。这就要求教师优化自己的知识结构，使自己具有更开阔的教学视野。此外，教师要学会和同行合作，吸取多人的智慧，协调一致，多发现和发展学生多方面的潜能，重视知识的运用、实践能力和创新意识，促使学生主动学习。因此，笔者应抓住每一天，每一节课，关注课程改革，学习、思考，积极主动地参与课程改革、培训，不忘老师们富有启迪的话语和令人耳目一新的见解。

四、走操场，感爱国

周一是全校的升旗时间，轮到哪个中队升旗，那个中队就要担当起升旗仪式里的所有职责，包括主持、出旗升旗、国旗下讲话。当国歌响起的一瞬间，排着整齐队伍的同学向着国旗升起的方向举起小手一起望着国旗，他们严肃的表情、崇敬的目光，让笔者的内心受到巨大震撼，一股神圣的爱国之情油然而生！

是什么让这些懵懂的儿童在国歌响起时举起小手？笔者相信是教师的榜样在引领着学生。笔者注意到，在外国语小学，周一早上升国旗的时候，所有的教师都朝着国旗行注目礼，在整个升旗过程中，没有一个教师在自由交谈。在学生眼里，教师就是表率，教师的一言一行无不默默地影响着学生。志向高远的教师带出志向远大的学生，知识渊博的教师带出博学多才的学生，严于律己的教师带出遵纪守法的学生，宅心仁厚的教师带出充满爱心的学生，这就是教师的人格魅力。

五、结硕果，存感激

经过本次跟岗学习，笔者大开眼界，思想受到很大的触动。"读万卷书不如行万里路，行万里路不如阅人无数，阅人无数不如名师指路。"在与外国语小学老师们的思维碰撞中，笔者开始对自己的教学有了反思，对未来的教育教学工作有了新的思路。跟岗学习中，我们听到了很多节真实的常态课，没有过多的修饰。这样的课堂遵循了学生身心的发展规律和学习特点，充分发挥了学生学习的自主能动性，让笔者感到朴实、自然。外国语小学最具有特色的教研活动课，非常有利于儿童各种能力及良好个性的健康发展。

跟岗学习已经结束，但学习和思考不会停止，也不能停止！作为教师，笔者将尽最大努力，抓住一切机会，使自己各方面的综合素质得到进一步的提高，努力做一名在教学上有自己特色的教师。笔者将争取以良好的人格魅力感染学生，以生动、精彩的授课吸引学生，以扎实、创新的工作态度打动学生，做让自己满意、受学生欢迎的老师。再次感谢外国语小学老师的悉心指导和热情帮助。在今后的工作中，笔者将努力改善自身，勇敢迎接更多挑战。

（谢梦诗，阳江市江城区埠场镇中心小学语文老师）

引导学生学会反思的基本策略

刘晓生

反思是思维活动的核心和动力，"个人反思"已成为校本教研的基本要素。然而，实施新课标，不只要提倡教师的个人反思，更重要的是培养具有反思能力的学生。德国哲学家黑格尔认为"反思"指对思想本身进行反复的思索，即思想的自我运动，简单地说就是对过去经历的再认识。再认识是以不同的时空视点对原有学习经历进行重新思考，运用抽象、概括、比较、综合、推理等提炼出许多的经验来，从而使学习活动不再停留在原有对象的个体水平上，而是使思维上升到更高层次的理性认识，推广到同类或延伸到其他对象。从某种意义上来说，反思本身就是一种创造性的学习。那么，怎样让学生对学习过程进行反思呢？经过教学实践，笔者认为可以从以下五个方面来着手。

一、引导对动手操作过程进行反思

荷兰数学家弗赖登塔尔说："学习数学唯一正确的方法就是实行'再创造'，学生自己去把要学的东西发现或创造出来。"数学中很多的概念、定理、公式需要学生通过实验、操作去发现，引导学生对操作过程进行反思，可以促进学生的"再创造"。比如，我们在教"直线、射线和角"一课时探究角的概念：猜测——一点可以画多少条射线？验证——画一画验证猜测；结论——可以画无数条射线。此时教师并没有就此罢手：我们过一点画两条射线试试看是个什么图形？学生操作后会发现：是一个角。这时教师引导学生反思：角是我们已经认识的图形，请大家回忆，刚才这个角是怎么画出来的？学生回想了一下：过一点画两条射线。学生反思后得出的结论已经和书上的结论几乎一致了。在角的概念的形成过程中，"反思"

起了重要的作用，没有对操作过程的反思，学生就难以用自己的语言说出角的形成过程、表述角的概念。

二、引导对解题思路进行反思

（一）对结论的反思

在教"不等式的实际运用"一课时，出现了这样一题：某工厂要把一批产品从 A 地运到 B 地，若通过铁路运输，每千米运费为 15 元，并交装卸费 600 元；若通过公路运输，每千米运费 25 元，并交装卸费 100 元。假设两地的路程为 x 千米，通过铁路运输的费用为 M 元，通过公路运输的费用为 N 元。

用 x 分别表示 M、N。学生得式子为：$M = 15x + 600$；$N = 25x + 100$。学生当即可以通过估算，路程少于 50 千米，则选择 N，即公路运输的基数不大，较合算；路程多于 50 千米，则选择 M，即铁路运输每千米费用较少，合算，符合实际，接近结论。笔者再次抛出问题：在什么情况下，选择铁路运输比较合算？通过独立思考，学生领悟：必须具体问题具体分析，把两道一次函数式子并成一个不等式进行解答，并通过反思检验其结果的合理性，以及过程是否出差错。这节课的重点是关注和引导学生分析问题，弄清量与量之间的关系，正确运用不等式组构模型。这种对答案本身审视、评价的过程，大大培养了学生的反思能力。

（二）对解题思路进行反思

新课标强调从学生已有的生活经验出发，让学生亲身经历将实际问题抽象成数学模型并进行解释与应用的过程。然而，我们在教学活动中往往一旦得出新知，就马上进入练习阶段，很少有教师引导学生对知识的获取过程进行反思。其实，知识的得出固然重要，但学生学会反思知识是用何种方式、通过何种途径获得，则更有意义。因为后者能为学生积累诸多的学习方法，能为他们的终身学习打下厚实的基础。比如教"判定两三角形全等的条件"一课时，通过一系列操作活动使学生探究出"给定三边、两角及一边、两边及其夹角，确定一个三角形形状与大小唯一性"，即 SSS、

ASA、AAS、SAS 作为判定条件，但两边及一角出现 SSA 时，用圆规与直尺能作出两个完全不同的三角形。这使大家明白了一个问题：两三角形两边及一角相等，不是两对应边及这两对应边的夹角，则不能说明两三角形是全等的。教师再引导学生练习：请大家回想一下，刚才你是怎样得出这些判定的？学生通过对探究过程的重新审视，会把零散的知识整理得更加有序，使思维更加清晰、有条理，表达更加准确，更重要的是体会到了"转化"的数学思维方法，这对学生今后的学习是有益的。

三、引导对错误结论进行反思

学生在学习基础知识时，往往是不求甚解，粗心大意，满足于一知半解，这是造成作业错误的主要原因。因此，教师应结合学生作业中的错误采取纠正措施，给予反思机会。教师可以设计教学情境，使学生通过反思，更加深刻地理解基本要领和掌握基础知识。一方面，结合学生中普遍的错误，利用课堂时间让学生共同反思。如解不等式组：

$$\begin{cases} x+2>0 \\ 3(x-3)-2\,(x+2)<x+5 \end{cases}$$

错解：$x+2>0$ 的解集为 $x>-2$，$3(x-3)-2(x+2)<x+5$ 的解集为 $0x<18$，因为 0 不能作为除数，故不等式的两边不能同时除以 0，所以该不等式无解，那么原不等式也无解。

剖析：事实上，对于 $0x<18$，x，取任何实数都可以使该不等式成立，不是无解，而是任意的实数解。正解：前面的解题过程不再重复，由上可知原不等式组的解集为 $x>-2$。学生往往容易犯 $0x<18$ 的错误，笔者把这种错误算法写在黑板上，让学生说一说当时是怎么想的，或者让其他同学想一想该怎么办。这样，学生在反思中找到了自己的错误的节点，避免了在同一个地方再次跌倒，更牢固地掌握不等式的基本性质，在解 $x-13<x+5$ 时就可知 $-13<5$，无论 x 为何值，不等式都成立。其实这也是一种反思，都是对自己当时思维的重新审视，从中发现问题。

另一方面，要求学生及时更正作业中的错误，督促他们做到有错必究、自觉反思。可以让学生将错误的原因写出来。在这一过程中，学生真正在内心深处找到了错误的原因，强化了认识。针对基础较差、学习不够用功的学生作业中出现的错误，教师则可采取"面批"的形式让其当面反思。教师以诲人不倦的态度，面对面地对学生点拨，剖析其错误的原因，是增强其自信心、巩固其基础知识、全面提高其解题能力的有效方法。

四、引导学生对思想方法进行反思

在认知心理学领域，思想方法属于元认知范畴，它对认知活动起着监控、调节的作用，对培养能力起决定性作用。学习数学的目的"就意味着解题"，解题关键在于找合适的解题思路，数学思想方法就是帮助建构解题思路。因此，向学生渗透一些基本的数学思想方法，提高学生的元认知水平，是培养学生分析问题、解决问题能力的主要途径。教师在学生解题后让其反思解题过程，分析具体方法中包含的数学基本思维方法，使解题达到举一反三的目的。如解决问题：学校分配宿舍，每个房间住 3 人，则多出 20 个学生，每个房间住 5 人恰好安排完，总共有多少个房间，多少个学生？此题若是直接告诉学生通过已知条件"多出 20 个学生"，每个房间多安排 2 人，就可以求出多少房间，学生是不易理解的。我们应该借助线段图：学生很容易从图中看出方案一中多余的 20 人，在方案二中每个房间多安排 2 人就被分掉了。在学生理解并得出答案后，我们再回过头来让学生反思：是什么让这道题变得如此容易？学生在反思中体会到线段图的重要性，感知到"数形结合"的数学思想，今后遇到稍复杂的题就会想到线段图这个解题工具。但若是就题论题，今后碰到此类题还是会不知所措。数学中的思维方法很多，比如前面提到的"转化"，还有"化归""组合""对应""类比"等，让学生在解题后反思，长此以往，必将提高学生的数学能力。

五、引导学生进行反思

数学学习的评价要关注学生学习的结果，更要关注他们的学习过程；

要关注学生数学学习的水平，更要关注在数学活动中所表现出来的情感与态度，培养学生多问几个为什么的态度，帮助学生认识自我、建立信心。学习即将结束时可以这样提问：这节课你学得愉快吗？你最大的收获和你最遗憾的问题是什么？谁来评价一下自己或别人的学习心得？

综上所述，培养学生对学习过程进行反思的能力，是实施创新教育的需要。如果学生在每次解题以后都能对自己的思路作自我评价，探讨成功的经验或失败的教训，那么学生的思维就会在更高的层次上进行概括，并进入理性认识阶段。因此，教师在教学中精心设置反思问题情境，有意创造反思机会，势必会收到事半功倍的效果。

（刘晓生，揭阳市揭东区白塔镇白塔初级中学数学老师）

打铁还需自身硬　无须扬鞭自奋蹄

曾　科

这次笔者有幸参加了 2021 年广东省"新强师工程"省级培训项目——乡村教师访名校专项培训，有机会来到深圳市盐田区实验学校进行跟岗学习。在跟岗学习期间，笔者深深地感受到老师们爱岗敬业的精神和学生奋发向上、积极进取的求学精神。该校的办学理念、育人目标、教学手段、管理模式、教学成果让笔者真正明白：作为一名教师，保持现状、止步不前是绝对不行的。这次培训极大地激发了笔者今后工作的热情。以后笔者一定要把学到的东西贯彻到教育教学中去，不断提高自身的教学能力，更好地推动教育教学前进的步伐。下面，笔者就本次培训学习及跟岗学习感受、所见所闻和切身体会做一些总结。

一、增长三点见识

（一）高起点的办学模式

盐田区实验学校创办于 2016 年，是一所学生有思想、教师有情怀、学校有"诗与远方"的现代化公办初级中学。盐田区实验学校高起点办学，制定学校方略的"一二三四五"：着眼一个愿景，即建设一所孩子向往、教师幸福、特色突出、社会满意、赢在未来的现代化学校；肩负两个使命，即成就每一个学生的光明未来，提高每一位教师的职业素养，让教师与学生感受到教与学的幸福；探索三个实验，即探索信息技术与教育教学的深度融合实验，推行卓越绩效管理实验，探索中小学衔接实验；强化四个定位，即建设信息化的窗口学校、创办后发型的示范学校、探索智慧型的实验学校、追梦新样态的先锋学校；奠基五大战略，即人才强校战略、文化兴校战略、课程教研战略、魅力课堂战略、智慧校园战略，争做教育改革、课程革命的先锋队。只有坚持正确的办学理念，坚持"以人为本，持续发展"的办学思路，大力推进新课程改革，实施素质教育，重视学生良好的道德品质和行为习惯的养成，重视学生能力和综合素质的培养，才能为每一个学生的长远发展奠定基础。

（二）以德治校，实施人性化管理

盐田区实验学校的吕宁静校长是一位名副其实的好校长。"一名好校长就是一所好学校。"像盐田区实验学校这样一个师资力量雄厚的学校，吕校长还要亲自指导学校的教研工作，与老师们一起探究如何实施有效课堂。科组活动中，吕校长参加并发表了重要讲话，以表扬和鼓励教师如何争当名师为主。由此可见，吕校长能够充分意识到自己也是教师队伍的一员，努力增强服务意识，亲自指挥一线教学工作。盐田区实验学校非常关注青年教师的发展，提出一个"展翅"的培养计划。学校既注重教师专业水平的提高，又关心青年教师的培训和培养，以老带新，注重团队协作，共同提高。在盐田区实验学校，校长注重信任授权、扁平管理、质量监控、团队同盟、自主管理。可见，学校管理工作更要广开言路，集思广益，"众人划桨开大船"才能谋求得更好的发展。

（三）业务精湛、群策群力、与时俱进的教师队伍

通过两周的了解、听课、参加集体备课和参加各种教研活动，笔者看到了这里的老师对工作是那么执着、认真、负责，那种敬业精神令人感动！学校注重名师引领，推动整体进步，通过新教师的一系列赛课活动，提高教师的队伍建设，使教师在专业水平、职业道德、工作能力等方面得到了有效的提升。在教学模式上，笔者体会到学校把促进每一个学生的发展作为最高的目标，实行"分层教学、分类指导、整体推进"策略。对不同层次的学生进行分类指导，采取导师制对同类学生进行分小组全方位全过程的跟踪指导，强力推进分层分类作业，有效减轻了学生的课业负担，提高了作业效能，在建构有效课堂中取得了很好的效果。这里的班主任工作更是一大亮点。每个班主任都有自己独特的管理方法，每个班级都有各

自不同的特色。他们能"以人为本",从"细节"抓起,注重文化建设,注重与家长沟通,以"家校互动"的方法来教育学生;注重给学生"家"的感觉,把教室布置得像家一样温馨;注重从"孩子心灵"入手,给每个孩子一个读书册,开展读书活动……这样的特色管理太多了,令人不由地感叹:盐田区实验学校的老师真是爱岗敬业,不光是教书更是育人。教师课堂教学有特色、有创新。通过听课活动,笔者看到了盐田区实验学校教师的教学非常有艺术。教师上课的方式符合现代教学理念,符合新课标的教学要求。以教师为主导、学生为主体的合作探究的教学方式,使师生互动热烈,学生大胆质疑,积极讨论教师提出的问题,各抒己见,课堂气氛非常活跃。教师的收放自如、融洽的师生互动,深深地吸引着学生和听课的教师,更能感受到盐田区实验学校教师充满智慧的魅力!他们从教学内容选择、教学目标的制定、教学方法的选择等方面都给笔者今后的教学工作指明了方向。每一位教师的课件几乎都是用一个现实的生活例子贯穿整个课堂,每一位学生在教师的引导下全程参与学习,做到动脑、动口、动手、师生互动、合作完成教学目标。可见教师的教学功底非常深厚,以独特的教学风格吸引着学生。

二、收获三点感悟

第一,深圳这座滨海城市是如此的高深莫测,多元的文化,广博的胸怀,吸引着全国各地的高尖人才蜂拥而至,也打造了像盐田区实验学校这样一批独具特色的特区优质学校。城市的人文风貌是在市民的素质、修养不断提高中逐渐形成的。通过区域文化考察活动,笔者拓宽了视野,同时深知:一流的城市就有一流的人才,一流的人才就有一流的教育。通过听课活动,笔者感受了特区学生的独特风采和特区学校的特色教学:课堂气氛活跃,效果好,落实三维目标直接且有创意,学生在一种轻松愉快的氛围中动手动脑积极参与其中。这里的学生知识面很广,表达能力很强,思考很深入,积极性很高,综合素质可以用一个字来概括:棒!从听课活动中,笔者深深地感受到,要当老师不容易,要当受欢迎的老师更不容易。盐田区实验学校的老师们却一个个都做到了:既重视学生综合能力的培养，又能把应试教育渗透到愉快的教学环节中。学生保持着极高的学习兴趣，课堂上学生乐学、老师乐教，这一直让笔者佩服不已。

第二，在盐田区实验学校跟岗学习过程中，笔者能很好地转换角色，虚心向跟岗学校的领导和老师学习、向同伴学习，主动了解学校的管理和学科建设，收集相关信息；认真完成听课和上课任务，虚心向每一位授课教师学习，积极参加集体备课活动，虚心向指导老师请教在备课中遇到的问题和疑惑，努力学习先进的教学理念和教学方法；主动参与交流、考察活动，自觉完成培训的各项活动和作业，圆满完成各项学习任务。

第三，本次跟岗学习，让笔者拓宽了眼界、促进了反思、提升了素质、理清了思路，真的是学有所获、学有所思。在这次学习过程中，笔者收获的不仅仅是知识，还有友谊。在感受到了同伴学员之间的深厚情谊的同时，笔者也收获了感动，还发现了自身的不足，如教育理论的欠缺和教学过程中关于课型的把握与定位不够准，教学设计的步骤没有很好地体现以生为本，过于注重知识教学而忽略了素质能力的培养。作为一名教师，在自己的教学生涯当中应该逐渐形成自己独特的教学风格，才能不断成长、不断成熟，才能成为一名受学生欢迎的老师。

三、今后的努力方向

习近平总书记说："要把学习当成一种生活态度，当成一种工作责任和一种精神追求。"我们的学习，不应只是被动接受，不应只是"复制式"的再模仿和再延续，而应结合我们自己的实际再发展与再创新：我们参加培训的意义，不应仅仅表现在培训所产生的当下的直接的价值，更应有其可持续性影响。我们向专家们学习，向同伴学习，以学促变、学思结合、学以致用，取人之长、补己之短。我想，我必须把所学到的，结合个人实际，灵活运用，进行有效教学，促进自己的专业能力快步发展，从而更好地、直接地服务于我们的学校和学生。

这次培训对笔者来说就如及时雨，也让笔者下定决心：切实担负起教师应尽的责任和义务，高标准要求自己、高水平引领学生、高境界体现价值，努力从一个单纯的教书匠转变成一个专家型的教师，在工作中起到骨干教师的示范带头作用。

两周的跟岗学习培训结束了，但真正的培训学习还在今后的日常教学工作中。在挥手告别跟岗学习培训的时候，笔者整装待发，下定决心以饱满的热情、坚定的信念、高度的责任感投入自己的教学生涯中，去迎接新的挑战、攀登新的高峰。面对未来，任重而道远，"昨天的微不足道，今天的正在争取，明天的正在拼搏"。今后，笔者将进一步努力，争取真正成为一名具有引领示范作用的骨干教师，为教育事业的改革与发展贡献自己的力量。

（曾科，梅州市五华县新新学校初中政治老师）

行思致远　耕耘成长

钟　丹

11月，虽没有繁花似锦，但有暖阳相伴，我们收获了春华秋实。2021年11月4日，我们50位来自粤东粤西粤北地区的乡村教师齐聚在嘉应学院，参加了2021年广东省"新强师工程"省级培训项目——乡村教师访名校专项培训。11月9日，我们带着使命带着爱，来到面朝大海、春暖花开的深圳市盐田区外国语小学，进行了为期10天的跟岗学习。通过这次培训，笔者学到了更多具有前瞻性的教学理论，拓宽了视野，增长了知识，丰富了教学经验，强化了教学改革意识。接下来，笔者将从以下几个方面分析自己的所学、所思、所得。

一、专家引领促成长，立足专业研真知

非常感谢嘉应学院教师教育发展中心组织的"新强师工程"省级培训项目，领导们为此次跟岗学习制订了详细的培训方案，专家名师讲座、校园文化参观、课例观摩、评课议课、教学展示等形式多样的研修活动，为学员们的思维碰撞、交流学习提供了丰富的内容铺垫。

在这短短的半个月内，我们先后聆听了钟丽玲、刘义民、赖雪芬、杜德栎、钟建林、游爱金、廖圣河等专家的讲座。名师讲座如阳光，学员如小树，我们沐浴着阳光，逐渐成长，受益颇深。这些讲座有一个共性，那就是从不同方面引导我们如何成为一名新时代的优秀教师。

在职业道德方面，钟丽玲老师的专题讲座"修炼师德　逐梦教坛"告诉我们，作为一名老师，要时刻谨记教师职业道德规范，既然选择了教育事业，就要时刻知行统一、内行慎独、用心教人、用爱育人，要学会分析学生的心理，因材施教、笔耕不辍、记录成长、坚定信念、自我激励，要

相信"竹篮打水亦不空"。这启发了笔者如何处理问题学生。以前只要看到调皮捣蛋、不听话、和老师唱反调的学生，笔者就头疼，但现在笔者觉得自己作为一名老师，要爱学生，更要爱差生，因为他们更需要呵护。即使学生自我放弃，我们依然竭尽全力，只要坚持感化教育，找到学生的闪光点，不断强化，学生总会有些许改变，教师要学会静待花开。

当今时代，是个有压力的时代，每个人都面临着不同的压力。赖雪芬教授告诉我们，教师的压力来自难教的学生、难处的家长、难待的学校等多方面，要想成为一名新时代的优秀教师，首先要学会减压赋能，学会自我调适，成为一名快乐的教师。我们要学会主动管理自己的情绪，注重业余生活，培养兴趣爱好，选择适合的运动，锻炼身体，释放压力。法国作家雨果说："思想可以使天堂变成地狱，也可以使地狱变成天堂。"我们要认识到危机即转机，遇到困难，产生压力很正常，可能是因为自己的能力不足，但压力可以促使我们提高自己的能力，只要学会拥抱压力，从内打破压力，保持乐观态度，我们收获的将会是成长。

一名新时代的教师要具备"终身学习"的观念。"严谨笃学、与时俱进，活到老学到老"是新世纪教师应有的终身学习观。曾令涛老师题为"对未来学校信息化应用的理解"的讲座告诉我们，如今是信息化教学快速发展的时期，教师要不断学习掌握现代教育技术，不断学习信息技术与教育教学的深度融合，运用信息技术优化教学过程，调动学生的学习兴趣，成为能运用网络信息资源实现教学过程最优化的教师。另外，从钟建林主编题为"论文选题的心法、方法和技法"的讲座中，笔者认识到阅读就是最好的学习方式，我们要在日常生活中多阅读，学会读精书、精读书，更重要的是还要养成多记录多思考的习惯。日常的写作是思考的表达，是对实践思考的主题式、结构化、文本化的表达。

二、跟岗学习促发展，行思致远共成长

对于这次跟岗实习的机会，笔者非常珍惜。半个月前，在接到2021年广东省"新强师工程"省级培训项目的开班通知时，笔者带着既喜悦又期盼的心情踏进了盐田区外国语小学的校园。对于能参加这次跟岗培训，特

别是能被分配到盐田区外国语小学跟岗实习，笔者感到极其荣幸与幸福。

在盐田区外国语小学跟岗学习的 10 天时间里，我们走进学校、参观校园、聆听讲座、随堂听课、观摩素质拓展课、参与活动，忙碌而充实。踏进盐田区外国语小学的校门，最引人注目的是校训"思于广大，行于精细"。一开始，笔者对这校训没有特别深刻的理解。但听了王蓉校长题为"用行思教育点亮学生未来"的讲座后，笔者才明白行思教育的意义。行思教育旨在创办"特色鲜明、质量一流、现代化、国际化"的学校以及培养走向世界的行思少年。王蓉校长先进的教育理念（一心为了孩子的成长）、个性的办学理念（提出行思教育、行思课堂）、大胆创新的管理实践（放手让孩子实践体验生活），促进了学校特色文化的形成和办学层次的提升。漫步校园，不管是校园布局、建筑装饰、教学设施、班级教室等物质层面，还是校园里的各项规章制度、行为规范、文化娱乐等制度层面，或是校长、领导干部、一线教师那种爱岗敬业、服务育人以及学生自主管理、自主学习等精神层面，都让人觉得这是一所和谐、文明、向上的精品学校，我们总能在细微之处发现行思教育的成果展示。王校长提出的行思教育一心想着学生，总能站在学生的角度想问题，这一点是教师们需要好好学习的。在平时的教学工作中，我们心中要时刻有学生，带着真诚的爱与学生相处，这样也有助于促进我们的教学。

"深入课堂，研究课堂，改变课堂"是盐田区外国语小学的一项常规活动，领导随时推门听课。跟岗期间，笔者多次走进课堂听不同年级的英语课，现在简单谈一下盐田区外国语小学英语课堂的亮点。

英语课堂的第一个亮点就是课前三分钟的 English Show。每个年级都会有不同形式的 English Show，一、二年级是表演类，三、四年级是故事类，五、六年级是主题汇报类。近几天都是听四、五、六年级的课，学生们都会自己准备一个主题的 PPT，例如全英介绍残奥会的由来、筷子的故事、十二生肖的由来等，学生们都能自信满满，畅谈自由，口语流利，甚至都能背出稿子。通过这个课前三分钟，学生拥有一个充分展示自己的平台，在得到了锻炼的同时也掌握了相关的知识。相比之下，笔者总是以各种理由不敢放手让学生成为课堂的主体，总担心学生不会，但指导老师说要大胆放手，刚开始会困难重重，当这个活动成为一种常规教学，学生的进步会让人意想不到，总能给人大大的惊喜。对啊，何不大胆尝试改变一下呢？跟岗培训结束后，笔者决定认真结合学情为学生们提供展示自己的English Show。

第二个亮点就是教师们的课堂都善于运用思维导图。思维导图能帮助学生概括知识点，思路脉络清晰，形象生动。课堂上，教师们利用思维导图总结内容，培养学生的发散思维，并鼓励学生自己画思维导图。学生们能够根据思维导图复述文章。学生们都有一本专门画思维导图的笔记本，图文并茂，自我总结归纳知识点的能力得到了提升。

第三个亮点是教师教学方法、学生学习方式交流反思的转变。新课程理念下，教师的教学方法、学生的学习方式发生了改变，教师不再是课堂上的主宰者，而是课堂教学的组织者、引领者和合作者，教师更愿意把课堂交给学生，让学生充分发挥自主学习的能力。

三、汇报展示知差距，交流学习共进步

在本次跟岗学习期间，笔者积极争取上一节汇报课，认真钻研教材，分析学情，设计教学环节，多次与导师进行沟通，多次研讨多次修改教学设计，力争上一节优质的汇报课，其间也得到导师的认可和悉心指导，最后的汇报课上得还算成功，得到教师们的一致肯定与好评。但通过自我反思，深知自己的差距，本节课还是有很多不足之处，例如单词教学没有融入合适的情境，教授过程比较乏味，部分衔接环节不够自然，学情分析仍然不够到位，教学内容不够丰富，时间把控上超时了几分钟。

跟岗学习期间，笔者看到了城乡之间的差距以及自身综合能力的不足，但笔者不迷茫，在跟岗学习期间所学到的知识与经验可以让笔者更坚定地明确接下来的奋斗目标。路漫漫其修远兮，在今后的工作与学习生活中，笔者一定会不断地完善自己，多锤炼自己，逐步提高自己的教育教学理论水平、课堂教学水平、教研组管理能力和人际交往能力，不断学习具有前瞻性的教学理念，不断更新自己的教学方式，争取使自己成为一名优秀的骨干教师。

（钟丹，梅州市梅江区西阳学校英语老师）

登山望海

杨文娜

山的那边就是海，带着梦想，怀揣对海的憧憬，带上登山的决心，笔者参加了2021年广东省"新强师工程"省级培训项目——乡村教师访名校专项培训。转眼间，培训班的课程即将结束，经过15天的学习，我们每一位学员都有很大的收获。笔者个人认为这次培训非常有意义，非常有必要，因为它让笔者充实了更多的理论知识，更让笔者拓宽了视野、解放了思想、打动了内心……无论是从梅州到深圳，从听课到交谈，还是从所听到所闻，每时每刻、每一堂课，都让人有所感动和收获，许多是不可用言语表达的。加之来自不同市县（区）、不同科目的学员们济济一堂，相互交流借鉴工作经验、思路方法，笔者较全面地提高了自己的理论水平和工作能力。以下是这些天的几点体会。

一、加强职业道德修养

钟丽玲教授题为"修炼师德 逐梦教坛"的讲座深刻地讲解了教师职业道德规范——爱国守法、爱岗敬业、关爱学生、教书育人、为人师表、终身学习。这让笔者更加明白一个老师的师德的重要性。正如苏联的加里宁所说的"国家和人民把儿童托付给教师，要教师来教育这些年龄上最容易受影响的人，也就是说，把自己的希望和自己的未来完全托付给教师"。笔者更加明白了教师的神圣使命。

教育不能一成不变，观念要改革，教学也要改革。杜德栎教授给我们开了一个精彩的讲座。他说：唯改革者进，唯创新者强，唯改革创新者胜。教学改革既是教师专业发展的基本途径和重要平台，也是衡量教师专业发展水平的试金石，具有教学改革创新能力的教师，才是最优秀的教师，才是实施有效教学的教师，才是真正的卓越教师。

二、完善自身的知识结构

教师应当完善教学能力，明确认识到教育不只是技术更是艺术。教学是教师有目的、有计划、有组织地对学生传道、授业、解惑的行为。教学行为是根据在教学实践中积累起来的有关教学的经验、知识而形成的一整套操作技巧。我们只有善于设计教学、善于研究教材，选择合理的教法、学法，灵活地运用讲解、提问、练习、复习、谈话、编制试卷等技术，运用现代化教育技术，才能表现出高水平的教学行为和教学技术。这种教学技术与行为的发展组合便会产生一种寓于创造性的教学方式和方法，甚至能达到正确、鲜明、生动的境界，使学生不仅生动地理解了学习内容，而且给人以艺术上的享受。

通过学习，笔者深刻地认识到：随着教师专业化的发展，社会对教师的专业要求也越来越高，现代教师不仅要具有较高的职业道德、敬业爱生的思想，而且要具备相应的本体知识、教育科研知识及广博的文化知识，要具备一定的教育能力、教学能力、反思能力及教育科研能力。因此，作为教师的我们，必须树立终身学习的意识，不断完善自己的知识结构，提升自己的文化素养和品位，使自己成长为一名适应现代教育的优秀教师。正因为学习上有所收获，思想上也就豁然开朗起来。说实话，近几年，笔者总觉得自己不再年轻了，还学什么啊？得过且过吧！虽然对待工作还是尽心尽力，但是对于学习的态度则是能应付就应付，不想应付就偷点懒吧！这种思想的存在，使笔者在学习上的动力就不足了。通过这次培训，笔者觉得要改变这一错误的思想，把各项工作做好，就要不断地学习、不断地充电，也只有不断地学习、充电，才能提高自己的工作能力。古人云："活到老，学到老。"这句话是很有道理的。

虽然拥有电脑已经多年，利用电脑辅助教学似乎驾轻就熟，但是通过跟不同地区的同行交流，笔者发现自己的应用电脑水平远远落后于发达地区的同行们。我们的学习收获不只是技术上的，更多的是思想上的。

三、跟岗期间的收获和感悟

在嘉应学院教师教育发展中心的领导和老师们的精心部署下，笔者来到了跟岗学习学校——深圳市盐田区盐港小学，得到了跟岗学校领导和指导老师的热情接待和热烈欢迎。学校领导和指导老师专门为我们这些跟岗学员举行了一个欢迎仪式，进行结对子的活动，还精心设计安排了《盐港小学跟岗学习实施方案》，为我们跟岗做了全方位的培训和服务，无论从工作上还是生活上，都给了我们至情至性、无微不至的帮助和照顾，让我们在紧张的跟岗学习中感受到家人般的关怀与温暖。笔者非常感恩。在这为期10天的跟岗学习中，我们跟岗小组共同努力、携手共进，达到了本次培训预期的目标。

在这段跟岗学习期间，笔者严格要求自己，坚决服从领导的安排，遵守跟岗学校的各项纪律制度，虚心向指导老师及其他专业老师请教，不懂就问，有疑就提，共同协作、相互配合，积极进行交流，每天坚持写跟岗日志，同时还与其他学员分工合作，共同完成了两周两份跟岗学习美篇。每个周末进行一次阶段性小结会，笔者承担了会前的热身活动节目，充分发挥了自己的音乐专业特长，为全班同学唱了两首歌曲《祖国你好》和《阳光路上》，为课堂增添了无限快乐，也让学员赏心悦目，调节了紧张的学习生活，让学员得到了放松和享受。……跟岗以来，笔者听了王娟副校长有关办学理念的讲座，参观了学校的创美空间和未来教室，听了吴毅主任的课程介绍，进课堂听课、观摩课，参观了跟岗学校的升旗仪式暨表彰会，观看了体育课展示，还进课堂聆听了全校音乐组所有老师的精彩音乐课。她们的高水平让笔者佩服；她们先进、科学的教学方法方式让笔者崇拜；她们的团结协作精神让笔者倍加推崇；她们的和蔼可亲、温柔谦逊更是让笔者如沐春风、宾至如归。

在跟岗学习期间，笔者非常重视专家老师们的讲座理论学习，把握与同行交流的机会，向经验丰富的专家、同行请教，积极、虚心、主动地与其他跟岗学员一起相互研讨勉励，请他们帮助笔者分析、解答、处理工作中和生活中所遇到的问题。

跟岗学习期间笔者感触良多。与发达地区小学相比，乡村小学的教学硬件和软件还是有一定的差距，但教师的专业知识及职业素养、学校领导对工作的重视、学校各部门工作的精细、教师对学生的关爱、学生"养成教育"、新课标下的教法实施等，值得我们回去好好总结，把学到的行之有效的教学方式方法和宝贵经验落实到今后的工作之中，让本次跟岗学习变得更有意义、有价值。

本次培训，笔者看到了众多教师身上的闪光点，同时发现了自身视野之局限，犹如井底之蛙，但这次培训让笔者明白了今后前进的目标。笔者将在这里学到的新知识尽快内化为自己的东西，运用到教育教学过程中去，学以致用，努力学习同行们的学习态度、求知精神、协助能力，加强学习，让跟岗学习成果在教育教学中发光。

四、收获了友谊

参加本次跟岗学习的 50 位学员来自广东各地级市，而我们跟岗小组的 8 名学员更是来自不同地区。我们学习生活在一起，结下了深厚的友谊。8 位学员如兄弟姐妹般，生活上相互照顾，专业学习上相互交流，议课时坦率真诚，互相学习、互相促进。相信大家将来肯定会各自在专业领域取得新的突破和更大进步。正如一位作家所语："在亿万年的时光长河中相逢于今生今世，在芸芸众生的红尘人海中际会于此处。不论男女长幼，不论贫富美丑，这段尘缘足堪珍惜。"

总之，这次学习的收获非常丰富，引发了笔者很多的思考，也让笔者收获了很多知识。然而，憧憬未来，笔者知道前方的道路依然是曲折的，毕竟这些思考和理论需要笔者在今后的教学实践中不断地去尝试和运用，并最终将其转化为自身的东西。笔者想只有这样才算是真正达到培训的目的。作为一名新时代的教师，笔者将继续在教育平台上努力奋斗，把自己打造成社会需要的教育工作者！

（杨文娜，揭阳市揭西县棉湖镇实验学校小学音乐老师）

让数据意识自然生长

张 彬

随着信息时代的快速发展，数据越来越多，人们面对问题也需要收集数据，想办法从数据中获取有价值的信息，以便作出合理的决策和预测，可见，数据意识越来越重要。《义务教育数学课程标准（2022 年版）》指出："统计与概率"领域内容是发展数据意识的主要载体，数据意识强调学生要学会用数据说话，形成读取数据和分析数据的能力，培养以随机的观点来理解事物的习惯，学会正确地认识客观事物的方法，发展解决实际问题的能力。

"随机现象发生的可能性"是小学阶段概率与统计的学习主题之一。用曹培英老师的话来说，随机现象就是"在一定条件下可能出现也可能不出现，且有统计规律性的现象"。如何定位小学阶段随机现象可能性的学习？张奠宙教授曾指出："试验的教学途径与理论的教学途径对概率学习来说都是重要的，不能互相替代，在帮助学生认识概率方面，它们各自都有独特的作用。"从专家的观点中可以看出，在强调小学阶段以定性描述随机现象的可能性大小的同时，我们需要关注"数"的力量和"试验"的力量，引导利用数据来表达可能性大小，感受随机性。

北京师范大学出版社 2022 年版《义务教育教科书：数学（四年级上册)》第八单元"可能性"，第一课时，课本第 95、96 页。基于新课标和整个单元的分析，确立此单元围绕"随机性"这个本质特征，提升学生对随机性的感悟，以增强数据意识为目标，通过活动体验让学生充分地感受随机性。各层次目标如下：

学段目标

在具体情境中，通过实例感受简单的随机现象；能列出简单的随机现象中所有可能发生的结果。通过试验、游戏等活动，感受随机现象结果发生的可能性是有大小的，能对一些简单的随机现象发生的可能性大小作出定性描述，并能进行交流。

单元目标

（1）知道有些事件的发生是不确定的，感受简单的随机现象，并能列出简单的随机现象中所有可能发生的结果。

（2）结合掷硬币的试验和生活实例，体验一些事件发生的不确定性，感受简单的随机现象。

（3）在游戏过程中，通过"猜测—实验—验证"经历事件发生的可能性的大小的探索过程。

（4）在活动交流中培养合作学习的意识和能力，并获得良好的情感体验。

课时目标

（1）知识与技能：能用"一定""可能""不可能"来描述简单事件发生的情况，并能够列出简单的随机现象中所有可能发生的结果。

（2）数学思考：结合掷硬币的试验和生活实例，体验一些事件发生的不确定性，感受简单的随机现象。

（3）问题解决：在活动交流中，学会与他人合作交流。

（4）情感态度：在有趣的学习活动中培养学生学习数学的兴趣。

片段一：掷硬币，初步感受随机现象

（1）通过梅州客家队视频导入后，教师出示一元硬币。

师：今天我们将利用这个硬币进行游戏，硬币有字的一面是正面，有花的一面为反面。玩之前，先来看看游戏规则。

游戏规则：按照猜、掷、记、思的流程进行游戏。同桌两人共掷硬币十次，轮流进行，一人先猜是哪面朝上，另一人负责掷硬币，负责猜的同学将猜测和掷硬币的结果进行记录，游戏结束后想一想，你有什么发现？

温馨提示：每掷一次硬币都要做到先猜、再掷，然后记录结果。

（2）开展游戏，教师进行课堂巡视，指导学生开展游戏。

（3）游戏结束，教师挑选 4 份记录投屏，在班级内分享想法。

师：每次都能猜对的请举手。那为什么同学不能全部猜对？你在这个游戏中有什么发现或者想法？

生1：我发现掷硬币不是正面就是反面，并且不是轮流出现，怎么都有可能。

生2：这个掷硬币的概率应该是二分之一，但是我的实验数据是6次正面、4次反面，不知道是什么问题。

生3：虽然只有正面和反面两种情况，但是就是没有办法全部猜测成功，预料不到。

师追问：现在老师再掷一次硬币，能有把握一定猜对吗？

生4：还是不能保证一定猜对，正面和反面都有可能。

师小结：就像大家所说的，事先不能确定，无法预料哪面朝上，可能是正面朝上，也可能是反面朝上。像这样的例子，在数学上称为随机现象，其结果具有不确定性。（板书：随机现象，不确定性）我们要对刚才提出概率矛盾的同学进行鼓励，他对于这个问题有了更深入的思考，请同学们记住这个问题，暂时还没有办法完全解决，但是，可以在后面的学习中继续思考，争取有进一步的理解。

思考：在本环节掷硬币游戏中，让所有学生动手操作实验，让学生在活动中体验。游戏并不是操作完成就可以，还需要猜测、记录、分析、思考，引导学生关注活动经验的积累。要引起学生的思考，没有思考，学生对统计概率知识的理解只是模仿照搬。因此，在活动中要不断追问学生，再掷一次硬币究竟是哪面朝上？让学生深入思考，感受简单的随机现象。本节课中有一个学生描述了概率。由于学生过去较少接触这个不确定事件，对概率的认识可能出现偏差，教师在课前的预设中也考虑到了这个问题，在这里并不急于解决问题，而是引导学生继续经历对随机现象的探索，后续再进行探讨。

片段二：摸球游戏，再次感受随机事件

师：大家刚才活动完成得非常完美，老师决定奖励大家，但有个要求：从箱子中摸出黄球才能获得奖品。怎么样？心动吧？那就行动吧！

（1）开始摸球，每一次摸球前摇一摇箱子，先猜测再摸球。

（2）在四次摸出都是红球后提问：你心里在想什么？大胆说说看。

生1：老师会不会没有放黄球啊？

（3）亮出箱子里的球：10个全都是红球。

师：现在你又想说什么呢？

生2：这个箱子一定摸到红球，不可能获得奖品。

小结：在这个箱子里摸球，结果只有一种，摸出来的一定是红球，或者说不可能是黄球。（板书：不可能、一定）

（4）师：请同学们思考，后面还有两个箱子，大家会选择哪个？

生3：第二个箱子，里面全是黄球，摸出来的一定是黄球，一定能拿到奖励。

师：同学们赞同吗？确实是这样的，不过生活中一定获奖的情况是很少见的。同学们继续看到第三个箱子（5个黄球和5个红球），请同学们上前来抽奖试一试。

（5）连续两次摸到黄球，教师再次追问，同学们思考接下来摸球一定是红球吗？

生4：这个和掷硬币差不多，黄球和红球都有可能，也没有办法完全确定摸到哪一个。

思考：第一次抽奖全是红球，引发学生思考会不会没有黄球。从第一个箱子里发现，事件结果是预先可以确定的，从而发现在第二个箱子中抽奖一定能摸到黄球，一定能够获奖。在前两个箱子中，摸球的结果只有一种，都是可以提前确定的；而与第三个箱子进行对比，在5个红球和5个黄球的箱子中抽奖，结果有两种，事先无法确定，在对比中让学生体会简单的随机现象。同时在学生恰巧摸到两次黄球的时候，再次追问：现在摸到两次黄球后，下面摸球能确定是哪种球吗？让大家再次进行深入思考。

片段三：掷瓶盖，深入感受随机事件

（1）展示生活情境，在学校的一次足球比赛中，裁判员忘记带硬币，学生提议用矿泉水瓶盖来决定，你有什么想法？

生1：可以啊，跟硬币差不多，都有正面和反面。

生2：因为矿泉水瓶盖的两个面不太一样，所以我觉得结果可能不太一样。

（2）师：产生了两种猜想，我们怎么来判断呢？

引导学生再次动手进行操作，通过记录的数据进行思考。

（3）游戏结束，进行全班交流。

生：通过数据发现反面的数据明显更多，这个方式好像不太公平。

实验前可能大多数学生都认可公平，通过动手实验、收集数据、分析数据，学生发现是反面的可能性更大。

思考：看起来是和掷硬币一样的活动，却有不同的结果，尤其是一些学生发现瓶盖比较厚，还有可能是侧面朝上。在之前活动经验的积累下，学生在面对陌生的问题时，在教师的引导下进行猜想，能利用合适的方法来解决问题，通过活动获取数据、分析数据，也对这个活动有了更多的想法，对统计与概率知识有了更深的感悟。

课后反思：本节课，笔者通过掷硬币、摸球游戏、掷瓶盖三个活动，让学生在轻松的氛围中不断深入地感受随机现象，从体验到感悟再到建构，真正渗透了数据意识这个核心素养。整节课有以下两点值得深思：

第一，引导学生在活动中感悟知识，建构知识。

课堂三个片段分别是三个活动，选自生活情境，探讨生活中会遇到的问题。通过三个活动充分感知确定事件和不确定事件，尤其是不确定事件的可能性，在活动中不断追问，引导学生深入思考。在活动中让学生亲自动手进行实验操作，收集实验数据，分析实验数据，将自己的猜测、实验结果和概率理论进行比较，有助于帮助学生建立正确的概率直觉，深入建构统计概率知识。

第二，关注数据分析观念和活动经验的积累。

本节课从数据分析的角度来认识随机性，让学生体会事件的随机性和数据的随机性，在起始课中没有过多渗透概率的知识，仅是通过数据的记录，让学生感悟简单的随机现象。三个活动都是通过猜想，再动手实验，对比猜想结果和实验结果，丰富学生对于数据分析这个核心概念的理解。同时，在体验活动中，教师引导学生积累数学活动的经验，更深刻地领会概率的思想方法，进一步把握概率的本质。

（张彬，广东梅县外国语学校小学部教务处主任）